扩展的概念隐喻理论

Extended Conceptual Metaphor Theory

〔匈牙利〕佐尔坦·科韦切斯（Zoltán Kövecses） 著

马俊杰 李 燕 译

科学出版社

北 京

图字：01-2024-1953 号

图书在版编目（CIP）数据

扩展的概念隐喻理论 /（匈）佐尔坦·科韦切斯著；马俊杰，李燕译. —北京：科学出版社，2024.7

书名原文：Extended Conceptual Metaphor Theory

ISBN 978-7-03-078400-1

Ⅰ. ①扩⋯　Ⅱ. ①佐⋯　②马⋯　③李⋯　Ⅲ. ①隐喻-研究　Ⅳ. ①H05

中国国家版本馆 CIP 数据核字（2024）第 075948 号

责任编辑：杨　英　宋　丽 / 责任校对：贾伟娟
责任印制：徐晓晨 / 封面设计：蓝正设计

科学出版社 出版
北京东黄城根北街 16 号
邮政编码：100717
http://www.sciencep.com
北京建宏印刷有限公司印刷
科学出版社发行　各地新华书店经销
*
2024 年 7 月第 一 版　开本：720×1000　1/16
2024 年 7 月第一次印刷　印张：13 3/4
字数：278 000
定价：118.00 元
（如有印装质量问题，我社负责调换）

本译著由西安外国语大学学术著作出版专项资助！

Preface to the Chinese Readers

Dear readers,

It is with great pleasure that I offer you this Chinese translation of my book *Extended Conceptual Metaphor Theory*. Like perhaps every author, I believe that this is my best book because it is my latest. But this latest one is preceded by several others that have paved the way for this one. At the same time, this is not a synthesis of previous work. Many ideas that form the core of the book are novel, and some of them are radically so within the framework of what we can call "Standard Conceptual Metaphor Theory". This gives the present volume a fresh feel that can make it possible for us to rethink many of the ideas of the standard view. I can only hope that you, the Chinese readers, will join me in this rethinking process and that, together, we can contribute new insights to what we know about the phenomenon of metaphor in general.

Zoltán Kövecses

Professor Emeritus

Eötvös Loránd University

Budapest, Hungary

代译序：概念隐喻理论 2.0^①

经典概念隐喻理论（Conceptual Metaphor Theory，CMT）是认知语言学领域最重要的理论之一，肇始于 George Lakoff 和 Mark Johnson 于 1980 年联袂出版的《我们赖以生存的隐喻》（*Metaphors We Live By*）一书。自提出以来，该理论得到了学界的广泛关注和研究，引发了激烈的学术争鸣。2020 年，值此书付梓 40 周年之际，匈牙利罗兰大学语言学系主任 Zoltán Kövecses 所著《扩展的概念隐喻理论》（*Extended Conceptual Metaphor Theory*）一书正式出版。本书在当代认知语言学理论语境下，为隐喻研究提供了新见解，更新了 Lakoff 和 Johnson 提出的经典 CMT，提出了隐喻的多层观和在线加工模型，对混合隐喻（mixing metaphor）、蓄意隐喻（deliberate metaphor）、隐喻和转喻的关系、语境和隐喻生成的关系等概念隐喻研究领域的前沿热点话题进行了统一性阐释，提出了扩展的概念隐喻理论（Extended Conceptual Metaphor Theory，ECMT）。若将经典 CMT 看作 1.0 版本，那么，本书可看作它的 2.0 升级版。以下先对本书做出简要介绍，最后做出简评。

内容简述

全书共计 8 章，第 1 章和第 8 章分别为经典 CMT 及突出问题概要和总结部分，分别概述了经典 CMT 及其尚存问题，回应了构建 ECMT 的 5 个核心问题。其余 6 个章节围绕 ECMT 这一核心目标的构成要件进行组织。

第 1 章 "经典 CMT 及突出问题概要" 重点回顾和概述了经典 CMT 的核心观

---

① 该序改编自马俊杰于 2022 年发表的《〈扩展的概念隐喻理论〉述评》一文（外语教学与研究，第 54 卷第 1 期，第 150-154 页）。

点及学界对其的赞同与批评。首先，该章从无处不在的隐喻、概念隐喻的术语化定义、对拓展性知识的映射、从具体域到抽象域的映射、思维中的隐喻、隐喻与现实建构、隐喻的多模态性、概念隐喻的基础、基本隐喻和复合隐喻、意象图式和隐喻、隐喻和语法、隐喻的神经理论、普遍性和变体、语境和隐喻、隐喻网络等15个方面概述了 CMT 的核心思想，以及学界对其新的认识和拓展性研究。其次，该章从概念隐喻的基本界定、循环论证和方法论三个方面指出了学界对 CMT 的批判。最后，该章指出了 CMT 的现状，明确了其理论阐释优势，并在概述 CMT 的不足之处及学界的批判的基础上，提出了构建 ECMT 的观点，奠定了全书的主基调。

第 2 章 "比喻性地理解抽象概念，字面性地理解具体概念，是否也能比喻性地理解具体概念？"主要讨论构建 ECMT 的第一个核心问题：是否存在字面语言？基于经典 CMT 过于依赖具体概念和抽象概念或经验区分的事实，从历时视角出发，作者指出，我们的大多数具体经验不仅仅是字面性的，也是比喻性的，我们基本的、具体的经验都是比喻性构建的，即亡喻（dead metaphor）。由此，作者进一步指出，基本经验的比喻性构建引起了经典 CMT 的一个基本理论问题：如果具体概念和抽象概念都是比喻性构建的，那么区分具体概念和抽象概念的意义何在？隐喻映射的单向性又该如何阐释？依照 Ronald W. Langacker 对概念内容和识解的论述（Langacker 2008），作者认为，一个概念由本体和认知两部分组成，本体部分详述概念的组成材料；认知部分阐释人们对概念的认知识解方式。据此，在具体概念的字面意义中，本体部分占据主导；相应地，在抽象概念中，认知部分占据主导。因此，具体概念和抽象概念的区别在于概念本体和认知所占的比例。在概念隐喻中，以本体内容为主导的概念作为始源域，以比喻性识解为主导的概念作为目标域。作者的这一观点也可揭示为何有些概念如 smell 既可以作为始源域，也可以作为目标域，原因就在于：在不同情况下，我们可以选择侧显（profile）这一概念的本体部分或认知部分。

第 3 章 "直接还是间接浮现？"的内容是基于经典 CMT 形成的基础——基本隐喻（primary metaphor），以及相似隐喻（resemblance metaphor）和相关隐喻（correlation metaphor）关于基本隐喻的不同观点。首先，通过区分框架中的成分（element）被概括化（generalized）为隐喻的始源概念和目标概念两种情况，作者分析了隐喻和转喻的关系。分析指出，通过图式化（schematization）和详述化（elaboration）等认知操作，相关隐喻不是直接浮现的，而是需要经过一个转喻发生阶段。例如，隐喻"亲密是靠近"（INTIMACY IS CLOSENESS）[①]源自转喻"两

---

① 依照学术常规，本书均用大写英文字母表示概念隐喻。

个人身体的靠近代表亲密"（PHYSICAL CLOSENESS BETWEEN TWO PEOPLE FOR INTIMACY），"两个人身体的靠近"被概括化为隐喻的始源概念"靠近"，"靠近"也可被详述化，在语言表达层面可有 tight as a glove（紧得像手套一样）等表达。其次，作者对隐喻和转喻关系的研究所引发的三个问题进行了分析，即该章的框架成分概括化分析路径与已有的隐喻和转喻关系分析路径之间的兼容性、场景成分（components of scenes）及相关性的本质。作者最后重申和强调，虽然大多数隐喻源自转喻，但并非所有隐喻都是如此。另外，作者认为，该章的观点也可阐释为何有些隐喻可被解读为转喻，而有些转喻又可被解读为隐喻。

第 4 章"域、图式、框架还是空间？"中，鉴于研究文献中"域""意象图式""框架""场景""心理空间""图式"等术语使用混乱，作者认为，这在一定程度上反映了隐喻形成过程中的概念单位或结构的识别困境（Kövecses 2017）。基于此，首先，从概念结构组织的层级性特征出发，作者分析了意象图式、域、框架和心理空间之间的抽象层级关系：意象图式 > 域 > 框架 > 心理空间。其次，作者对这一层级关系在隐喻概念化过程中所扮演的角色进行了理论和实践分析。作者认为，意象图式属于次个体层（sub-individual level），与人类的体验性经验相关联，是隐喻浮现的前概念结构；域和框架属于超个体层（supra-individual level），具有去语境化特征；心理空间属于个体层（individual level），是人类在线认知加工层面，具有语境化特征。据此，作者以始源域为"建筑"（BUILDING）的概念隐喻为例进行了实例性分析。再次，基于隐喻多层观的理论和实践分析，作者进一步指出，意象图式、域和框架为人类概念系统的本体，这些概念结构处于人类的长时记忆中，可为一般意义和特定语言的语义提供概念基底（conceptual substrate）；心理空间位于人类的工作记忆中，是一种在线认知加工。隐喻的在线加工可激活（activate）意象图式、域和框架等层面的概念结构。再次，从深层隐喻和浅层隐喻、蓄意隐喻和非蓄意隐喻、隐喻性习语等三个方面出发，作者分析和讨论了概念隐喻多层观对 CMT 的拓展性。作者指出了从概念层级出发，区分深层隐喻和浅层隐喻、蓄意隐喻和非蓄意隐喻，以及分析隐喻性习语的可行性，并提出了现有各种隐喻研究方法在不同概念层面"各司其职"的方略。最后，作者通过对美国当代艺术家 Mark Tansey 的一幅画进行分析，简要地介绍了如何将隐喻多层观应用于视觉隐喻研究。

第 5 章"概念性还是语境性？"中，经典 CMT 倚重认知成分（component），缺乏对语境成分的考虑，特定话语情景中的隐喻理解和产出难以得到阐释（Kövecses 2015）。作者认为，概念结构、认知功能、体验性和神经基础等固然对构建和理解经典 CMT 极其重要，但这些成分尚不能帮助我们阐释说话者为何以及如何在特定话语情景中产出特定的语言隐喻和概念隐喻。因此，经典 CMT 应该将语境成分纳入其理论构建和分析中。基于这一基本观点，首先，作者分析了意义构建的成分。其次，作者分析了语境的类型。接着，作者分析了语境对隐喻产出的影响，以及语境性影响和作者在第 4 章所提出的隐喻多层观之间的关系。作者分析指出，语境启动（prime）概念化者在特定话语中无意识地选择和构建隐喻。再次，作者讨论了隐喻多层观和语境如何共同影响我们进行隐喻性创造的思维方式。最后，作者分析了语境和视觉隐喻（visual metaphor）的关系。

第 6 章 "离线还是在线？" 中，经典 CMT 能以普遍的方式阐释隐喻性语义，但尚不能阐释真实话语中隐喻性语言的意义，不能捕获自然话语中隐喻意义的丰富性语境变量，因此遭到了学界的批评。据此，首先，作者分析了心理空间层隐喻的多种用法和功能，主要包括心理空间层隐喻构建对其他层（意象图式、域和框架层）隐喻的激活、语境启动效应、概念整合过程、语用-叙事功能、心理空间层隐喻对高层隐喻的细化或阐释（elaboration）和混合隐喻等。其次，基于心理空间层隐喻的特殊性、创造性和丰富性，作者重点分析了混合隐喻及概念隐喻和概念整合。作者分析指出，混合隐喻和概念整合都会受到高层意象图式、域和框架隐喻的影响。尽管二者的在线加工活动都发生在心理空间层，但若不考虑相应的离线概念结构，其使用不可能得到解释。因此，要完整地理解自然会话中概念隐喻是如何运作的，离线和在线隐喻性结构均不可或缺。

第 7 章 "扩展视角下的 CMT 框架" 的主要目标在于：基于前文分析，勾勒出 ECMT 的基本结构。首先，作者简要阐释了经典 CMT 的两个基本问题，即说话者为何选择和如何创造特定的隐喻。作者认为，语境效应和隐喻多层观可以阐释这两个基本问题，即语境的启动效应和隐喻多层观所提供的从心理空间层到意象图式层的概念路径（conceptual pathway）。作者也强调，并不是所有的隐喻性创造都基于层级观，也存在一些孤立的隐喻（isolated metaphor），其构建依据的是即兴混合性（spontaneous mixed）概念路径。另外，还存在一种隐喻，即两个域共享一个隐喻性类推（metaphorical analogy）意象图式，其构建依据共享意象图式概念路径。其次，基于 Raymond W. Gibbs 的隐喻行为（metaphor performance）整合模型（Gibbs 2017），作者指出，Gibbs 的这一动态系统观与本书主张的隐喻语境观和多层观具有相似之处。接着，作者分析了三种隐喻意义，即有意义性（meaningfulness）、去语境化意义（decontextualized meaning）和语境化意义（contextualized meaning）之间的区别，它们的形成分别位于概念的意象图式层、域层/框架层、心理空间层。再次，基于三种隐喻意义，作者分析了三种隐喻类型：基于多层观路径的系统性隐喻（systematic metaphor）、基于临时路径（ad hoc pathway）的非系统性隐喻（non-systematic metaphor）和基于共享意象图式路径的系统性相似（类比）隐喻[systematic resemblance (analogy) metaphor]。最后，作者概述了概念隐喻语境观和多层观的基本结构，并提出了一种概念隐喻加工模型。

在第 8 章"总结：对五个问题的回应"中，作者首先对第 2 章到第 6 章标题中的五个问题进行了再次回应；其次，作者将本书所提出的 ECMT 与概念整合理论、蓄意隐喻理论、结构映射理论、关联理论和隐喻的动态系统观等其他隐喻理论的相同之处和不兼容之处进行了比较分析。

简评

本书旨在构建 ECMT，全书围绕经典 CMT 所引发的理论和实践问题进行了统一性阐释，具有很强的理论性和实践性。综合来看，本书主要有两个突出特色。

第一，理论阐释新而全。经典 CMT 研究一直未超出其理论范围。虽然 CMT 是认知语言学中的一个核心理论，但鲜少有文献借助认知语言学的其他理论研究隐喻。本书独辟蹊径，从当代认知语言学视角出发，基于认知语法等理论研究成果，重新审视隐喻的理论和实践问题，如第 2 章和第 4 章。另外，本书对经典 CMT 所面临的问题进行了统一性阐释，如混合隐喻和蓄意隐喻等。因此，本书理论阐释不仅新，而且比较全面。

第二，问题意识强而明晰。基于经典 CMT 所面临的一系列问题，作者将这些问题作为第 2 章到第 6 章的标题，以各个击破的方式，逐一勾勒了构建 ECMT 的 5 个基本构件。基于对这些问题的阐释，作者在第 7 章和第 8 章中描绘了 ECMT 的基本结构，并提出了一种概念隐喻加工模型。

从当代认知语言学视角出发，本书勾勒了 ECMT 的基本"蓝本"，为未来的隐喻研究提供了重要借鉴和启示，主要体现在两个方面。

第一，隐喻多层观和加工模型为未来隐喻的理论和实践研究提供了新路径。隐喻的理论和实践问题引起了学界的广泛热议和激烈争论，本书基于人类概念系统组织的层级性特征，提出了隐喻的多层观和加工模型，集中阐释了混合隐喻、蓄意隐喻以及隐喻和语境的关系等隐喻领域的前沿热点问题，为未来隐喻理论和实践研究提供了新的研究路径。

第二，本书所勾勒的隐喻研究方略为未来研究提供了方法论借鉴。隐喻研究的方法论问题一直存在争议，先后出现了自省法、词汇法、片段类型法、话语分析法、计算模型法、语料库法、心理语言学实验法和神经科学实验法等。本书基于隐喻概念组织的层级观，阐释了已有各种隐喻研究方法的理论优势，勾勒了隐喻研究方法"各司其职"的基本方略，为未来隐喻研究方法的选择提供了借鉴。

当然，本书尚存一些不足之处。本书基于概念系统组织的层级性特征，提出了隐喻的多层观和加工模型，进一步扩展了经典 CMT，值得肯定和借鉴。但遗憾的是，本书虽然注意到了隐喻概念组织的"纬"，即层级性特征，但并未洞察到其概念组织的"经"。国内学者已分析了隐喻义生成和构建的多维向度性，并提出了三种概念隐喻义：施为隐喻义、主观隐喻义和交互主观隐喻义（马俊杰、王馥芳 2018）。因此，如果从概念组织的"经"和"纬"两个方面来审视的话，未来研究还需进一步探索并形成 ECMT。

参考文献

马俊杰, 王馥芳. 2018. "花儿"隐喻义生成和建构的多维性——兼论隐喻义生成和建构的多维向度及其理论根源. 外语学刊, (5): 40-46.

Gibbs, Raymond W. 2017. The embodied and discourse views of metaphor: Why these are not so different and how they can be brought closer together. In Beate Hampe (Ed.), *Metaphor: Embodied Cognition and Discourse* (pp. 319-335). Cambridge: Cambridge University Press.

Kövecses, Zoltán. 2015. *Where Metaphors Come from, Reconsidering Context in Metaphor*. Oxford and New York: Oxford University Press.

Kövecses, Zoltán. 2017. Levels of metaphor. *Cognitive Linguistics*, 28(2): 321-347.

Langacker, Ronald W. 2008. *Cognitive Grammar: A Basic Introduction*. New York: Oxford University Press.

译 者 前 言

今天是 2024 年 1 月 16 日，前几日收到科学出版社杨英女士的微信，她传给我原作者为本译著写的序。我看后倍感亲切，随即回复微信："我想写个前言。"杨女士答应了。临近学期末，琐事比较多，今天才有时间撰写。提笔开写之时，家人告诉我今天是我的农历生日，平时每天都看阳历日期，难免会忘记自己的农历生日。心里暗自想，这本书是我今年给自己最好的生日礼物。

"人生就是一场旅行"是一个高度规约化的隐喻。我们每个人一路上都会遇到很多人，经历很多难忘的事。本译著凝聚了我在学术旅途中遇到的一些人和经历的一些事，如果没有他们的参与和帮助，本译著难以顺利完成。在这个"生日礼物"出版之际，我感慨万千，心存感激，想对本译著付出努力者表达我内心最真挚的感谢。

2021 年 9 月起，我开始招收硕士研究生，在这三年硕士生培养过程中，为督促和锻炼学生阅读专业文献，考察和培养学生的语言转化能力，我选择了一些适合硕士生阅读的书目，Zoltán Kövecses 教授的这本书就是其中之一。我的硕士生们合作完成了本书的初稿翻译工作，按照章节顺序依次为：卞茹、胡明琳、魏丹丹、孙张雯、张敏、罗祖楠、崔连连和李沛桦。首先，感谢他们听从我的安排，能潜心阅读、仔细查阅并完成初译。我想多说的是，李沛桦同学是通过保送攻读硕士学位的，她入学前就通过电子邮件联系我，希望我做她的导师，她勤奋好学，踏实认真，干起工作一丝不苟。在入学前那个暑假，她为本书初稿的整合、格式和行文规范的调整等方面付出了大量心血。我依旧记得她在假期给我发微信请假外出旅游时的情景。当时看到微信，我既为她的认真负责感动，也为她牺牲假期时间帮我组稿感到内疚，在此特表感谢。如今回头来看，组织他们阅读与翻译，在组会上进行讨论，这一切都很有意义，虽不时充满火药味，但无疑都是他们学术成长过程中最好的记忆。值得欣慰的是，有两位同学在这个过程中找到了感兴趣的硕士论文选题，并开展广泛的阅读，形成了开题报告。

其次，特别感谢本译著的合作者李燕博士。初稿组稿完成之后，我一口气通读了译文，内心久久不能平静，因为译文的差异性实在太大。思考几日后，我决定进行初稿校译工作。考虑到全书的统一性问题，我特邀单位同事李燕博士承担第一次校译工作，我在她校译的基础上同步开展第二次校译工作。按照章节顺序，我们逐章开展一校和二校工作，历时近一年。毫不夸张地说，这次校对工作相当艰难，几乎要重译，感谢李博士放下手边工作，与我倾力合作。若没有她的用心付出，本译著难以如期出版。

最后，我还要特别感谢科学出版社的杨英女士和宋丽女士，她们在原著版权购买和译著编辑等工作中付出了大量心血，为她们认真负责、一丝不苟的精神点赞。

希望这本凝聚大家心血的译著能给隐喻研究者带来一些帮助，更希望本译著能启发学界同人共同思考和研究隐喻，为隐喻研究做出新的贡献。

于西安外国语大学雁塔校区

2024 年 1 月 16 日

　　这本书在某种程度上极具个人色彩。之所以这样说，是因为每个人的生命中都会有这样一段时光，你会发现自己对事情的进展感到不满，你想说出自己对于一些重要的事情的真实想法。在隐喻方面，我正想做到这一点。至于其他学者在读到这本书时会怎么想、怎么说，我并不想太过在意。我只想开诚布公地表明我对隐喻的看法。如今，我已处于这样一个年龄，那就是比起从前，我周围更频繁地有人去世，我意识到这也可能随时发生在我自己身上。因此，我认为，是时候在生命这场游戏中采取行动了。

　　当然，这一企图并非只是为了再写一本关于隐喻的书。那样做只是对某些大胆的、违背经典隐喻观的思想进行解释，或是对那些非常直接的写作和表达方式做出说明。然而，比这些更好的理由是，在过去近 40 年里，我分析了数千种甚至数万种不同体裁、情态、方式和情境下的隐喻，这些分析让我对隐喻的工作原理及其复杂性有了更深入的了解。我意识到，并希望清楚地表明，如果你只固守于现有的经典隐喻观（包括 CMT），那么，隐喻的复杂性便无法企及。

● 当然，我会从 CMT 的"经典"版本入手。我认为，CMT 可以为隐喻的各个方面提供有力且连贯的解释。在我看来，没有理论能像 CMT 那样全面。CMT 用了近 40 年的时间才达到如今这个阶段。它一直在稳步发展，这要归功于许多伟大的学者，他们在 CMT 的发展中发挥了关键作用。我认为这本书是对这条发展道路的又一贡献——是为了让这条路发展得更好而做出的诸多探索中的有机组成部分。

　　我无意宣称本书中提出的观点全是新的，或者只有我一人会执此观点。然而，我坚信本书中绝大多数观点都是新的，此外，也没有人如我一般将这些观点整理成一本书。本书所呈现的新观点可初步总结为以下五个命题：

- 可能根本没有字面语言。
- 从某种意义上说，转喻可能比基本隐喻"更为基础"。
- 概念隐喻可能是一种在不同的图式层面上分层连接着的概念结构。
- 概念隐喻可能不仅是概念性的，还必须是语境性的。
- 概念隐喻可能是离线和在线同时发生的现象（即不仅是离线的）。

　　我将把以上观点称为"扩展的概念隐喻理论"或简称为"ECMT"。

本书结构

　　以上命题将分别在本书的五个章节中进行讨论，相应的章节标题如下：

　　比喻性地理解抽象概念，字面性地理解具体概念，是否也能比喻性地理解具体概念？（第2章）
　　直接还是间接浮现？（第3章）
　　域、图式、框架还是空间？（第4章）
　　概念性还是语境性？（第5章）
　　离线还是在线？（第6章）

　　在这五章之前，我会先对 CMT 进行介绍。更准确地来说，我将介绍我所认为的 CMT 的"经典"（核心）观点。在这五章后，将有两个综合性概要章节。第7章旨在厘清一种新兴理论的组成要素，并概述其总体框架。第8章旨在对上述五个问题的回答进行评估，并将 ECMT 与其姊妹理论——由 Ray Gibbs 提出的隐喻的动态系统观进行简要的对比。

致谢

　　没有一本书于真空中写成。除了大量已出版的有关 CMT 及隐喻理论的著作外，本书还得到众多同事、匿名审稿人、同行研究者、学生、参会人员，以及对我的作品感兴趣的人们的帮助。感谢他们对本书提出的想法和建议。特别鸣谢以下人员（按姓氏字母排序）：Kathleen Ahrens、Valentina Bambini、Antonio Barcelona、Réka Benczes、Bogusław Bierwiaczonek、Anna Borghi、Mario Brdar、Rita Brdar-Szabó、Szilvia Csábi、Alice Deignan、John Douthwaite、Rachel Giora、Andrew Goatly、Robert Hoffman、Patrick Colm Hogan、Robert Kardela、Sonja Kleinke、Francisco Ruiz de Mendoza、Andreas Musolff、Uwe-Klaus Panther、Frank Polzenhagen、Michele Prandi、Günter Radden、Elena Semino、Veronika Szelid、Elzbieta Tabakowska、John Taylor、Linda Thornburg 和 Cliff Winters。还有我在布达佩斯和海德堡的几名学生帮助我勾勒出本书的思想，他们是 Mohsen Bakhtiar、Olga Boryslavska、Orsolya Farkas、Eszter Nucz、Orsolia Putz 和 Erzsébet Tóth Czifra。Olga Boryslavska 还帮我制作了书中的几幅图片。感谢他们与我展开时而有些激烈但总是令人愉快的讨论。同时感谢来自剑桥大学出版社的 Helen Barton 的鼓励和支持。

在我研究隐喻的职业生涯中，有两个人扮演了非常特殊的角色。Ray Gibbs 随时能与我讨论与该领域相关的各种问题，他和他的研究给了我莫大的鼓励和启迪。最后同样重要的是，如果没有 George Lakoff，我不可能也无法完成任何关于隐喻研究的工作。

目　录

第 1 章　经典 CMT 及突出问题概要^①

CMT 肇始于 George Lakoff 和 Mark Johnson 于 1980 年联袂撰写的《我们赖以生存的隐喻》一书。该理论的确立耗时良久，历经几个世纪的学术积累才使人们意识到隐喻不仅可以作为语言的修饰手段，还可以成为建构、重构甚至创造现实的概念工具。著名哲学家如 Friedrich Nietzsche，以及更为近代的如 Max Black 等均在该理论发展史上做出了贡献。近来，有关隐喻理论的概述见于 Gibbs（2008）的著作中，而 CMT 则可见于 Kövecses（2002/2010）的著作中。

自 Lakoff 和 Johnson（1980）的著作出版以来，已有大量研究不仅对其思想进行了证实，也补充和修正了这些思想。新思想的来源通常是他们自己。因此，我们今天所了解的 CMT 明显不能等同于《我们赖以生存的隐喻》一书中提及的隐喻理论，但是诸多批判者依旧错误地将两者等同。鉴于此，本章介绍 CMT 时将对该种批判不予置评。

概念隐喻的标准定义如下：概念隐喻是指以其他域的经验（通常较为具体）来理解某一个域的经验（通常较为抽象）（见 Lakoff and Johnson 1980）。该定义充分体现了概念隐喻既是过程也是结果的特点。理解某一个域的认知过程体现在隐喻的过程方面，而最终获得的概念模式则体现在隐喻的结果方面。在概述该理论时，我将不再区分这两方面的异同。

在以下小节中，我将甄别并简要描述 CMT 的主要特征。由于不同研究者在描述其特征时会有不同的侧重点，我也尝试选出了一些学界普遍认同的特征进行概述。在本章最后，基于对理论特征的描述，我列出了 CMT 的一些突出问题。

---

① 本章是译者撰写的题为"概念隐喻理论"一章的修订和拓展版，该章可参见 2017 年英国劳特里奇出版社出版的由 Elena Semino 和 Zsófia Demjén 主编的《劳特里奇隐喻与语言手册》(*The Routledge Handbook of Metaphor and Language*) 一书第 13—27 页。

为使隐喻理论发挥更大效用,我们亟须明晰这些问题。

1.1　无处不在的隐喻

在《我们赖以生存的隐喻》一书中,Lakoff 和 Johnson(1980)提出隐喻不仅遍布于某些力求营造艺术效果的语体(如文学)中,也遍布于日常使用的语言形式中。CMT 的研究者,尤其是曾活跃于概念隐喻早期阶段的研究者曾收集了语言隐喻的大量资料:电视和电台广播、词典、新闻报刊、会谈,以及他们自己的语言节目等。他们发现了大量的隐喻例子,如"维护观点"(*defending* an argument)、"气得爆炸"(*exploding* with anger)、"构建理论"(*building* a theory)、"怒火中烧"(*fire* in someone's eyes)、"破裂的关系"(*foundering* relationship)、"冷漠的个性"(a *cold* personality)、"循序渐进的过程"(a *step-by-step* process)、"理解一个观点"(*digesting* an idea)、"逝去的人们"(people *passing away*)、"漫无目的的人生路"(*wandering aimlessly* in life)等等。语言中的这些隐喻绝大部分属于母语者心理词汇的一部分。隐喻衍生于更基础的词义,反映心理词汇的结构中高度的多义性和习语性。心理词汇中多义词和习语词的广泛性说明隐喻无处不在。正是基于这样的例子,Lakoff 和 Johnson 提出了"概念隐喻"这一术语。然而,我们话语中的每个隐喻是否都属于特定的概念隐喻,尚存悬疑。在很大程度上,该问题的解答取决于我们所识别的隐喻的图式层级(见第 4 章)。

然而,亦有研究者发现,在真实话语中,隐喻并没有那么普遍。正如Gibbs(2009)所说,方法不同,隐喻出现的频次便有所不同。

1.2　概念隐喻的术语化定义

我们可以用更术语化的方式将 1.1 小节中提到的概念隐喻的标准定义重新表述如下:概念隐喻是两个经验域之间的对应关系的系统性集合。这正是"以一个域理解另一个域"的意义。"对应"(correspondence)在文学中经常被称为"映射"(mapping)。这是因为某些成分及成分间的关系被认为是从一个域(称为"始源域")映射到另一个域(称为"目标域")。下面我们将阐述这些对应或者映射关系是如何在"愤怒是火"（ANGER IS FIRE）这个概念隐喻中起作用的。在给出构成这个隐喻的系统性概念映射关系前，我们先来看一些使概念隐喻在英语中得以显现的隐喻性语言：首先是由词汇手段所生成的隐喻，其次是由语料库手段所生成的隐喻（基于词汇的隐喻研究和基于语料库的隐喻研究之间的区别将在第 4 章进行介绍）：

> 它点燃了我的怒火。
> That kindled my ire.
> 那些是具有煽动性的话语。
> Those were inflammatory remarks.
> 他气得冒烟。
> Smoke was coming out of his ears.
> 她火冒三丈。
> She was burning with anger.
> 他怒气冲冲。
> He was spitting fire.
> 这起事故燃起了人们心中的怒火。
> The incident set the people ablaze with anger.

同样，在语料库研究中我们也可以找到这些隐喻性语言。Charteris-Black（2007）就提及了语言隐喻，例如：

> 因此，耶和华**对百姓的怒火被点燃**，以致他憎恶自己的产业。（《诗篇》106：40）（Charteris-Black 2017: 80）
> Therefore the wrath of the Lord **was kindled against His people**, So that He abhorred His own inheritance. (*Psalms* 106: 40) (Charteris-Black 2017: 80)
> 麦金托夫支持麦凯恩的决定，对那名牧师**具有煽动性**的反美言论置之不理，因为可能会被视为在煽动种族仇恨的**火苗**，引发抗议。[①]（Charteris-Black 2017: 44）（加粗"具有煽动性的"，ZK[②]）

[①] 全书此类引文，均为本书译者根据外文原文进行的自译，后文同。

[②] ZK 为原文作者的名字首字母缩写。

McInturff backed McCain's decision to ignore the minister's **inflammatory** anti-America comments because it would have been seen as race-baiting and **sparked** racial anger and protests. (Charteris-Black 2017: 44) (bolding on "inflammatory" added, ZK)

她激愤得双耳**发烫**。这是一种混杂着骄傲、愤怒、痛苦和挫败的心情，决定了她接下来能做些什么。（Charteris-Black 2017: 49）

Her *ears* were **burning** *with rage*. It was a commingling of pride, anger, pain and frustration that determined what she was able to do in the next few moments. (Charteris-Black 2017: 49)

我看见他——他眼睛里**燃烧着**怒火，蓬乱的头发垂在额头上——他引领高伯尔区和格拉斯哥东区走出苦难：我很感动：我想人人都倾心于这种**激情澎湃的极致演讲**：他将全部激情都用来呼吁对城市各地工人阶级的公正对待。（Nicholson，1947 年 6 月 18 日）（Charteris-Black 2017：164）（加粗"燃烧着"，ZK）

I see him now — his eyes **blazing** forth with indignation and his rusty tousled head of hair standing on end — leading forth on the miseries of the Gorbals district and the East End of Glasgow: I was quite moved: I thought everybody appreciated to the full the enthusiastic and **fiery speech**: The whole passion of the man called out for justice to be handed out to the working classes in the various parts of the city. (Nicholson, 18th June 1947) (Charteris-Black 2017: 164) (bolding on "blazing" added, ZK)

基于以上的例子，我们可以提出以下的对应或者映射集：

产生火的原因 → 产生愤怒的原因
引发火 → 引发愤怒
置于火上的东西 → 愤怒的人
火 → 愤怒
火的强度 → 愤怒的程度

借助这些映射关系，我们就可以解释之前所列出的隐喻性表达是如何运作的。例如，为什么"点燃"（kindle）和"具有煽动性的"（inflammatory）意味着引发愤怒，以及为什么"燃烧"（burning）、"喷火"（spitting fire）、"熊熊燃烧"（ablaze）代表极其愤怒，尽管它们的强度或有细微不同。可以看出，这些映射关系在经典 CMT 中处于普通层级。然而，如 Charteris-Black（2017）指出的那样，不同的词项在表达目标概念时，其映射关系的原因和强度都可能存在细微差异，如"点燃"、"火苗"（spark）、"具有煽动性的"等这些传达原因的词语。通常所构建的映射关系对这一具体层面并不敏感（但本书第 4—6 章会讨论 CMT 的修正问题）。

一般映射关系的系统性在于它发现了"愤怒"和"火"之间的映射关系具有一致性：有个未燃烧的物体；一个事件的发生（火的原因）引起了火的存在；现在这个物体燃烧了；火的燃烧程度不同。

"愤怒"与"火"类似：有个不愤怒的人；一个事件的发生致使此人变得愤怒；现在此人处于愤怒状态；愤怒的程度是变化的。

映射在"火"域（始源域）的各成分及成分间的关系与"愤怒"域（目标域）的各成分及成分间的关系之间建立起——对应关系。在某种程度上，我们确实可以认为，"火"域的映射引起或创造了与之对应的"愤怒"的特定概念。这就是某个特定始源域用来概念化某个特定目标域的本质（之后我会继续谈论该问题）。

然而，在很多例子中，两个域的解释并不成立，这时还需依靠四个（或更多）域或空间的解释模型作为补充（见第 6 章中的概念整合和概念隐喻）。

1.3　对拓展性知识的映射

基于某个域中隐喻性成分的集合，我们可以进一步获取这些成分的更多知识，并将其映射到目标上。这种拓展性的始源域知识称作"隐喻性推理"（metaphorical inference）或者"隐喻性蕴含"（metaphorical entailment）。例如，沿用前文提到的隐喻，在传统的英语正式用法中，我们会发现"他复仇了，于是他愤怒的火熄灭了"（He took revenge and that *quenched* his *anger*）这样的表达。熄灭愤怒之火可以看作"愤怒是火"的隐喻推理结果。如果"愤怒"能被当作"火"，我们就能使用其拓展知识，即火可以被熄灭。CMT 为诸如此类的扩展性概念隐喻提供了合理的解释。

至此产生了一个重要的问题：任何事物都能从一个域映射到另一个域吗？答案显然是否定的。就某个特定的概念隐喻而言，有很多事物不能从始源域映射或者转移到目标域。例如，就"理论是建筑"（THEORIES ARE BUILDINGS）这一隐喻而言，建筑中房间的数量以及建筑是否包含地下室或楼梯均不能映射到目标域。为了划定始源域中可供转移的知识，学者们给出了不同解释。对此，Lakoff（1990）提出了"恒定假设"（Invariance Hypothesis）。该假设认为始源域的事物可以映射到目标域，只要不与目标域中的意象图式结构产生冲突。Joe Grady（1997a，1997b）也指出，事实上，"基本隐喻"构成了始源域中可映射的基础（关于"基本隐喻"，见 Grady 1997a，1997b）。最后，Kövecses（2000a，2002/2010）认为，始源域映射的是处于主要意义焦点的概念材料。需要指出的是，以上三种观点的不同之处在于相关学者在预测映射内容时依赖的是概念隐喻的哪一部分。第一种主要依赖目标域，第二种依赖始源域和目标域之间的联系，而第三种依赖始源域的特征。没有一种解释完全令人满意。

1.4　从具体域到抽象域的映射

我们看到，CMT 区分了"始源域"和"目标域"。始源域为具体域，而目标域为抽象域。在概念隐喻"生活是旅程"（LIFE IS A JOURNEY）的例子中，"旅程"较"生活"（更抽象）这一目标域更具体。因此，"旅程"为始源域。一般来说，CMT 认为，相对实体的域通常作为相对抽象的目标的始源域，正如"生活是旅程"这一隐喻。

这一观察是基于文献中迄今发现并分析的大量概念隐喻（如"生活是旅程""愤怒是火""理论是建筑"等）。将概念隐喻的实体域视为始源域，将抽象域视为目标域，这一假定在直觉上倒是能说得通。例如，"生活"因其复杂性难以确定其概念，"愤怒"在很大程度上是看不见的内在感受，"理论"是复杂的心理建构体，等等。在以上例子中，不太有形且较难企及的目标被概念化，成为更有形也更易理解的始源概念或者视角。

在我们试图理解外部世界时，沿着这样的方向似乎更为合理，即将不易认知的域概念化为更易认知的域。反之，若将"旅程"概念化为"生活"，将"火"概念化为"愤怒"，抑或将"建筑"概念化为"理论"，会显得十分奇怪而有悖常理。这样做也并不会启发我们更好地理解旅程、火及建筑，因为我们对其的了解程度已经远胜于对生活、愤怒和理论的理解程度。这并不是说反向概念化没有发生的可能。它也可能发生，但一定是为了达到某种特殊的诗学、文体学、美学等目的或效果。概念隐喻从有形到无形这种默认的走向，可用于日常生活和未标记的情况。此外，即使是具体的始源域概念（如火）也能获得隐喻性解释。下一章将讨论该问题。

1.5 思维中的隐喻

CMT认为，隐喻不仅存在于语言中，也同样存在于思维中。我们使用隐喻不仅是为了谈论世界的某一方面，也是为了思考这些方面。通过前文可以看出，CMT区分了语言隐喻（即隐喻性语言表达）和概念隐喻（即我们日常生活中用来思考世界的某些概念模式）。例如，隐喻"生活是旅程"会影响我们思考生活的方式：我们会设定想去的目的地，并竭尽所能到达这个目的地，我们为旅程制定周密的计划，提前做好应对旅程中出现的困难的准备，我们会从众多路径中规划好备选计划，按照偏好选择想走的路径，等等。在产生类似想法时，实际上我们就是在用隐喻"生活是旅程"思考生活。正因如此，我们可以使用谈论旅程的语言来谈论生活。

我们借一个域来思考另一个域，实则有几种意义。首先是之前讨论过的，人们可能受某个特定概念隐喻的引导来认知某个域，如生活；其次，在某个概念隐喻中，人们会借助这个概念隐喻所依存的某个域（如旅程）的隐含意义，通过推理将其运用到另一个域（如生活）（参见下文示例）；最后，在隐喻语言的在线产出和在线理解过程中，隐喻同时激活了始源域概念和目标域概念（本书最后两章将讨论该问题）。

1.6 隐喻与现实建构

隐喻本质上是概念性的，即我们用隐喻来构想某些事物。既然我们的概念系统支配着我们在世上的行事方式，那么，我们自然常以隐喻行事。

当我们将一个无形的或不太有形的域以隐喻的方式概念化，使其成为一个相对有形的域时，我们便创造了某种隐喻性现实。我们在想象生活时，一方面将其看作旅程（见前文讨论）；另一方面，我们将其想象为戏剧演出，如莎士比亚赫赫有名的台词所展现的，"世界是舞台/所有男人和女人只是其中的演员"（All the world is a stage / and all men and women are merely players）。这两种始源域以截然不同的视角看待生活，因此构建出的现实也大相径庭。

每当一种新的始源域被用于特定目标时，目标域则不同于之前所见。该情形少之又少，其中一种是某个完全不存在的特定目标域由于某个（或者某几个）始源域的应用而被创造出来的情况。抽象概念的词源经常是早期概念化过程的反映。例如，"理解"（COMPREHENSION，意为 understanding 领会）显然属于抽象概念。根据"理解是抓住"（UNDERSTANDING IS GRASPING）这一概念隐喻，如"我没有理解他的话"（I did not *grasp* what he said）、"他领会得很慢"（He is slow on the *uptake*），英语 comprehend（理解）一词起源于拉丁语中意为"抓牢"的词就毋庸置疑了。

类似这样构建现实的方式常见于广告业，这一行业常常创作出一些有趣的隐喻性现实案例。例如，有一则广告词是"除臭剂为您全天保驾护航"（deodorants promise "24-hour protection"），它让我们把除臭剂当作战斗中战胜敌人的好帮手和好同盟，而敌人不过是我们自身的体味。因此，如果我们从未曾将体味视为敌人，未曾将其视为要抗争的对象，那么这则广告就能轻松地改变我们以往的观念。如此一来，不论是在广告业还是在其他领域，隐喻都为我们创造出了全新的现实。尽管创造出的现实只是隐喻性的现实，但这丝毫不影响它在我们生活中所扮演的举足轻重的角色。如果我们将自身的体味视为要抗争的事物，并因此购买除臭剂，那么很显然，我们就是在隐喻所定义的现实中思考和行事。这是始源域的隐含义用在某个特定目标上的又一例证（在前述小节中我将该过程称为"隐喻性推理"或"隐喻性蕴含"）。

1.7 隐喻的多模态性

最后我想指出，如果隐喻是概念系统的一部分，那么概念隐喻也将发生于该系统的任何表达模态中。研究表明，在语言中被识别出来的概念隐喻也存在于手势、视觉表征（如动画片）、视觉艺术（如绘画）等模态中。虽然在这些表达模态中出现的隐喻与日常语言和思维中出现的大部分隐喻并不完全相同，但大部分如此（参见 Cienki and Müller 2008；El Refaie 2019；Forceville 2008，2016；Lakoff 1993 等）。

1.8 概念隐喻的基础

为什么某一特定始源域得以与某一特定目标域相匹配？关于该问题，最常规的回答是两个事物或事件之间存在相似（similarity）或相像（resemblance）之处。已有文献识别出了几类相似性：客观存在的相似性（例如，某人的脸颊像玫瑰一样红润）、感知上的相似性及类属层级结构的相似性。以感知上的相似性为例，生活中的某些行为及其所产生的后果可以看作存在输赢的赌博游戏，即"生活是一场赌博游戏"（LIFE IS A GAMBLING GAME）。关于最后一类相似性，我们可以以概念隐喻"人类的生命周期是植物的生命周期"（HUMAN LIFE CYCLE IS THE LIFE CYCLE OF A PLANT）为例。两个域共享如下类属层级结构：两个域都存在一个实体，实体开始生长，然后发展到最强大的阶段，之后开始衰落，最后不复存在。基于这种共享结构，植物域可以作为人类域的始源域。换言之，二者的相似之处为特定始源域与特定目标域之间的匹配提供了解释，即隐喻根植于相似性，尽管这种相似性非常抽象。

然而，这种解释在诸多其他例子中却行不通：无论以何种方式来看，一些始源域与目标域都不存在任何相似之处。CMT也为这类隐喻的出现提供了合理的解释。我们以前述章节中曾列举过的隐喻系统中的一个概念隐喻为例："强度是热度"（INTENSITY IS HEAT）。该隐喻是"愤怒是火"、"热情是火"（ENTHUSIASM IS FIRE）、"冲突是火"（CONFLICT IS FIRE）等众多概念隐喻的类属层级。这些具体概念之间所共享的"强度"这一维度被隐喻性地概念化为"热度"。热度概念与强度概念并无任何相似之处。热度是我们身体所体验到的事物的物理属性，而强度是高度抽象的主观概念（相当于目的、困难，或者事实上相当于相似性）。那么，是什么让热度概念成为强度概念的始源域的？CMT认为强度和热度之间存在经验上的相关性。通常情况下，在参与高强度的活动时（无论是身体上的还是情感上的），我们的身体都会产生热度。因此，强度与热度相关。这也是热度概念作为始源域，而强度概念作为目标域的动机所在。因此，这种类属层级概念隐喻"强度是热度"的出现是基于感知-肌动体验和抽象主观体验的相关性。

1.9 基本隐喻和复合隐喻

如上讨论的概念隐喻，Lakoff和Johnson（1999）在借鉴了Joe Grady的术语和思想的基础上，将其进一步发展，并称其为"基本隐喻"。Grady（1997a，1997b）在他的论文中提出了大量基本隐喻，其中包括"相似就是接近"（SIMILARITY IS CLOSENESS）、"坚持是保持直立"（PERSISTENCE IS BEING ERECT）等。

此外，他还重新分析了 Lakoff 和 Johnson（1980）早期著作中的若干概念隐喻，如"多即上升"（MORE IS UP）、"目标是目的地"（PURPOSES ARE DESTINATIONS）。他进一步指出，若干基本隐喻可以整合为"复合隐喻"（compound metaphors）。例如，隐喻"有目标的生活是旅程"（PURPOSEFUL LIFE IS A JOURNEY）就是基于几个基本隐喻，如"目标是目的地"、"困难即障碍"（DIFFICULTIES ARE IMPEDIMENTS）等等。

1.10　意象图式和隐喻

许多概念隐喻（包括基于相似性的隐喻和基本隐喻）都是基于"意象图式"（image schemas）产生的。这些抽象的前概念结构源自我们对世界的反复经验（Johnson 1987；Lakoff 1987）。这种框架般的前概念结构包括"容器"（CONTAINER）、"来源-路径-目标"（SOURCE-PATH-GOAL）、"力量"（FORCE）、"直立性"（VERTICALITY）及其他结构。例如，基本隐喻"状态是容器"（STATES ARE CONTAINERS）源于"容器"意象图式，基本隐喻"生活是旅程"源于"来源-路径-目标"图式，基本隐喻"情感是力量"（EMOTIONS ARE FORCES）源于"力量"图式等等。

1.11　隐喻和语法

CMT 的主要目标是分析和描述隐喻的概念本质：概念隐喻如何建构思维、引发推理，如何提供看待现实的全新视角，如何构建新思想和新概念，以及以何种形式根植于经验等等。然而，隐喻研究者近些年来逐渐意识到语言结构（即语法）与隐喻概念结构之间存在密切关联。我们开始看到隐喻和语法（Langacker 1987；Goldberg 1995）之间可以相互促进。

让我们举一个例子来说明。Sullivan（2016）提出这样一个问题：在如下四个句子中，为什么只有最后一个（动词为 construct 或者 build）是隐喻性的？①"律师想出一个论据。"（The lawyer devised an argument.）②"律师设计一套房子。"（The lawyer devised a *house*.）③"木匠想出一个论点。"（The *carpenter* devised an argument.）④"律师构建/建造一个论点。"（The lawyer *constructed/built* an argument.）除了第一句描述的是律师做了什么，其余三句都应属于"理论是建筑"这一隐喻的示例，因为它们都包含与"建筑"这个始源域相关的词：房子（house）、木匠（carpenter）、构建/建造（constructed/built）。毕竟，建造房子与创建论点具有对应关系，因而是隐喻性的：房子与论点对应，木匠与提出论点的人相对应。然而，它们实际并没有这种对应关系，因而不是隐喻性的。对该问题的解答是，考虑到及物结构带有施事者、动词和受事者，而动词（"构建/建造"）作为结构的依存元素只有在句子中才是隐喻性的，而其他两个元素（两个名词）在认知语法框架内是自主元素。正如 Sullivan（2016：145）所言："当一个或多个自主元素缺失而导致某个元素的意义不完整时，该元素便具有依存性。"更笼统地说，一个表达式中的依存元素唤起始源域（因此是隐喻），而结构的自主元素唤起目标域（因此是字面意义）。

在 CMT 研究中，隐喻与（认知）语法的互动研究属于极具发展前景的新路径。比如上述结论就有助于我们理解语料库研究的一些发现：Cameron（2003）和 Deignan（2005）在语料库研究中也观察到"比起名词，动词被隐喻性使用（即激活隐喻始源域）的频率更高"（Sullivan 2016：143）。

1.12　隐喻的神经理论

基本隐喻的相关研究促进了大脑中的隐喻的相关研究。Lakoff（1993）提出了"隐喻的神经理论"。在该理论中，大脑中单个神经元形成神经元群，称为"节点"。节点间存在各类神经回路。在代表隐喻特征的"映射回路"中，有两组节点分别对应始源域和目标域。两组节点间的回路则对应映射或对应关系。在基本隐喻中，一组节点代表大脑中的感知-肌动体验，而另一组节点则代表抽象主观体验。若隐喻的神经理论正确，便可得出关于世界运行方式的重要结论：我们不仅根据始源域来理解（或概念化或思考）目标域，我们还用它来体验目标域。这就是基于感知模拟解释隐喻加工的基本观点。

1.13　普遍性和变体

既然人类身体和头脑多数情况下具有普遍的一致性，那么基于它们的隐喻结构多数情况下自然也具有普遍的一致性。这就解释了为何在许多没有任何亲缘关系的语言中也能发现诸如"知道即看见"（KNOWING IS SEEING）等很多概念隐喻的存在。然而，这并不意味着所有基于基本隐喻的概念隐喻在不同的语言/文化中全都相同。对此，学者们早已达成共识：隐喻所处的特定文化环境及具有普遍性的具身体验，对于塑造不同语言/文化中的概念隐喻形式具有同等重要的地位（参见 Kövecses 1995b；Musolff 2004；Taylor and MacLaury 1995；Taylor and Mbense 1998；Yu 1998，2002 等）。此外，还有研究者曾指出，在相同的语言/文化中也存在隐喻变体的例子（关于该研究的调查，参见 Kövecses 2005 等）。

1.14　语境和隐喻

在这一趋势下，学者们发现，文化因素在塑造隐喻时并不是唯一重要的语境类型。越来越多的研究者开始考虑与认知活动相关的隐喻和影响这些隐喻浮现的各类语境因素之间的紧密联系（如 Cameron 2003；Gibbs and Cameron 2008；Goatly 2007；Kövecses 2010a，2010b；Semino 2008）。总的来说，这些研究结论丰富了隐喻的解释性。首先，那些纯粹是日常的并且不带先设的概念隐喻开始受到关注（如 Musolff 2004；Semino 2008 等）。其次，考虑到语境的角色，相较之前，我们对隐喻的能产性有了更全面的了解。事实上，我们可以认为语境因素能够创造出被称为语境推导隐喻的全新隐喻（Kövecses 2010b，2015a）。最后，这类语境推导隐喻并不局限于形成基本隐喻经验基础的那些基本相关性。因此，似乎从普遍性的基本隐喻到非普遍性的语境推导隐喻存在一个连续统。换言之，隐喻既可以产生于人类身体或者特定文化中，也可以产生于更广泛的语境中。

1.15　隐　喻　网　络

"网络"（network）的概念近来被用于概念隐喻及与之相关的现象中。最广为人知的是 Fauconnier 和 Turner（如 Fauconnier and Turner 2002）的概念整合理论中所讨论的包含四个空间的"网络模型"（详见第 6 章）。Richard Trim（2007，2011）使用"隐喻网络"（metaphor network）这一术语，一方面对个体隐喻进行发展，譬如，在英国纹章学中，狮子象征勇气；另一方面探索源于核心概念的隐喻网络的形成问题，如母亲或父亲这种核心概念如何催生英语中诸如"母语"（mother tongue）或"祖国"（mother country）这样的隐喻表达。他展示了该隐喻网络如何在众多欧洲语言和文化中历时浮现。毫无疑问，以上两者对于"网络"概念都是极为有趣且非常重要的应用。可是，我对此还有一些与之不同的想法。

如上文所述，概念隐喻的始源域构成了连贯的经验组织，而始源域到目标域的映射同样创建了系统化的目标域组织。但问题是这种从始源域到目标域的系统性映射是否彼此分离。我认为它们可能隶属于更高层级的隐喻组织系统。

这种隐喻系统的组织原则可以分为五类。在第一类中，隐喻的组织方式为直接层级结构，始源域和目标域都是更高的类属层概念的具体事例；在第二类中，类属层概念中的不同方面可能通过概念隐喻被概念化为不同的事物；在第三类中，几个抽象概念中的同一方面可能将处于从属地位的大量具体层概念隐喻进行层级化；在第四类中，目标域是独立存在的概念层级的一部分，这使得概念隐喻构成了一个系统；在第五类中，概念隐喻能够彼此关联并形成系统，这是因为具体层目标概念是诸多不同的更高层概念的特例，这些更高层概念本身具有特定的概念隐喻。概念系统（或网络）的构成方式或许还有多种，但了解这五种可能就能够满足当前所需。

直接层级结构

此种情况下，始源域和目标域都是类属层概念隐喻的具体层概念。此类层级结构最简单、最直接，而且囊括了大量事例。以大家熟知的隐喻"愤怒是滚烫的液体"（ANGER IS A HOT FLUID）为例。该隐喻是类属层隐喻"情感是力量"的一个实例。事实上，滚烫的液体可以更加具体，成为诸如"坐立不安"（STEW）这样潜在的始源域。我们可以这样表示：

情感是力量
EMOTIONS ARE FORCES
　　　　愤怒是容器中滚烫的液体（他怒火中烧。）
　　　　ANGER IS A HOT FLUID IN A CONTAINER（He was

boiling with anger.）

　　　　　　愤怒即坐立不安（他气得坐立不安。）
　　　　　　ANGER IS A STEW（He was *stewing.*）

同样的情形也适用于爱的概念：

情感是力量
EMOTIONS ARE FORCES
　　　　爱是自然之力（我被爱驯服了。）
　　　　LOVE IS A NATURAL FORCE（I was *overcome* with love.）
　　　　爱是风（那是一场旋风式的恋爱。）
　　　　LOVE IS THE WIND（It was a *whirlwind* romance.）

　　通过全书我们将会看到，尽管此类网络很简单，但正因如此，它对本书将要呈现的隐喻的扩展理论显得至关重要。后面几章我将回到这个话题。

单一类属概念的不同方面

　　对于事件结构隐喻系统来说，情况更为复杂（见Lakoff 1993）。一般事件（即事件的类属层级概念）既指行为，也指事件的发生，包括状态、原因和变化。同时，行为还包括长期活动，需要考虑活动的过程。行为以目标、潜在的执行困难及表现方式为特征。事件的这些不同方面在概念化时也存在方式性差异。

事件：事件是移动
EVENTS: EVENTS ARE MOVEMENTS
发生：发生是运动（这儿发生什么了？）
Occurrences: OCCURRENCES ARE MOVEMENTS (What's *going on* here?)
行动：行动是自推式移动（下一步要做什么？）
Actions: ACTIONS ARE SELF-PROPELLED MOVEMENTS (What's going to be the next *step*?)

原因：原因是力量（你快把我逼疯了。）

Cause: CAUSES ARE FORCES (You're *driving* me nuts.)

状态：状态是位置/有范围的区域（她恋爱了。）

State: STATES ARE LOCATIONS / BOUNDED REGIONS (She's *in* love.)

变化：改变是移动（从一个位置到另一个位置）（我差点疯了。）

Change: CHANGE IS MOTION (FROM ONE LOCATION TO ANOTHER) (I almost *went* crazy.)

行动：行动是自推式移动

Actions: ACTIONS ARE SELF-PROPELLED MOVEMENTS

目标：目标是目的地（我想达成目标。）

Purpose: PURPOSES ARE DESTINATIONS (I want to *reach* my goals.)

困难：困难（之于运动）是障碍（让我们解决这个问题。）

Difficulty: DIFFICUITIES ARE IMPEDIMENTS (TO MOTION) (Let's *get around* this problem.)

方式：方式是（移动的）路径（我们换一种方式来解决。）

Manner: MANNER IS PATH (OF MOTION) (We'll do it in another *way*.)

活动：长时间有目的的活动是旅程（关于这个项目我们要做的还有很多。）

Activity: LONG-TERM PURPOSEFUL ACTIVITIES ARE JOURNEYS (We have a *long way to go* with this project.)

过程：有预期的过程是旅程计划（我远远落后于计划。）

Progress: EXPECTED PROGRESS IS A TRAVEL SCHEDULE (I am way *behind* schedule.)

关于过程的概念隐喻，我们还可进一步从上述活动的构成成分中看出："过程是（到目的地）所走的距离"[PROGRESS IS DISTANCE COVERED (TO A DESTINATION)]，如"还有很长的路要走"（have a *long way to go*）。

我们可以看到，这里的最高层级隐喻与事件的各个范畴都有关联："事件是移动"。事件以不同形式出现，而且以几个不同方面为代表。事件的各种形式及方面反过来又作为行动、位置、力量的始源域被隐喻地看待。当然，这些还可以从更具体的概念层面展开叙述。

几个不同具体层概念的单一方面

当几个概念被同一始源域隐喻性地概念化后，形成了某一特定的共享面，这几种概念隐喻便相互依赖。应用同一始源域的不同目标域仍然属于"一个始源域的辖域范围"（Kövecses 2000a，2010a，2010b）。因此，始源域的辖域可大可小。请看以下概念隐喻：

愤怒是火（他强压怒火。）

ANGER IS FIRE (He was *smouldering* with anger.)

爱是火（他们之间的爱火消失殆尽。）

LOVE IS FIRE (The *fire* was gone from their relationship.)

欲望是火（成为律师是他的雄心壮志。）

DESIRE IS FIRE (It was his *burning* ambition to become a lawyer.)

想象是火（这个场景激发了他的想象力。）

IMAGINATION IS FIRE (The scene *set fire to* his imagination.)

热情是火（他不再热忱。）

ENTHUSIASM IS FIRE (He lost the *fire*.)

冲突是火（在历史长河中，战火几次烧毁了欧洲。）

CONFLICT IS FIRE (The *fire* of war *burnt down* Europe several times in the course of its history.)

精力是火（她过度耗费着精力。）

ENERGY IS FIRE (She's *burning the candle* at both ends.)

这些目标域通过单一始源域（火的热度）共享强度（的等级）这一方面。我们可以认为，"火"这一始源域的"主要意义焦点"落在其强度上（Kövecses 2000a，2002/2010）。因此，隐喻性地理解强度的方式就是通过理解火的热度。如此便产生了"强度是热度"这个一般隐喻。前面列举的这些具体隐喻都是这个类属层隐喻的具体实例。这也是概念隐喻可能构成层级系统的另一种方式。事实上，基本隐喻（如上所示）自然而然形成了这种隐喻系统，因为它们的目标域代表着几种不同概念的共享面（如强度）。

单一具体层概念的几个不同方面

一个具体层级抽象概念可能继承来自几个类属层隐喻系统中的概念隐喻，这是由于它的原型认知文化模型包含属于不同隐喻系统的元素。我们用"友谊"（friendship）这一具体层级抽象概念来进行说明（Kövecses 1995a）。友谊模型在概念上具有不同的隐喻系统，因为根据友谊的认知-文化模型，

> 友谊是两个人彼此共有的状态，
> 友谊涉及朋友间的交流，
> 友谊暗含彼此间的互动，
> 友谊是由朋友及朋友间的互动构成的一个复杂系统，
> 友谊包括彼此间怀有某种情感的参与者，
> 及其他。

刻画友谊的概念隐喻如下：

状态隐喻系统：
状态是物体
STATES ARE OBJECTS
赋予的状态是拥有的物体
ATTRIBUTED STATES ARE POSSESSED OBJECTS（Lakoff 1993）
交流隐喻系统：
思维是容器
THE MIND IS A CONTAINER
语言表达是容器
LINGUISTIC EXPRESSIONS ARE CONTAINERS
意义是物体
MEANINGS ARE OBJECTS
交流是传达
COMMUNICATION IS SENDING（Reddy 1979）
互动隐喻系统：
互动是经济交换

INTERACTIONS ARE ECONOMIC EXCHANGES（Kövecses 1995a）

复杂系统隐喻系统：

抽象复杂系统是复杂物理系统

ABSTRACT COMPLEX SYSTEMS ARE COMPLEX PHYSICAL SYSTEMS（Kövecses 1995a，2010a）

情感隐喻系统：

情感是距离

EMOTION IS DISTANCE

情感是温度

EMOTION IS TEMPERATURE（Kövecses 1990，2000b）

友谊的概念隐喻源自这些不同的隐喻系统。具体来说，以下是我们找到的关于友谊的描述：

状态隐喻系统：

友谊是所有物（我与她的友谊没有持续太久。）

FRIENDSHIP IS A POSSESSED OBJECT (*My* friendship with her did not last long.)

交流隐喻系统：

分享（交流）经历是分享物体（我们彼此分享私事。）

SHARING (COMMUNICATING) EXPERIENCES IS SHARING OBJECTS (We *share* intimate things with each other.)（Kövecses 1995a，2000b）

该隐喻的产生是由于朋友间的交流经常涉及想法和情感的分享。

互动隐喻系统：

友谊的互动是经济交换（在友谊中，我们常常礼尚往来。）

INTERACTIONS IN FRIENDSHIP ARE ECONOMIC EXCHANGES (There is a lot of give and take in our friendship.)（Kövecses 1995a）

友谊的互动之所以概念化为经济交换，是因为人们在友谊互动中经常提及对等这一基础，而不仅仅是指实物交换。

复杂系统隐喻系统：

友谊是复杂的物理系统（建筑、机器、植物）（多年来我们已经建立了牢固的友谊。）

FRIENDSHIP IS A COMPLEX PHYSICAL SYSTEM (BUILDING, MACHINE, PLANT) (We have *built* a strong friendship over the years.) （Kövecses 1995a，2002/2010）

情感隐喻系统：

情感关系是距离（他们的友谊很亲密。）

AN EMOTIONAL RELATIONSHIP IS A DISTANCE (They have a *close* friendship.)

情感是温度（他们的友谊很温馨。）

EMOTION IS TEMPERATURE (They have a *warm* friendship.) （Kövecses 1990，2000b）

最后两个概念隐喻与亲密这一概念代表的几种情感有关，产生了"亲密是靠近"及"亲密是温暖"（INTIMACY IS WARMTH）这两个（基本）隐喻。

概括来说，鉴于友谊的几个方面构成了这些隐喻系统的一部分，友谊作为一个混合概念也将与它们共享这些具体隐喻。

目标概念构成概念层级系统

此类隐喻系统的最好例证是所谓的大生存链（Great Chain of Being）（Lakoff and Turner 1989）。该概念层级系统与世界上的物体和实体相对应，如人类、动物、物体等等。以下是该层级结构的扩展版（Lakoff and Turner 1989；Kövecses 2002/2010）：

上帝

复杂系统（宇宙、社会、思维、理论、陪伴、友谊等）

人类

动物

植物

复杂物体

无生命物体

当某一层面的事物被概念化为另一层面时，层级结构就成为隐喻系统。该过程可能是双向的。低层级概念可以作为高层级概念目标域的始源域，如"人是动物"（PEOPLE ARE ANIMALS）；同时，高层级概念也可以作为低层级概念目标域的始源域，如"动物是人"（ANIMALS ARE PEOPLE）。此外，人类、动物及植物常在其范畴内进一步划分等级。该概念化过程可能会带来种族主义语言，如一个"低等种族"（*inferior* race）。

总之，概念隐喻不是思维中独立的概念模式，看起来更像是要聚集在一起构成大量彼此关联的层级关系。

1.16 对 CMT 的批判

CMT 在学术界的地位有些令人不解：不可否认，该理论已取得许多成就，在相关学科内部的作用以及跨学科的受欢迎程度显而易见。然而，过去 30 年内，CMT 及理论的各方面都饱受诟病（如 Fusaroli and Morgagni 2009；Gibbs 2017a）。甚至有学者对该理论是否应该存在持怀疑态度（如 Cameron and Maslen 2010）。

更加令人费解的是，众多的批判都是针对 Lakoff 和 Johnson（1980）的著作展开，而该著作仅能代表 CMT 发展的初期，这导致其后大量工作被忽视。本章节已经提到并描述了《我们赖以生存的隐喻》一书出版之后的一些理论进展，因此将不再涉及与此相关的批判。

针对 CMT 的一种批判是它采用了域的概念（如概念隐喻涉及两个域），而它本身并没有明确的定义，也很可能根本无法明确定义。事实上，CMT 采用了许多其他概念，这些概念均依赖于人类经验的连贯性结构，如域、框架、意象图式和心理空间。这是 CMT 面临的一个挑战。

还有一种批判坚持认为 CMT 的基础是循环论证。持这种观点的人声称，一方面，学者们使用隐喻性语言识别概念隐喻；另一方面，他们又认为已有的概念隐喻是隐喻性语言存在的前提。我们不能用隐喻性语言证明概念隐喻的存在，同时又用概念隐喻解释隐喻性语言。不过，随后有几项实验在没有语言或者隐喻性语言参与的情况下（开始于 20 世纪 90 年代早期 Gibbs 的著作），明确证实了概念隐喻的存在。于是，此种批判便不再具有效力。如果心理语言学实验已经验证了概念隐喻确实具有心理现实性，语言学家就不该再否认其存在，而应致力于发掘概念隐喻是如何在语言中（以及其他模态中）形成和运作的（相关实验综述见 Gibbs 1994，2006；Gibbs and Colston 2012）。

最为常见也最为强烈的批判涉及方法论问题，即如何在话语中识别隐喻，隐喻研究应如何建立在真实语料的基础上（而不仅仅是词汇或者直觉性的语料）以及其他相关问题（见 Deignan 2005；Pragglejaz Group 2007）。正如上文中提到的，我们现在应该将 CMT 的新发展视为该理论的组成部分。然而，隐喻分析中缺乏真实语料以揭示 CMT 真正的缺陷：这是由于该理论的研究者们并不重视语篇，忽略了隐喻在真实语篇中发挥的社会-语用功能。这一观点听起来很有说服力。然而，我认为，不应该认为 CMT 的唯一目的是收集隐喻性表达，并在此基础上构建概念隐喻，列出构成概念隐喻的映射关系，从而观察特定概念隐喻如何形成更大的系统组群。CMT 还需进一步描述真实语料中隐喻的特定句法、话语、社会、语用、修辞、美学等行为和功能。这正是目前众多研究者所从事的研究（如 Low et al. 2010）。在我看来，这些研究者与"传统"CMT 学者之间并非相互竞争的关系；相反，他们致力于解决"传统"学者所"忽略"的方面，这一补充是必要且极受欢迎的。这类工作与该理论其他方面的研究一样，丰富了 CMT。换言之，我认为"忽略"并非真正的忽略。导致隐喻的句法、语用等特征未能得到足够重视的一个原因是 CMT 学者力图在以往的隐喻研究中增加新的认知维度。这一维度之前是并且现在仍是概念隐喻学者与其他隐喻研究者的一个主要任务。否则，我们便无法将隐喻研究与一般认知研究联系起来。

1.17 CMT 的现状

在我看来，CMT 是一个复杂且条理清晰的关于隐喻的理论。即便前文只对其进行了大致勾勒，也不难看出该理论作为一种隐喻理论，能够解释各种各样关于隐喻的问题。该理论尤其能够解释以下问题：

- 为什么我们系统地使用一个经验域的语言来谈论另一个经验域？
- 为什么词汇中的多义现象遵循自身特定的模式？
- 为什么词义扩展是沿着抽象到具体的方向？

- 为什么儿童按一定顺序习得隐喻？
- 为什么词义的历时浮现遵循一定顺序？
- 为什么许多概念隐喻具有普遍性或有可能具有普遍性？
- 为什么还有许多概念隐喻在不同文化间和同一文化内会发生变体？
- 为什么许多概念隐喻在不同表达模式中（如言语和视觉）共通？
- 为什么基于特定主题的隐喻表达，民间理论和专家理论常常建立在同样的概念隐喻之上？
- 为什么众多概念隐喻在日常语言和文学语言（以及其他形式的非日常用语）之间所共享？
- 为什么新的隐喻形式能够浮现且不断在浮现？如何浮现？

　　其他任何隐喻理论都不能解释所有这些问题（参见 Gibbs 2008）。然而，这并不意味着 CMT 达到了"完美状态"，也不是说该理论已经没有进一步发展的空间。

1.18　ECMT

　　以上概述或多或少揭示出 CMT 内部存在的一些问题和缺点，包括但不限于以下几点。

　　（a）CMT 的一个基本假设是字面意义的存在，对于该基本假设的质疑是合理的。我们真的可以而且确实是基于字面意义来理解比喻意义吗？我们甚至可以问：字面意义是什么？对这些问题的解答最终将如何影响当今的 CMT？

　　（b）如果基本隐喻假定存在单个概念单元（场景）将元素进行关联（如愤怒和身体热量），那么难道我们不能认为，基本隐喻是在转喻阶段浮现的（在转喻阶段，比如愤怒和身体热量就是在紧密的组织结构中彼此相连的），而不是作为隐喻直接从两个经验域浮现的吗？

　　（c）那么，在何种概念层面，我们可能或应该恰当地识别出概念隐喻？在域、框架、场景、图式、空间还是其他层面？其中大部分问题在上文已有所提及，但即使是同一作者也得出一致意见。

　　（d）而且，如果我们能成功地阐明这一概念层面问题，将带来什么启示？会对 CMT 产生任何显著影响吗？例如，这是否会改变我们对隐喻研究方法论的思考？

（e）上文谈到了几种隐喻网络，那么这些网络是否同等重要？还是说其中个别网络对于描述隐喻概念系统的整体情况更为重要？

（f）该如何将新近提出的蓄意隐喻观点纳入CMT框架？还是说它会对CMT构成挑战？

（g）在自然发生的话语中，我们如何解释隐喻性语言表达的社会-语用功能？像这样能够解释隐喻的概念结构，同时能够在统一框架内解释用于实现这些概念结构的隐喻表达的语篇功能的概念隐喻理论将会是什么样的？

（h）那么，联系上述问题，我们应该将隐喻看作一种在线进行的认知过程，还是将其看作位于长时记忆中的相对稳定的概念系统的一种产品？

（i）尽管隐喻理解理论的确广泛使用了语境的概念，但CMT中隐喻生成理论几乎完全忽略了这一概念。在认知语言学范式内，是否可能提出一种新的概念隐喻理论，将隐喻生成的语境整合到理论中？

（j）CMT的主要思想是具身体验，这也是基本隐喻建立的基础。尽管这一点至关重要，但我们依然可以合理地提出具身体验在该理论中的排他性问题。难道就没有其他因素在概念隐喻和隐喻性语言的创生过程中也发挥了重要作用吗？

（k）关于隐喻的能产性，CMT对日常话语和文学语篇中出现的新的隐喻给出了复杂的解释。然而，这些解释存在以下局限：它们只能解释以独特方式将可能具有普遍性的基本隐喻结合起来所产生的新形式，或使用少数概念手段（扩展、细化、疑问、组合）所产生的新形式。然而，在很多情况下，我们发现新的隐喻（包括概念隐喻和隐喻性语言）还要求我们考虑各种语境因素，而不仅仅涉及普遍的基于身体的隐喻或普遍性认知过程。

（1）如果我们真是如宣称的那样借助概念隐喻进行思考，那么，为什么我们在实际的话语产出中会使用混合隐喻？通篇使用相同的概念隐喻不是更简单有效吗？事实上，相比异质性隐喻话语（即话语中的混合隐喻），同质性隐喻话语似乎更为罕见。为什么会发生这种情况？CMT能为话语中的混合隐喻提供一个统一的解释吗？

（m）认知语言学家（包括本书作者）喜欢将隐喻视作"概念隐喻"，而忽略了隐喻本身的多样性现象。还有哪些其他类型的隐喻？它们的特征该如何描述？它们与概念隐喻的关系是怎样的？

毫无疑问，我们关于CMT还可以提出更多问题。然而，为了提出一个更为全面、更为完善、更为改进的CMT的扩展版，我认为，在诸多问题中，有必要先提出上述问题。我将在后续章节中具体分析这些问题。

第 2 章　比喻性地理解抽象概念，字面性地理解具体概念，是否也能比喻性地理解具体概念？

　　大多数隐喻研究者或明确或含蓄地认同字面（literal）意义和比喻（figurative）意义之间存在某种区分，并认为这种区分也是区别具体概念和抽象概念的基础。但这种字面意义和比喻意义的区分也遭到一些学者的质疑（参见 Katz et al. 1998）。这个问题及其原因多少与 CMT 有关——最主要是因为该理论严重依赖抽象和具体的区分。在本章中，我提出，即使最具体的经验也不能仅按字面的意思理解，还可以被比喻性地概念化（另见 Gibbs 于 2018 年在香港举行的第 12 届隐喻研究与应用会议上的最新成果）[①]。然而，这并不妨碍这些具体概念充当比喻性概念化的始源域概念。我们似乎拥有大量被比喻性地概念化的具体经验，它们本身是以概念形式世代传承的，但是却成为对抽象实体进一步概念化的工具。我们所认为的大量字面意义不过是从本体论出发所做的界定（构成基本的具体经验）。但就其认知状态而言，它们都是比喻性地构建出来的经验。我们不断使用这些看似具体实则具有比喻特性的概念材料来识解抽象概念，却并没有意识到它们最初的比喻性（隐喻或转喻）认知状态。

　　最基础的具体经验也是普遍经过隐喻和转喻而构建的，这绝非什么新观点。例如，Nietzsche 就曾提出，"语言是亡喻之坟墓"。但哪怕是我们的基本经验也是比喻性构建的，这就向 CMT 提出了一个重要的问题。CMT 假定（并证实了）抽象概念常规性地概念化为基本的具体经验。但如果语言真是像这样通过比喻得以识解，甚至那些表达最基本的具体经验的概念也是如此，那么为什么还要将抽象概念化为具体？或者说，如果具体概念和抽象概念均被比喻性地理解，做此区

---

　　① 本章重新使用了早先已出版的修订版著作中的资料，尤其是：Kövecses, Zoltán. 2017a. A radical view of the literal-figurative distinction. In A. Benedek and Á. Veszelszki, (Eds.), *Virtual Reality — Real Visuality. Virtual, Visual, Veridical* (pp.17-28). Frankfurt am Main: Peter Lang.

分便失去了意义。因此，我们没有必要用具体概念去理解抽象概念，而 CMT 对于隐喻从具体到抽象（反向不成立）这种（显著）单向性映射的阐释也将失去效力（既然具体概念也需要比喻性地构想）。

对字面意义具有代表性的解释中（如 Searle 1993），字面意义指表示具体事物且被规约化使用的意义，包括亡喻。这是一个既庞大又基础的集合，经常被用来"解读"比喻意义。对此，经典隐喻理论和 CMT 的支持者们所能做出的最高层次的概括是，存在字面意义这样的东西。两方的不同之处在于他们赋予字面意义的作用不同。经典隐喻理论的支持者认为，字面意义是所有意义的基础，比喻（隐喻和转喻）意义需依赖它。相反，从这一点来说，CMT 的支持者却并不认为字面意义是基础。

CMT 的研究者们试图限定字面意义的涵盖范围，他们所说的字面意义指那一类被认定为具有字面意义的语言表达。他们用各种方法界定字面意义的范围。在本章中，我将以更为激进的观点划定字面意义的范围，这样一来可能大大减少甚至删去字面意义——至少在某种意义上如此（关于这个问题，另见 Rakova 2003）。

2.1　界定字面意义

我们从亡喻开始论述。虽然它们被称作亡喻，但是根据经典隐喻理论，它们并不是真正的隐喻，而是获得了新的字面意义的某些表达方式。然而，正如上文所见，CMT 将亡喻视为隐喻，其理由是亡喻在概念上是极为"活跃的"，它们为完全活跃的概念隐喻提供实例。亡喻的规约化状态并不妨碍它们通过各自所属的概念隐喻而活跃在概念系统中（关于更详细的区分，参阅 Müller 2008）。

因此，在 CMT 中，判断字面意义的依据是该表达形式如何被加工。如果一个表达形式激活了两个在概念上相互关联的域，它就是隐喻性的；否则，便是字面性的。对此，Lakoff（1993：205）提出，"未经概念隐喻就能理解的那些概念应是'字面性的'"。即便如此，还是有些情况难以被清楚地划分。比如，根据"时间是运动"（TIME IS MOTION）这一概念隐喻，"时间飞逝"（Time passed quickly）和"时光会到来"（The time will come）很显然是隐喻性表达。但是，对于 Boroditsky（2001）的实验中使用的句子"三月先于四月到来"（March comes earlier than April），"先于"（early）应如何界定？是按照字面意义还是隐喻意义理解？通常，"先于"是按字面意义对待。但在该实验中，Boroditsky 发现，英语语者对水平启动（horizontal prime）的反应速度更快（报告"对/错"），而汉语语者对垂直启动（vertical prime）的反应更快。该启动实验结果表明，我们认为是表达字面意义的词（因为它与运动无关），结果是通过隐喻来理解的（因为说话者在加工时受到概念隐喻的影响——垂直运动 vs 水平运动）。因此，如果"是否通过概念隐喻来理解"这一标准没有问题的话，那么"先于"一词就不得不被当作隐喻意义来理解，而非字面意义。

　　"是否通过概念隐喻来理解"这条标准很多时候还会带来类似的困境，其中之一就是对时间域的解释。实际上，"时间"（time）一词也面临着同样的问题：它的理解是通过字面意义还是隐喻意义？如果对"先于"一词的理解是隐喻性的，并因此将其当作隐喻性概念，那么对"时间"一词的理解当然也是隐喻性的，它也具有隐喻意义。还是说我们应该对域的名称（词）和域本身（时间概念）进行区分？但问题是，我们能否在认知语言学框架中将词义和概念化过程区分开？词义难道不是取决于概念化过程吗（见 Langacker 1987）？

　　同样的问题还出现在抽象的目标域中，如"气愤"（ANGER）、"理论"（THEORY）、"时间"（TIME）、"欲望"（DESIRE）等，当中涉及很多我们会毫不犹豫地当成字面意义来理解的语言表达，例如用于表示生气的词"气愤"（anger）、"暴怒"（rage）、"愤怒"（ire）、"激怒"（irritation）、"狂怒"（fury），用于表示理论的词"理论"（theory）、"观点"（idea）、"方案"（scheme）、"信仰"（belief），用于表示时间的词"时间"（time）、"阶段"（period）、"片刻"（moment）、"分钟"（minute）、"小时"（hour），以及用于表示欲望的词"欲望"（desire）、"冲动"（urge）、"憧憬"（longing）、"想要"（want）、"渴望"（yearn），等等。诸如此类的抽象概念能通过字面意义理解吗？这是我们对此的直观感受。可是，如果应用"是否通过概念隐喻来理解"这一标准，就不会产生这样的疑问。原因很简单，与其相关的概念都是通过不同的概念隐喻被隐喻性地理解的，如"愤怒是火"、"知识即视野"（KNOWLEDGE IS VISION）、"时间是运动"、"欲望即渴求"（DESIRE IS HUNGER）等。我对此的看法是，对于抽象概念，只能隐喻性地概念化，因此，用于表达这些隐喻性概念化的语言也只能是隐喻性的。

　　但实际并非如此。为什么呢？我们似乎在以上情况中采用了不同于"是否通过概念隐喻来理解"的标准来界定字面意义。标准看似如下：如果表达抽象概念的词不使用任何明显的隐喻性指示词或标记词来对更具体的始源域概念进行标记，那么，该词在本质上就是隐喻性的。上述词汇并未以隐喻手段反映出任何与所涉及的目标域相关的（上文提到的 ANGER、THEORY、TIME、DESIRE）明显的概念隐喻（即始源域）。正因如此，它们与表示抽象概念的词极为不同，比如"火冒三丈"（*burn* with anger）、"想法明确"（*clear* idea）、"时间流逝"（*passage of* time）和"渴望爱情"（*hungry for* love），这些词明确了它们所属的具体始源域。

　　再者，如前文出现的那些所谓代表抽象目标域的字面表达，如果按照 Lakoff 对隐喻意义的界定方式，即"是否通过概念隐喻来理解"，它们就不再是字面表达。从词源或者历时的视角来看，它们遵从这一标准。从词源上说，这些词都产生于比喻性（隐喻或转喻）概念化过程。例如，表示生气的词"暴怒"（rage）和"狂怒"（fury）可以追溯到拉丁语中表示疯狂（madness）的概念，表示知识域的词"理论"（theory）和"观点"（idea）与古希腊语中表示视觉（vision）和看见（seeing）的概念有关（参见 Sweetser 1990）。这两个案例表明，我们今天所认为的非隐喻性表达，实际上与隐喻性表达一样，都是由某些相同的概念隐喻所激发的，即"愤怒是疯狂"（ANGER IS INSANITY）和"知识即视野"。还有些例子中隐喻或转喻的形成过程并不清楚，但起源看起来却是确定的。根据词源词典（如"在线词源词典"Online Etymology Dictionary），"生气"（anger）一词来自印欧语系，是表达"紧张、狭窄、痛苦地受限"（tight, narrow, painfully constricted）等意思的词根。这很可能是一个转喻概念化的案例："用生气的原因代表生气"（THE CAUSE OF ANGER FOR ANGER），这是生气的类属层转喻。

　　也可以说，大量（代表抽象目标域的）表达形式看似是通过字面意思被理解的，但与其相关的概念却同时通过隐喻被理解，从历时视角看，这些表达式的源头都具有隐喻性或转喻性。它们被当作非隐喻性表达，可能是因为它们的构词方式未向当今的使用者透露出任何隐喻根源。

　　针对此类相似的论点还可继续深入讨论。从历时视角看，许多非抽象概念（即具体概念）也是比喻性过程的产物。例如，依据"在线词源词典"（www.etymonline.com）的记载，英语中 book（书籍）一词根源于原始日耳曼语中的单词*bokiz，意思是"山毛榉木"（beech）。词典给出的解释是古代北欧符文文字被刻于山毛榉木板上。这个例子体现了一系列转喻运作的结果。再举个例子，想想 storm（暴风雨）这个词。"在线词源词典"提出它产生于原始印欧语中的一个词根*(s)wer-，意思是"转动、旋转"（to turn, whirl）。这样看来，它也是转喻性的："用事件的结果代表事件"（THE EFFECT OF AN EVENT FOR THE EVENT）。那些以特定比喻性过程为方式产生的概念，比如"书"（BOOK）和"暴风雨"（STORM），后来变成更抽象的概念的始源域，比如"愤怒是暴风雨"

（ANGER IS STORM）。只不过后来我们意识不到这些概念是通过比喻的方式产生的，于是便把它们视作字面性的。但是显然，我们如今使用的也是与之相同的比喻性概念过程。

2.2 究竟何为字面意义？

有关字面意义，我们已经了解了许多。再次讨论它是为了回答本章标题中所提出的问题。答案似乎取决于以下方面：①我们能否在共时研究中统一使用"是否通过概念隐喻来理解"这一标准，如生气（anger）和暴怒（rage）等情况；②我们能否将该标准统一应用于共时研究和历时研究中。另一个问题是，若将该标准的使用范围进行扩展，这样做是否合理，以及多大程度上具有合理性。我的观点是，如果我们想从统一的认知视角解决字面意义问题，我们可以而且应该尝试接受上述标准的扩展版，将它应用到所有在共时研究中代表特定抽象目标概念，以及在历时研究中代表具体概念的词语和表达形式当中。

在我看来，将该标准的应用范围扩大是合理的。究其原因，一方面，代表特定抽象目标域的语言表达都是通过隐喻或转喻来理解的，如表示生气（ANGER）概念的"暴怒"（rage）和"狂怒"（fury），它们不仅是代表所属域中的原型概念，即用"生气"（anger）表示"生气"（ANGER）；另一方面，用于表示具体事物及事件的众多范畴概念在早期已经被比喻性地理解过了。该步骤不仅说明此举是合理的，还证明了我们与先前的研究者在认知上的统一。他们通过比喻而理解的许多事物和事件在今天被我们视作比喻性的，这正是我们与先前的研究者的微妙区别。他们所用的比喻性概念化过程在今天已经不再使用，因为我们对过去知之甚少，无法从构词痕迹中看出他们曾运用了比喻性手段，但是，词源常常会告诉我们这些事。

这些清楚地表明了人类一直以来都是比喻性地理解世界——对于抽象事物的理解如此，对于具体的物质世界的理解也是如此，主要区别仅在于，对于抽象事物，我们概念性地构建出了先前不曾存在的现实领地；而对于具体事物，它们所代表的那些已经存在的实体和事件早已被比喻性地理解过了，比如雨曾是上帝的眼泪（rain as "God's tears"）。这就不难理解为何CMT注重前一种情况：它不仅是概念隐喻充分发挥作用的领域，还教给我们关于人类如何认知和生存于世的知识。至于后一种情况，即对于已经存在的实体，我们甚至不能确定在概念隐喻中所发现的系统性映射模式是否同样适用于实体领域。尽管还不确定，但关注该领域可能会对我们理解认知的运作方式同样大有裨益。

激进的主张

总的来说，我在此提出的主张将导致字面意义大量缩减。完全按照字面意义理解的情况几乎不复存在。如果接受这一观点，将会逆转经典隐喻理论关于"字面意义是语言和思维的基础"这一假设。事实上，我们甚至还将突破 CMT 所认同的"字面意义是理解世界并创造概念隐喻之所需"这一观点。在我所提出的激进方案中，比喻意义是基础，而且多数情况下，字面意义被视为对具体领域的某些方面的比喻性理解，只是我们无法追踪该比喻性理解是如何发生的。同时，很可能对具体事物的这种比喻性理解并非被动，而是对已有事物和事件所进行的主动的概念建构。我们面临的挑战是，在所有情况下，该"概念建构"是否都与我们在创造抽象概念的过程中所发现的"概念建构"属于同一类，后者在 CMT 中已得到深入研究。

但这并不代表非字面意义不存在。它确实存在，而且在CMT中发挥了重要作用。没有了字面意义，目前版本的CMT就变得没有逻辑。在CMT中，抽象经验是通过显性的、字面性的语言对具体经验进行表达来理解和产出的。倘若字面性语言（与具体经验相对应）不复存在，那么隐喻性理解和产出也就不可能发生。

对此，我真正想证明的是，字面意义的范围比我们普遍以为的要小得多。除去以下这些情况，字面意义的集合将变得极为有限：①亡喻；②缺乏明确的形态指示或特定始源域标记的抽象实体或事件；③在历时演变中已被比喻性地概念化了的那一类为数众多的具体实体或事件。实际上，要准确评估这些剩余集合的大小确实很难（参见Borghi et al. 2017；Altarriba et al. 2004）。结合不同学科的研究来看，我们或者可以把实体和事件的基本层、各种空间关系、基本的情感、身体部位等纳入该集合（参见Lakoff 1993）。

但是能否如此呢？即使这样分类也会遇到问题。所有这些分类都存在被比喻性地理解/构建的词项。譬如，匈牙利语中代表"狼"（wolf）的基本层范畴的是farkas一词，字面意义是"有尾巴的那个"或"拥有尾巴的"。这是对狼的转喻性理解，原因是古老的信仰体系在命名这种动物时存在禁忌。英语介词in相当于匈牙利语中的后缀-ban/ben，这一介词的词源可以追溯到bél（bowels，意为"内脏，尤指人的肠"）一词。在该例中，身体充当了空间关系的始源域。前面提到的用于表达基本情感的英语词项anger（生气）可能也源自转喻。另一表达基本情感的词项surprise（吃惊）源自古法语，后成为拉丁语surprendre，也是比喻过程的产物，其代表性隐喻是"使（某人）吃惊是意料之外的控制/袭击"[SURPRISING (SOMEONE) IS UNEXPECTED SEIZURE/ATTACK]（见Kövecses 2015b）。最后一个例子，法语中表示面部的词visage源自拉丁语visus，即"看见"（sight），可能也是转喻性的。这些例子表明，即使是那些我们认为建立于自身最基本、最直接的经验之上的概念也可能被比喻性地概念化，比如自然界中常见的动物、基础性的空间关系、基本的情感和人体部位。

换言之，在对比喻的广泛定义中，字面概念就少之又少了。这可能会严重削弱CMT的主要观点，即极大部分的语言及思想是为具体事物而存在的，因此是字面性的；我们用这种字面性语言和思想对抽象事物进行概念化。上文说到，我们最具体的经验可以被比喻性地概念化，并非被字面性地概念化。但是，这也不代表它们不能充当比喻性概念化的始源域。更确切地说，我们似乎拥有大量来自前人被比喻性地概念化了的具体经验，而我们完全将其当作字面性的经验来使用，并将它们进一步用作对更抽象的事物进行概念化的工具。归根结底，诸多我们所认为的字面性概念仅在本体论上成立（即构成基本的具体经验），但就认知状态而言，它们也属于被比喻性地识解/构建的经验。我们将这些看似字面性的概念素材，以比喻性的方式，重新用于理解和构建抽象概念，但是我们并不了解这些素材的原始隐喻或转喻过程的认知状态。

2.3 气味作为目标域

在气味这一概念中我们也能看到同样的情况。可能人们普遍认为，嗅觉是人类（和动物）收集现实信息最为基础的方式之一。出于这个原因，它作为一个完美的始源域，非常符合我们的期望。例如，"怀疑"（suspicion）这一概念通常被认为和气味一样，因此才有了"怀疑是气味"（SUSPICION IS SMELL）的概念隐喻，如"我能嗅到麻烦"（I can smell trouble）。"恶行"（immorality）及更为常见的"糟糕"（badness）被概念化为（不好的）气味，如"我觉得有问题"（I can smell a rat），形成概念隐喻"坏的就是难闻的"（BAD IS SMELLY）。此外，"某物的整体氛围"这种模糊和松散的概念是通过气味来理解的，如"他的所作所为有欺诈的味道"（What he did smells of fraud），形成"（某物的）整体氛围是气味" [THE GENERAL ATMOSPHERE (OF SOMETHING)IS SMELL]这个概念隐喻。

因此，我们就把气味当成理想的始源域。基于这样的认识，我们就不再期待它被隐喻性地理解，不会把它当作目标域。但它确实被用作目标域。为什么会这样呢？我认为，理由是气味如其他概念一样，可以从很多概念维度进行表达。按照 Langacker（1987）提出的框架，它属于域矩阵（domain matrix）。因此，在人的观念中，气味是实际存在的东西，可能具有不同等级的强度，它是感知者或体验者不得不感知到的东西，人们无法控制自己感知或者不感知它。换句话说，在气味概念中，我们至少可以识别出以下三个维度：存在性（existence）、强度（intensity）和不受控制性（lack of control）。

在概念系统的"域矩阵"观点中，这三个维度是描述许多具体概念和抽象概念的更高层级的类属概念，它们作为概念的共享维度发挥作用。存在性、强度和（不受）控制性是构成包括气味在内的许多域不可或缺的维度概念。它们的一个重要特性是，它们都属于类属层级，而且是抽象概念。这种类属层级的抽象概念甚至可以为最有形的概念的隐喻性提供阐释，比如气味。问题是，利用它们与气味的关系会形成什么样的概念隐喻（本章其余部分使用的材料来自Kövecses 2017a）。

存在性

我们从"存在性"开始论述。通过一些例子来看看词典中是如何描述气味的存在性的：

> VERB+SMELL **be filled with**, **have** *The air was filled with a pervasive smell of chemicals. The cottage had a musty smell after being shut up over the winter.* | **give off** *The skunk gives off an unpleasant smell when attacked.* | **catch, detect** *As she walked into the house she detected the smell of gas.* (boldface in the original)

这些例子展示出气味的存在性可通过多种方式概念化。在表达"充满"（fill）意义时，气味被概念化为物质，容纳气味的对象或地点被视为容器，而气味的存在则成为物质在容器里。在表达"有"（have）的意义时，气味的存在意味着占有气味这一对象。在表达"散发"（give off）的意义时，致使气味产生就是转移物体，气味的来源则是物体表面。最后，"抓住"（catch）和"觉察"（detect）并不是专门为了表示气味的存在，而只是假设它的存在。

从这些例子及它们所揭示的对气味的存在性的识解中，可以形成如下概念隐喻：

充满（filled with）：

气味是物质（SMELL IS A SUBSTANCE）

有气味的物体/地点是容器（THE OBJECT/LOCATION THAT HAS THE SMELL IS A CONTAINER）

气味的存在是物质在容器里（THE EXISTENCE OF SMELL IS FOR THE SUBSTANCE TO BE IN THE CONTAINER）

有（have）：

气味是物体（SMELL IS AN OBJECT）

气味的存在是占有某物体（THE EXISTENCE OF SMELL IS THE POSSESSION OF AN OBJECT）

散发（give off）：

气味是物体（SMELL IS AN OBJECT）

致使气味产生是转移物体（CAUSING SMELL IS TRANSFERRING THE OBJECT）

气味的来源是表面（SOURCE OF SMELL IS A SURFACE）

这三个例子将气味的经验概念化为某种状态的存在。状态既可能是物体，也可能是对象。存在要么被视为物体在容器里，要么是占据对象或者转移物体。因此，这三个关于气味存在的具体案例证明了存在性的三个类属层隐喻：

存在是在容器里（EXISTENCE IS BEING IN A CONTAINER）

存在是占有（EXISTENCE IS POSSESSION）

（致使）存在是转移[(CAUSING) EXISTENCE IS TRANSFER]

这些概念隐喻适用于大量类属层的存在实例，而不仅限于气味的存在。

强度

另一个与气味相关的类属层概念是"强度"。在气味的例子中，强度涉及从弱到强的梯度值。对于这一概念，搭配词典可以给我们提供更多解释。

ADJ. **overpowering, pervasive, pungent, rich, sharp, strong** *There was an overpowering smell of burning tyres.* | **faint** | **distinct** | **distinctive, particular, unmistakable** | **funny, peculiar, strange, unusual** *What's that funny smell?* | **familiar** | **lingering** | **aromatic, delectable, delicious, fragrant, fresh, lovely, nice, savoury, sweet, wonderful** *the aromatic smells of a spring garden full of herbs* | **warm** | **appalling, awful, bad, evil, horrible, nasty, offensive, terrible, unpleasant, vile** | **acrid, nauseating, putrid, rank, sickly** *An acrid smell filled the air.* | **damp, dank, musty, rancid, sour, stale** *the sour smell of unwashed linen* | **earthy, fishy, masculine, metallic, musky, oily, smoky, spicy** | **cooking** *Cooking smells drifted up from the kitchen.* (boldface in the original)

这些形容词中有许多用于描述不同种类的气味，但还有一些表示的是气味的强度概念。下面这些形容词和动词"充满"（fill）看起来是建立在几种不同的概念隐喻之上——在某些情况下，是基于词源学：

难以抑制的、强烈的、微弱的（*overpowering, strong, faint*）：气味的强度是影响的力度（INTENSITY OF SMELL IS STRENGTH OF EFFECT）

刺激性的、刺鼻的（*sharp, pungent*）：气味的强度是物体的锋利度（INTENSITY OF SMELL IS SHARPNESS OF AN OBJECT）

模糊地（*vaguely*）：气味的强度是光的亮度（INTENSITY OF SMELL IS DEGREE OF BRIGHTNESS OF LIGHT）

遍布的、充满（*pervasive, fill*）：气味的强度是物质的数量（INTENSITY OF SMELL IS QUANTITY OF A SUBSTANCE）

这些与气味的强度有关的概念隐喻也有类属层的隐喻变体：

难以抑制的、强烈的、微弱的：强度是力度（INTENSITY IS STRENGTH）

刺激性的、刺鼻的：强度是锋利度（INTENSITY IS SHARPNESS）

模糊地：强度是亮度（INTENSITY IS BRIGHTNESS）

遍布的、充满：强度是数量（INTENSITY IS QUANTITY）

不受控制性

控制问题也涉及气味和一般知觉。知觉体验的奇特性在于我们无法控制自己感知什么。如果我们的感知器官正常，在没有外部环境妨碍的情况下，我们便会感知到所有存在的感官刺激。这种感知经常是通过隐喻的方式——主要方式之一（根据词典内容）是通过动词"击中"（hit）来感知气味。词典中的一个例子如下："那股刺鼻的气味向我们涌来——腐烂的鱼和海藻"（Then the pungent smell hit us —— rotting fish and seaweed）。

我们对"击中"一词的隐喻性用法进行分析：

气味是物理力量（SMELL IS A PHYSICAL FORCE）

浓烈的气味是强大的物理力量（INTENSE SMELL IS A STRONG PHYSICAL FORCE）

感知浓烈的气味是遭遇强大的物理力量（SENSING AN INTENSE SMELL IS COMING INTO CONTACT WITH A STRONG PHYSICAL FORCE）

上述三个基本概念隐喻可以组合成一个复杂隐喻，用来描述对浓烈气味进行知觉体验的隐喻性概念化过程：

浓烈气味的体验者是突然遭遇强大物理力量的人（THE EXPERIENCER OF AN INTENSE SMELL IS A PERSON COMING INTO ABRUPT PHYSICAL CONTACT WITH A STRONG PHYSICAL FORCE）

最重要的是，和前面一样，具体层概念隐喻得到了与之对应的类属层的允准：

原因是力量（CAUSES ARE FORCES）

强度是力度（INTENSITY IS STRENGTH）

感知是接触（SENSING IS CONTACT）

　　这些类属层隐喻进入概念系统中，使我们能够对各种各样的原因、强度和感觉进行概念化，而不仅仅局限于作为原因的气味、气味的强度或气味的感知。也就是说，气味作为一种极其基本和直接的体验，它的某些方面可以被借用于隐喻性概念化中。

2.4　结　　论

　　从本章的分析中可以看出，比喻性（即通过隐喻或转喻来理解概念）似乎并不区分具体概念和抽象概念。这两种概念类型（具体和抽象）都是通过隐喻或转喻进行理解的。这样的话，我们该如何解释概念隐喻中隐喻映射的单向性问题呢？我们不能说具体概念是以字面方式理解的，并且我们在理解和创造抽象概念时利用了这一点。

　　这种情况是否迫使我们放弃 CMT？我认为不是。经过前面的分析，我们可以提出概念由两部分组成：本体部分用于说明概念构成的本体材料，认知部分用于阐释概念识解或构建的认知方式。我想这种分类与 Langacker（1987，2008）将概念分为内容部分和识解部分的做法是一致的，至少是相关的。

　　基于新的分类，我们现在可以提出，对于具体概念的字面意义来说，本体部分的内容胜过认知部分，占据主导地位。在诸多例子中，认知部分仅用于概念的某些类属层维度，正如我们在气味这一案例中所看到的。在概念系统中，许多概念之间共享一些维度，这些维度也被比喻性地（隐喻地或转喻地）理解。相反，在抽象概念中，认知部分胜过本体部分，占据主导地位。抽象概念的认知部分基本上都是比喻性的（隐喻的或转喻的）。它们真正的本体部分（也就是它们的本体内容）较少。在经验主义哲学中（参见 Lakoff and Johnson 1999），我们将这种为数不多的本体实质或核心称为"具身性"（embodiment）。具身性保留了抽象概念有形的内容本体。认知语言学家和科学家所说的抽象概念不是"超验的"而是具身的，就是这个意思。

　　据此，具体概念和抽象概念都有具身内容本体和比喻性识解（即以比喻建构的理解）这两部分，但所占比例不同。在概念隐喻中，我们把基于内容本体的概念主导性地用作始源域，把基于比喻性识解的概念主导性地用作目标域。很可能根本不存在纯粹的基于具身内容本体的概念或纯粹的基于比喻性识解的概念。这种观点还解释了为什么一个"理想的"始源域，比如气味，也能用作目标域。其原因是，在一些情况下，我们侧显（profile）的是内容本体部分（并且获得了可以用作始源域的概念，比如将气味用作始源域），而在另一些情况下，我们侧显的是比喻性识解/构建部分（并且获得了目标域，比如将气味用作目标域）。

第 3 章　直接还是间接浮现？①

　　基本隐喻是 CMT 的基础。它们之所以是基础，是因为人们认为基本隐喻直接来源于我们最基本的具身体验，也因为它们构成了复杂隐喻。我会问：它们真的是直接浮现的，还是需要经过一个转喻阶段才得以浮现的呢？学界对此尚存争论：一些学者认为许多隐喻建立或衍生于转喻，而其他学者则认为两者之间没有此种联系。"相似隐喻"似乎与转喻没有任何关系。然而，对于"相关隐喻"（参见 Grady 1997a，1997b，1999；Lakoff and Johnson 1980，1999），一些研究者则认为它们产生于而非独立于转喻。

　　在人类的概念系统中，隐喻和转喻之间存在何种关联呢？这个问题可能与隐喻和转喻的研究一样古老，但我不想从历时的角度来思考该问题。此处我们讨论的是转喻，或者更准确地说，讨论的是转喻思维是否在隐喻的浮现中发挥作用。我首先将要论述认知语言学界对该问题的争论：有些学者认为许多隐喻建立或衍生于转喻，而有些学者则否认此种联系。

　　这个问题在"相似隐喻"（见 Grady 1999）中不存在那么多争议，因为这种隐喻似乎与转喻没有任何关系（除非我们以转喻性始源域的特征来看待目标域的部分结构，其中始源域 B 中不可或缺的部分结构被用于概念化目标域 A 中同样不可或缺的部分结构。假定一般的隐喻格式为"A 是 B"，那么就产生了转喻"B 的一部分代表 B 整体"及"A 的一部分代表 A 整体"。关于这种观点，详见 Barcelona 2000）。然而，在另一类隐喻中，即认知语言学文献中所称的"相关隐喻"（参见 Grady，1997a，1997b，1999；Kövecses，2002/2010；Lakoff and Johnson 1980，1999），转喻似乎与隐喻有着更加清晰和更为重要的联系。例如，Barcelona（2000）、Kövecses（2002/2010）、Kövecses 和 Radden（1998）、Lakoff 和 Kövecses（1987）、

① 本章是 Kövecses（2013）的著作的修订和扩展版。

Radden（2002）、Radden 和 Kövecses（1999）、Taylor（1989）及其他研究者如
Dirven 和 Pörings（2002）修订的书中均持此观点。相比之下，最近一些在概念隐
喻范式中有影响力的研究者认为，相关隐喻（也就是"基本隐喻"）独立于或不
依赖于转喻而产生（较负盛名的研究有 Grady 1997a，1997b；Grady and Johnson
2002；Lakoff and Johnson 1999）。

　　从本章中将清楚地看出，我与前一组学者的观点一致，认为许多（基于相关
性的）隐喻源自转喻，即隐喻以转喻为基础。我的立场与其他支持隐喻的浮现以
转喻为基础的学者之间的不同之处在于，我试图借助如今大家所了解的概念系统
中的某几个特征来建立隐喻和转喻的关系。

　　我将在本章中提出：基于相关性的隐喻是通过转喻阶段，从框架式心理表征
中得以浮现的。此时，框架式心理结构中的某个成分被概括化（图式化）为位于
概念系统其他部分的初始框架之外的某个概念。概括化过程导致初始框架和新框
架之间产生了足够的概念距离，这正是隐喻产生的基础。

3.1　概念系统简要说明

　　我认为，概念系统是概念的结构化组织，以及一套用于理解世界的认知操作
系统。在本章中，我将特别用到该系统中的某些方面和某些认知操作。特别是我
认为概念系统的组织具有层级性（参见 Rosch 1978），由基于框架的概念组成（参
见 Barsalou 1999；Fillmore 1982；Lakoff 1987；Langacker 1987），其功能是动态
的（参见 Barsalou 1999；Gibbs 2003；Gibbs and Cameron 2007；Langacker 1987），
本质上具有具身性（参见 Gibbs 2006；Johnson 1987；Lakoff 1987）。在关注隐
喻概念化（参见 Gibbs 1994；Kövecses 2002/2010；Lakoff and Johnson 1980，
1999）和转喻概念化（参见 Barcelona，Benczes and Ruiz de Mendoza 2012）这两
种认知操作的同时，本章还将进一步借助另外两种已被应用于认知语言学的认知
操作——概括化或图式化，以及具体化或详述化进行论述（特别参见 Langacker
1987，2008）。

　　有两种描摹概念系统的结构：一种是"垂直"组织的概念系统，旨在为系统
提供主题结构（如 Rosch 1978）；另一种是"水平"组织的概念系统，本质上可
定义单个概念，并由较小的域、框架或理想化的认知模型所组成（参见 Barsalou
1999；Fillmore 1982；Lakoff 1987；Langacker 1987）。

3.2 隐喻还是转喻?

多数情况下,若只考虑隐喻和转喻的"标准"定义,则很难将两者进行区分 (参见 Goosens 1990)。CMT 对隐喻的一个常见定义是,在隐喻中,我们用一个域概念化另一个域 (Lakoff and Johnson 1980)。在转喻中,某个域或框架中的一个成分为同一个域或框架内的另一个成分提供心理通道 (Kövecses and Radden 1998;Radden and Kövecses 1999)。当我们不清楚是面对一个域或框架还是两个域或框架时,隐喻与转喻便难以区分 (参见 Croft 1993)。我的建议是,要解决这一难题,就需要考虑概念系统中更庞大的结构,即由主题层级和框架组成的结构,以及概括化(图式化)和具体化(详述化)的认知操作。总的来说,存在两种情况:在第一种情况下,存在一个初始框架,而且该框架中的某个成分被概括化为概念隐喻的始源概念;在第二种情况下,某个框架中的一个成分被概括化为隐喻的目标概念。

第一种情况:框架中的成分成为始源概念

在这种情况下,成为隐喻目标域的框架中包含着成为隐喻始源域的某个成分:该成分被概括化为初始框架之外的概念。为了初步说明判断一个表达是属于隐喻性的还是转喻性的并不容易,我们以有关情绪的一些表达为例:

> 他情绪低落。(悲伤)/He is in low spirits.(sadness)
> 她心情很好。(高兴)/She is feeling up.(happiness)
> 他性格急躁。(愤怒)/He is a hothead.(anger)

以上这些例子是隐喻性表达还是转喻性表达呢?我们可以认为,它们既是隐喻性的也是转喻性的。通俗来讲,向下(down)的物理倾向是表达悲伤这个概念的一部分,而向上(upward)的物理倾向是表达高兴这个概念的一部分,体温的升高则是表达愤怒这个概念的重要组成部分。此外,我们关于悲伤、高兴和愤怒的通俗观念又各自构成了一个连贯的域或框架,以对这些概念进行心理表征:我们用向下或向上的物理倾向,以及体温的升高,分别表达悲伤、高兴和愤怒的概念。换言之，在所有例句中，我们的脑海中都存在一个独立表达悲伤、高兴和愤怒等概念成分的域或框架，我们用该框架中的一个成分代表整个框架。换言之，按照上文对转喻的定义，我们必须对其进行转喻。

但我们知道，正如 Lakoff 和 Johnson 于 1999 年在其著作《体验哲学》（*Philosophy in the Flesh*）中所认为的，上面那些表达是概念隐喻的典型示例。按照 Lakoff 和 Johnson 的理论，我们将毫不犹豫地分别给它们分配如下概念隐喻："悲伤为下"（SAD IS DOWN）、"高兴为上"（HAPPY IS UP）、"愤怒即热度"（ANGER IS HEAT）。究竟该如何准确分析这些示例呢？我们能说这些表达是基于"向下的身体倾向代表悲伤"（THE DOWNWARD ORIENTATION OF THE BODY FOR SADNESS）、"向上的身体倾向代表高兴"（THE UPWARD ORIENTATION OF THE BODY FOR HAPPINESS）、"体温升高代表愤怒"（AN INCREASE IN BODY TEMPERATURE FOR ANGER）这样的概念转喻吗？还是认为它们是基于"悲伤为下""高兴为上""愤怒即热度"这样的概念隐喻呢？

我对这个问题的解决方案是：我们对这样的情绪具有相关的行为反应。例如，当悲伤时，我们会有身体下沉、嘴角下垂等行为反应。这些行为反应被概括化为"向下的身体倾向"。如果已知"果为因"这一普通转喻（参见 Ruiz de Mendoza and Mairal 2007），还已知行为反应在情感概念中起转喻作用（Kövecses 1986，1990，2000b，2008；Lakoff and Kövecses 1987），就可以得到"向下的身体倾向代表悲伤"这一具体转喻。这些都处于"悲伤"的概念框架内，因为"向下的身体倾向"是"悲伤"的行为反应之一。

但"向下的身体倾向"也可能按照以下两种方式依次形成隐喻性概念。第一种是"向下的身体倾向"可以被概括化为"（向）下"这个概念。这（即"向下"）本身是个空间概念，借助对悲伤的向下空间倾向这一行为反应的概括化（图式化）过程，而脱离并区别于"悲伤"框架内与悲伤关联的实际行为反应。经过概括化或图式化的"（向）下"概念，存在于"空间"而非"情感"主题层级，后者还包含更多"向下"的空间倾向所代表的具体反应。由于"向下"概念区别于"悲伤"框架（在"悲伤"框架之外），因此可以将其看作"悲伤"的隐喻（的始源域），"悲伤为下"的隐喻由此产生。"悲伤"属于"情感"所支配的层级（目标域）的一部分，而"（向）下"是（更具体的）"空间"所支配的一部分。

"悲伤为下"的概念隐喻来源于多种行为反应的概括化或图式化。用认知语言学的术语来讲，这一概念隐喻许可（license）或者允准（sanction）一系列的隐喻性语言表达，如"情绪低落"（to feel *down*）、"心情沮丧"（to be in *low* spirits）等等。但是，基于这种概括化，我们还可以制造出新的隐喻性概念："向下"的概念可以通过大量与悲伤无关的更具体的空间示例来详述，包括那些有下倾含义的处所表达，如"深坑"（pits）产生"深陷困境"（be in the *pits*），"垃圾场"（dumps）产生"跌入谷底"（be down in the *dumps*），诸如此类。这也是"向下的身体倾向"产生隐喻性概念的第二种方式。

因此，结合以上例句，我们可以认为，隐喻看起来是基于或者衍生于转喻，正如 Lakoff 和 Kövecses 对"愤怒"（anger）的阐释，以及其他一些学者如 Barcelona（2000）和 Radden（2002）所阐释的那样。在很多类似于"悲伤为下"的隐喻中，从转喻到隐喻的具体过程首先体现在源于具体身体反应并以向下的身体倾向为特征（在"悲伤"的例子中，产生了更为普遍的空间概念"向下"）的概括化或图式化过程中，还包括具体化或详述化过程（由此产生了同一图式空间概念的详述化表达）。Kövecses 和 Radden（1998）就"愤怒即热度"这一概念隐喻中的始源域"热度"与目标域"愤怒"之间的关系做过类似的论证（Lakoff and Kövecses 1987）。

现在来思考另一个例子——"靠近"（closeness）和"亲密"（intimacy）两者之间存在的关联性。其关联性通常被概念化或被视为概念隐喻"亲密是靠近"。但与上例一样，我们亦可将两者之间的关联概念化为转喻。既然关系亲近的孩童和大人一般倾向于靠近彼此的身体（那样他们就可以触碰对方、感受到对方的体温、闻到对方身上的气味等），那我们就可以将两者的关系视为转喻："靠近代表亲密"（CLOSENESS FOR INTIMACY）。可是，能够代表亲密的身体的靠近仅限于两个个体之间，而且能产生前面提到的几种具体感受。那么，该转喻的一个不太常用的结构则是："两个人身体的靠近代表亲密"。与之前提到的"悲伤"的概括化过程相似，"两个人身体的靠近"被概括化或图式化为"靠近"这个概念。像"亲密的"（close）、"疏远的"（distant）、"远程的"（remote）这类词都可以用来表达两个物体而不仅仅是人与人之间的"靠近"。由于"两个人身体的靠近"是"亲密"这个单一连贯功能域中的一个概念成分（conceptual element），即亲密框架，我们可以认为，"靠近"和"亲密"之间的关系是转喻性的。

同时，"靠近"作为一个更普遍的概念，属于类型或主题层级的一部分——"空间"的垂直域。将此概念用于映射，就得到了"亲密是靠近"这一隐喻。此外，被概括化或图式化的概念"靠近"也可以被具体化（详述化），这将产生更多具体的语言表达式来传达"亲密"（或者缺乏亲密性）这一概念，如"纽带"（bond）、"捆绑"（tie）、"如胶似漆"（tight as a glove）或"远程的"（remote）等。很显然，"纽带"和"捆绑"代表靠近，反映的是两个物体之间互相接近。"远程的"则与之不同，主要表达两个物理性处所而非两个物体之间的距离。总而言之，在分析"靠近"和"亲密"两个概念之间的关系时，我们仍可采用前面分析"向下"和"悲伤"之间关系的方式进行。

通过上述分析可得出以下结论：至少在一些情况下，可以认为隐喻衍生自经由概括化（图式化）和具体化（详述化）等认知操作后的转喻。该过程能够发生是基于两个原因。首先，某一框架中的特定成分可以为整个框架提供心理通道，即该成分能够被转喻性地使用，这便是该过程的转喻阶段。其次，该框架成分还包含某个具体框架中特有的概念，或者说能被这一概念所代表，于是，该概念被概括化或图式化，成为初始框架之外的概念（通常处于不同的类属层级），由此便产生了隐喻，即初始框架/域被另一个概念上较远的框架/域概念化（概念上"较远"指分别属于不同的类属层级）。

那么，这一结论的解释范围究竟如何？它是否仅适用于与情感有关的隐喻和转喻呢？接下来我们以非情感隐喻为例一探究竟。思考一下"控制即看见"（CONTROL IS SEEING）这个隐喻（参见 Sweetser 1990），它可以被表达为"留意"（"我会留意……"I'll *see* to it...）、"留心"（"我会帮你留心……"I'll *keep an eye* on it for you...）等。我们可以认为，在心智中存在一个框架（或场景），在该框架（或场景）下，我们可以通过视觉监视（visual monitoring）活动来防范（guarding）或控制物体。在初始框架中，视觉监视和防范之间存在相关性。由于相关性发生在同一框架（或场景）下，我们可以通过其中的一个成分（视觉监视）为整个框架（防范）提供心理通道。由此便产生了"视觉监视代表防范"（VISUAL MONITORING FOR GUARDING）或其他形式的"控制"这一转喻。

"视觉监视"是"看见"（seeing）的一种，就像"防范"和其他形式的控制都属于"控制"一样。这些元素在初始框架中相互关联，当"视觉监视"被概括化（图式化）为"看见"，以及当各种形式的控制如"防范"被概括化（图式化）为概念系统（控制 vs 视觉）中不同垂直层级的概念"控制"时，我们通过"看见"将"控制"进行概念化。这种关系可以被视为隐喻而非转喻，因为"看见"和"控制"处于概念系统中相对较远的位置（感知 vs 社会关系，或与此类似的关系）。但是，它们极有可能先通过隐喻相互联系起来，原因在于它们更具体的表达形式（视觉监视和防范）都属于相同（初始）的框架或功能域（或场景）的一部分。如果它们没有在同一（初始）框架或功能域（或场景）中共现（来产生转喻），我们可能不会想到将"控制"域概念化为"看见"，从而产生隐喻。

基于上述分析，不难得出如下结论：单一初始框架（成为隐喻目标域的初始框架，如"亲密"或"防范/控制"）中的一个事件或状态导致另一个独立框架的产生，从而作为隐喻的始源域，如图 3.1 所示。

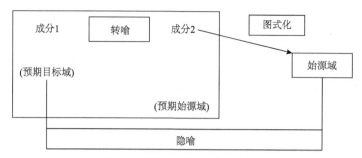

图 3.1 预期始源域的图式化过程

就我们目前所看到的例子而言，同一框架或场景中的两个事件或状态之间存在某种相关性（如在"亲密"框架内两个人身体的靠近和关系上的亲近之间，又如在"防范"框架内视觉监视和防范之间），其中一个事件或状态（如处于亲密关系中或防范某人及某物）常伴随着另一个被概括化或图式化（如靠近和看见）的事件或状态（如身体靠近另一个人），以及在视觉上监视某人或事。换句话说，在这种情况下，成为隐喻目标域的初始框架导致了始源域的产生。

第二种情况：框架中的成分成为目标概念

在这种情况下，成为隐喻始源域的框架中包含了一个能够成为隐喻目标域的成分：这个成分被概括化为初始框架之外的概念。不同于第一种情况，我们在分析另外一些被人熟知的隐喻时，发现了一个截然相反的过程：成为隐喻始源域的初始框架导致了目标域的产生。同一个域或场景中的两个事件或状态之间存在某种相关性，其中一个事件或状态会导致另一个事件或状态成为目标域。在这种情况下，成为始源域的初始框架或场景中的一个事件或状态导致了目标域的产生。隐喻"知道/理解即看见"（KNOWING/UNDERSTANDING IS SEEING）便属于这种情况。

当我们看到某个物品时，它便进入我们的意识，我们可以审视它，识别它的大小、重量、颜色等，并对它进行描述，由此，我们才能对这个物品知道得更多，才能了解它。通常来讲，用双眼真实地看见某个事物，才可能知道该事物，知道某个事物通常也需要先看见该事物。"真实地看见事物"和"知道事物"之间的关系，可被视为同一框架式结构中的两种体验（看见和知道）之间的关联。我们可以认为是一个事件（看见）使另一个事件（知道）成为可能。当"真实地看见事物"和"知道事物"在同一个框架式心理结构中共同存在并相互关联时，它们的关系就可看作是转喻性的。我们用一个概念代表另一个概念，这时所产生的转喻就是"真实地看见事物代表知道该事物"（SEEING SOMETHING PHYSICAL FOR KNOWING THE THING）。

然而，并不是所有知识都涉及有形的物质并能够通过看见而被获取。对于非物质如思想、理论、事实、感觉、记忆等知识的获取则完全不同。我们不能因为看见就知道并了解它们，但我们能基于已经看见并了解的事物的经验，对这些非物质进行概念化。这就需要我们将对物质概念的知识扩展至独立于感知经验而存在的非物质概念的知识层面。这样，知识就变成了独立于人们的感知经验（如看见）而存在的概念（并可通过框架式心理结构来表征）。这个高度图式化的概念可能成为目标域，将"知道"的非物质概念概念化为"看见"的物质概念，这就产生了"知道即看见"的隐喻[相似的观点参见 Sullivan（2006），他在继承并重新评估了 Traugott 和 Dasher（2002）的观点之后，对该隐喻做出了新的改进]。

与第一种情况类似，接下来的问题是：这样的解释是否只能说明"知道即看见"这个隐喻的独特性？是否能用于其他隐喻呢？我们再来看一个隐喻："实现目标就是到达目的地"（ACHIEVING A PURPOSE IS ARRIVING AT A DESTINATION）或"目标是目的地"。我们也可以认为，在这个例子中存在一个框架式心理结构，包含两个相关事件：到达目的地和实现目标。如果说我们唯一的目标就是到达目的地，那么到达目的地就意味着目标实现了。因此，目的地和目标之间存在着一种基本的内在相关性，这是"去往目的地"这个框架的特征。但有的时候，我们想要到达目的地，是因为我们在此有其他的目标要实现。但无论如何，这两种情况均表明，到达目的地往往是实现目标的必要前提（要么是为了到达目的地，要么到达目的地是为了做其他事情）。因此，这两个事件之间的关系可看作是建立在概念转喻的基础上，其框架中的一个成分为另一个成分提供了心理通道，从而产生"到达目的地代表实现目标"（ARRIVING AT A DESTINATION FOR ACHIEVING A GOAL）这样的转喻。

这种直接目标的实现也可延伸到与到达目的地无关的其他目标当中。"目标"这个概念本身就可以表达与到达目的地完全不相关的延伸性和普遍性意义。我们可能有目标，但不一定去往目的地才能实现。因此，"目标"位于"前往实际目的地"的框架之外：它并不属于这个框架，而是位于与该框架较远的类属层级。此时，"目标"这个概念是高度类属性和图式性的，它可以通过"到达实际目的地"的框架或场景被隐喻性地概念化。这样一来，"表示实际目的地的目标"会导致一个高度图式化的概念产生，并成为如下隐喻的目标域："实现（任何类型的）目标就是到达目的地"或者简化为"目标是目的地"。

　　总而言之，在第二种情况下，特定框架中成为隐喻始源域的事件或状态（如"看见"）会导致另一个事件或状态成为目标域（如"知道"）。这与前文讨论的第一种情况正好相反。在第一种情况下，特定框架中成为目标域的事件或状态会导致另一个事件或状态成为隐喻始源域。第二种情况如图 3.2 所示。

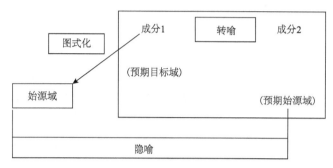

图 3.2　预期目标域的图式化过程

　　然而，不论在哪种情况下，当初始框架中的两个事件或状态中的其中一个被转喻性地用来代表另一个，那么，二者之一就会被概括化（图式化），成为独立于初始框架之外的概念。当后一种情况发生时，同一框架内的两个最初共现且关联的事件或状态，将分别浮现于概念系统中的两个位置不同且概念上相距甚远的框架中。这种情况可以看作是框架之间的隐喻性联系。

3.3　几个延伸问题

　　本节内容将讨论与隐喻-转喻关系相关的三个问题：①是否存在相似路径的问题；②场景成分问题；③相关性的本质问题。

相似路径

　　本章提出，一个事件或状态可以转喻性地代表同一框架或框架式心理结构中的另一个事件或状态，其中之一可以被概括化或图式化，成为独立于初始框架之外的概念（进而产生隐喻）。该观点与其他几种解释隐喻及隐喻意义浮现的路径并不矛盾。

　　路径之一来自 Grady 和 Johnson（2002）的研究。他们发现，有些隐喻用法与场景有关：儿童最初并没有将单词的字面意义和比喻意义（如视觉上的"看见"和认知上的"知道"）进行区分，而是混为一体。直到后来，儿童才将这两种意义区分开来，也就是"去混合"（deconflated）。"混合"（conflation）和"去混合"（deconflation）这一对概念揭示了 Grady 和 Johnson 用于解释基本隐喻浮现的方式。基本场景如"通过看见而意识到"（becoming aware by seeing），由两个子场景组成，在这个例子中分别体现为看见某物的知觉子场景和意识到某物的认知子场景。譬如，在"看见"一词的隐喻意义浮现的过程中，儿童试图对认知子场景和知觉子场景进行区分，从而产生基本隐喻"知道/理解即看见"。在我提出的方案中，"去混合"阶段可被视为转喻之后出现的阶段：相同的基本场景中的一个事件或状态转喻性地代表另一个事件或状态。不仅如此，我还认为，"去混合"阶段也可能发生在某一事件或状态被概括化或图式化之后。这个阶段可以看成是隐喻浮现的开端——在此阶段，某一事件或状态被概括化，成为独立于场景或框架式心理结构之外的概念，而存在于概念系统中有别于初始场景并与之相距甚远的地方。

我们也可以在语料库语言学研究中找到一些证据。Deignan（2005：66）反对将意义严格区分为字面意义和隐喻意义的观点。她展示了一组语言表达的例子，似乎可对"控制即看见"这一概念隐喻中动词"看见"的三个意义发展阶段进行说明。思考下面这些例子中 keep an eye on 这一习语的用法：

（1）这意味着，茱莉亚在做饭的同时，还可以照看他们的两个年幼的孩子。

This means that while Julia is cooking she can still *keep an eye on* their two young children.

（2）[这项工作]包括收取租金，并照看房屋协会的几个公寓。

[The job] entails collecting the rent and *keeping an eye on* some housing association flats.

（3）一个方案往往需要数年的支持。这一次，实地负责人[将]随时跟进其进展。

Often a scheme will need backing for several years. During this time the Field Director [will] *keep an eye on* its progress.

习语 keep an eye on 与概念隐喻"控制即看见"之间有一定的关联性。Deignan 提出，keep an eye on 在例（1）中是转喻性的，在例（2）中究竟是转喻性的还是隐喻性的，有些模棱两可，而在例（3）中则是隐喻性的。徘徊于转喻和隐喻之间的例（2）对应着"去混合"阶段，而例（1）则对应着我所说的转喻阶段。但需要注意的是，这些基于语料库的例证并不全面，只涉及与时代同步的那些转喻、转喻-隐喻或隐喻性表达，却无法让我知道有关分化（differentiation）随时间演化的序列信息。

就隐喻-转喻之间的关系，还有几位学者也提出了颇为类似的论点，但他们所使用的概念机制与我在这里用的并不一样（参见 Barcelona 2000；Taylor 1989；以及 Dirven 和 Pörings 于 2002 年发表的几篇论文）。例如，Radden（2002）的一篇文章似乎与本章所提倡的路径完全契合。他认为，在多数情况下，隐喻源自转喻，隐喻意义的浮现经历了从字面意义经过转喻再到隐喻这样一个连续统。从转喻到隐喻意义或者隐喻，他区分了四种情况：①经验的相关性；②会话含义；③范畴的类属结构；④文化模型。显然，这和我的观点的共同之处在于，我们都认为许多隐喻源自转喻。事实上，他的论文中所讨论的几个例子与本章所讨论的例子是相同的。然而，我们之间的一个重要区别在于，他提出了从转喻到隐喻浮现的四种不同的来源，而我提出的是一个更统一的观点，即通过说明两个事件或状态在经验上相互关联，并在概念上通过框架式心理结构得以表征，对那些基于转喻的隐喻进行详细的解释。换言之，我认为，两个事件或状态之间的相关性已经包含或者说潜藏于他提出的四个转喻来源中的三个（当中）（在他所提出的第一种来源中，他也承认相关性可以作为隐喻产生的源头）。

另外，我提出了转喻和隐喻二者的关系是基于框架成分之间的相关性，这一解释与 Grady 提出的基本隐喻是基于相关性的观点也比较接近。然而，Grady 和我的观点在许多方面也有差异。Grady 和 Johnson（2002：540）对基本隐喻的定义如下："……基本隐喻是由反复出现的、局部定义的经验类型的可区分维度之间的紧密关联性所激发的；而我们将这些在极短的时间跨度内动态展开的维度称为子场景。"

在书中同一段，他们接着写道："注意，因为子场景是简单场景中那些共现的方面，所以在他人看来，我们的解释意在说明基本隐喻源自转喻；然而，重要的是要考虑到转喻关系涉及概念和所指的关联性，而我们所陈述的内容涉及经验层面的相关性，以及从这些相关性中产生的概念化的真正隐喻模式。"

Grady 和 Johnson 在此明确否认了基本隐喻源自转喻的可能性——而这正是我的看法。他们的论证是基于"转喻关涉概念和所指的相关性"，而基本隐喻关涉经验的相关性。若想在语言层面进行编码，经验的相关性就必须被概念化，而一旦被概念化，经验的相关性就变成了概念层面（的关联性）。Grady 和

Johnson 还认为，在概念系统用于表征范畴的诸多概念工具当中，基本场景以及构成基本场景的子场景占据着独特地位。如果这一说法成立的话，我们就可以进一步提出，既然转喻存在于框架内，而基本场景有别于框架（以及其他类似的概念结构），那么，基本隐喻便不可能产生于（与框架相联系的）转喻。然而，要区分框架、心理空间、域、图式、场景、脚本甚至场景这些概念可谓是非常不容易的，而基本隐喻和转喻的区分又恰巧是基于这些概念的区分。所有这些概念结构都是人类连贯经验的心理表征。虽然这些概念结构在抽象性层面以及表征世界的方方面面时存在学科上的诸多差异（参见 Andor 1985），但它们都是对世界各方面的连贯的心理表征。世界由许多方面构成，这些方面又被概念化为整体（这就是为什么我在本章中多处都使用的是更具普遍性的"框架式心理结构"这个术语。在第 4 章中，我将从另一个角度来谈论该术语）。构成基本场景的事件、状态、行动等（子场景）之间的相关性，也可被视为人类经验的连贯的组织结构（即框架式的概念结构），由部分构成整体。正因如此，转喻也可以基于基本场景，而且正如本章所提出的观点那样，转喻还可能产生隐喻（形成这种想法的早期文献有 Kövecses 2002/2010; Kövecses and Radden 1998; Radden and Kövecses 1999）。

Grady（2005）在其最近的一篇文章中谨慎地指出，许多转喻也是基于概念间的相关性（例如，以作者表示作品、以处所表示机构、以方法表示行动）。换言之，有些相关性不会产生隐喻性的联系，但会产生转喻性的联系。Grady 提出，经验的相关性引发基本隐喻需要满足三个条件：①相关性存在于感知和非感知（心理）经验之间；②两种相关的经验高度共享图式结构；③相关的经验协变，即如果其中一个发生变化，另一个也会发生类似的变化。

总之，在这种观点下，（满足以上三个条件的）一些成分间的相关性产生了隐喻，而非转喻。然而，作为另一种解释，我建议将这种特殊的相关类型看作是源自转喻的。因为正如我所说，在单个被概念化为整体的框架式心理结构中，基本场景的组成成分作为部分（元素）发挥作用，其中一个组成成分既可以为另一个组成成分提供通道，也可以为整体提供通道（随后经由概括化过程，全面为隐喻的浮现铺平道路）。事实上，基本隐喻理论中表征隐喻的"感官-非感官条件"也可以说是形成转喻的良好条件。在给定的框架或（基本）场景中，表征感官的概念元素总是被选择用于表征非感官的事物。也就是说，感官与非感官的区别，与其他一系列因素（或条件）如"人类与非人类""可见与不可见""特异性与非特异性"等一样，在最典型的转喻表达中经常被唤起，用于解释哪个元素可以为另一个元素提供心理通道（Kövecses and Radden 1998；Radden and Kövecses 1999）。

场景成分

上文提到，场景像其他框架式心理结构一样，可以形成转喻（随后产生隐喻）。现在要探讨的是，这种框架式结构到底由什么成分或可以由什么成分来构成。基本场景有别于其他框架式结构的一点在于，前者由事件、行为或状态的两个子场景组成，而且这两个子场景均包含至少一个实体和一种关系（例如，"x 看见 y"及"x 知道 y"）。这些事件、状态及其他相似成分（子场景）相互关联，构成了基本隐喻的基础。但是，仅凭这一点，就能将基本场景与其他框架式表征区分开来吗？有没有可能产生转喻的框架式心理结构仅由（表征个体和关系的）实体构成，不由实体和关系（即子场景）的（配对）组合而构成（如"知道即看见"）呢？事实并非如此。近期，研究转喻的学者共同在转喻研究中使用到了"复杂事件"和"子域"这样的概念，而这些概念通常包含了实体和关系的组合（类似于"x 看见 y"）。也就是说，拟定的子场景本质上似乎并不用于区分基本场景与其他框架式心理结构。更为恰当的做法可能是将框架式表征看作由单独的实体和关系、实体和关系的组合、简单事件组成的复杂事件（如烹饪或发言）、由子域组成的更庞大的域所构成。考虑到转喻研究的目的，我们可以把这些可能性都视为框架式结构产生转喻的构成元素。这些元素的复杂度可以是任意的，一个元素可以代表另一个元素，也能够代表整体（在特定情况下，包括上一小节提到的"感官与非感官"）。可是，与 Grady 和 Johnson 所观察的一样，隐喻若要从框架式结构中浮现，就明显需要两个比简单实体更复杂的元素。这种复杂性既可来自子场景，也可来自任何复杂性事件或子域。

相关性的本质

在讨论"隐喻-转喻关系"问题时，我们还需考虑相关性究竟是何意？基本隐喻理论的支持者们似乎将相关性限定在与人类经验联系"紧密"，而且"在短时间内动态展开"的经验维度内。然而，也有许多相关性与人类经验的联系没有那么紧密，展开的时间跨度也要大得多。类似这样的相关性也可以将（任何复杂的）元素聚集在框架式心理结构中，并且至少在初始阶段，能够在框架内产生转喻，随后再基于转喻而产生隐喻。很可能构成我们今天的概念隐喻中的一些概念的是

（或者曾是）与人类经验的联系不那么紧密的相关经验，而这些经验已经历时地发挥过作用（例如，符号与其所指之间的相关性，以及模型与其他构成成分之间的相关性）。特定文化和范畴体系的演变也可能产生隐喻，在此过程中，这些隐喻跨越时间长河，经由转喻阶段而最终得以浮现。若果真如此，那么很多现在认为是非基本的、不基于相关性的概念隐喻，本来可能是相关的，这将进一步模糊基本隐喻和非基本隐喻之间的界限。

3.4 结　　论

在本章中，我提出有大量隐喻源于转喻，而非独立于转喻。但仍需要说明的是，该主张虽然与一些说法相悖，但其意并不是说基于关联性的隐喻是转喻而不是真正的隐喻。例如，关于我的主张，Dancygier 和 Sweetser（2014：104）写道："Kövecses（2013）显然认为，所有概念隐喻都基于转喻；可是，基于相关性的隐喻并非转喻，而只是用一种事物去代表另一种与之相关的事物的转喻基础。"这并非我的本意。其一，我并没有声称所有概念隐喻都基于转喻。显然，相似隐喻就并非基于转喻；其二，我提出的是基于相关性的隐喻是从框架式心理表征中经由转喻阶段（而非转喻性语言表达）而浮现，框架中两个元素之间（如果你想，也可以说成是转喻性使用的基础）是一种"产生转喻的关系"（参见 Kövecses and Radden 1998；Radden and Kövecses 1999）。我自认为，这个过程是非常自然的，与通常说的相关性如何产生大量的转喻类型是同样的道理。事实上，可以将经验类型看成是由几个更基本的相关元素（部分）所组成。既然经验元素构成了经验类型，那么经验元素的存在就意味着我们使用的转喻（转喻性表达）中存在大量能够产生转喻的关系。

与转喻相关的元素何时能够产生隐喻？我前面说过，当框架式心理结构中的一个成分被概括化（图式化），成为位于概念系统初始框架之外的概念时，隐喻就会产生。隐喻产生的基础就在于，概括化过程导致初始框架和新框架之间有足够的概念距离。隐喻浮现最典型的情况是涉及相距甚远的垂直类属层级（taxonomic hierarchies）时。这就解释了类属层级和框架在我们对"隐喻-转喻关系"进行概念化时的重要性。

概括化（图式化）过程既可以应用于框架中成为隐喻始源域的成分，也可以应用于成为目标域的成分。当它用于始源域的成分时（第一种情况），另一个成分将成为目标域（如"悲伤为下"）。我把这种情况称为"目标域导致始源域的产生"。反之(第二种情况),当概括化过程用于成为目标域的成分时,另一个成分将成为始源域(如"知道即看见")。我将这种情况称为"始源域导致目标域的产生"。此外,不论是始源域还是目标域被概括化(图式化),详述化过程都会随之产生。例如,"热量"作为"愤怒"的始源域,可以被详述化为"火""炖""沸水""血""小便""火山""熔岩"等等。再比如,在"困难是重量"(DIFFICULTY IS WEIGHT)隐喻中,作为目标域的"困难"可以被详述化为"问题""情感""责任"等等,因此产生了"问题是重量"(PROBLEMS ARE WEIGHTS)、"情感是重量"(EMOTIONS ARE WEIGHTS)、"责任是重量"(RESPONSIBILITIES ARE WEIGHTS)这样的隐喻。毫无疑问,始源域"重量"也可以根据具体的文化被详述化(如"负担"和"行李"等)。

相信本章针对为什么许多隐喻可以被视为转喻,以及许多转喻也可以被视为隐喻这一问题提供了完整且具有内在一致性的阐释。答案似乎是,针对基于相关性的隐喻而言,在非比喻性(nonfigurative)阶段和隐喻阶段之间存在转喻阶段。若同一框架内的两个成分之间具有相关性,这两个成分之间必须在逻辑上具有先验的转喻关系,这时,其中一个成分才能脱离其初始框架形成新的独立框架,并最终成为隐喻的始源域或目标域。至于这种观点能否延伸到本章研究尚未涉及或暗含的概念隐喻中,尚需后续研究来证明。

第 4 章　域、图式、框架还是空间？

　　上一章谈论了"框架式"概念结构与隐喻的联系。这种联系对于强调概念结构之间的共同点非常有用，它们都是连贯的经验组织。但是，如果我们感兴趣的是概念隐喻所代表的不同结构变体形式，就有必要找出这些概念结构之间存在的系统性差异。

　　隐喻研究者，包括我自己（见第 3 章），会使用各种不同的术语来表示构成概念隐喻的概念结构。其中，最常使用的术语是"域"（domain）（如始源域和目标域）。除此之外，比较常见的还有"意象图式"（如 Lakoff 1990，1993）、"框架"（frames）（如 Kövecses 2006；Lakoff 1996）、"场景"（scenes）（如 Grady 1997a，1997b）、"心理空间"（mental spaces）（如 Fauconnier and Turner 2002）、"图式"（schemas）（如 Lakoff and Turner 1989）和"情节"（scenarios）（如 Musolff 2006，2016）等。实际使用中还有更多术语（如"模型"），但上述术语已足以表明 CMT 研究者在术语使用上存在不一致的问题。这一问题进一步揭示出一个严重的、深层次的理论性概念困境：要合理甄别参与概念隐喻形成的概念单元或概念结构并不容易。本章试图为该问题提出一种解决方案[①]。

　　我们当然可以认为，这些术语虽有不同，但所代表的概念内容实际上是相同的，因而可以在 CMT 中相互替代。不过，也有研究者会对此提出异议，如 Grady（1997a）和 Musolff（2006）便认为"域"并不能代表隐喻概念化所生成的概念结构。这是否意味着我们能够摒弃"域"这一理论构想？此外，我们还可以从诸多术语（如意象图式、域、心理空间和域）中选择其中一对，并只用这一对来描述和解释概念隐喻。无论如何，我们似乎仍需考虑，到底是什么样的概念结构或单元组成了概念隐喻。鉴于以上情况，本章将主要回答下面这个基本问题：

---

① 我在本章前半部分将重复使用 Kövecses（2017b）的资料。

构成概念隐喻的合理概念结构/单元是什么?

我建议,最好将概念隐喻视为同时关涉几个不同的图式层级的概念结构或单元(参见 Lakoff 1987;Langacker 1987;Rosch 1978 等)。我区分了四个不同的层级:意象图式层、域层、框架层和心理空间层(除去包含隐喻实例的真实话语所在的语言层)。我认为由此产生的概念隐喻的全貌将为我们在 CMT 视角下研究隐喻提供一种全新的综合性框架。我将它称为"概念隐喻多层观"。本章将主要以"建筑"(BUILDING)这个始源域为例(Grady 1997a,1997b;Kövecses 1995,2000a,2000b,2002/2010;Lakoff and Johnson 1980),进一步对我的观点进行说明。

在接下来的内容中,我将首先对理论背景进行描述,说明上述四个层级独立于隐喻时也具有的相关性。然后,基于这些发现,我会将研究结果应用于具有普遍性的概念隐喻研究之中。接着,我将聚焦于已被充分研究的"建筑"这个始源域,并以此为例说明上述层级是如何发挥作用的。随后,我会对主要观点加以总结,对我提出的概念隐喻多层观进行概述,并考察新观点对于与隐喻相关的各种问题所产生的影响。最后,我将给出结论,并指出新模型的一些潜在好处及其未来的研究方向。

4.1 意象图式、域、框架及心理空间

与 Lakoff(1987)、Langacker(1987)和 Rosch(1978)等学者一样,我认为我们所获取的有关世界的大部分知识都体现为由庞大的概念系统所组成的不同层级,包括上位层、基本层和下位层。如此连接的概念系统通过图式来进行关联。Langacker(1987:492)对"图式"的定义如下:"图式是由一个或多个参数所规定的相对精度。"如果是这样的话,我们可以将概念隐喻的"始源域"视为一个在不同精度的层级上相互关联的庞大的概念系统。而且,对于某个概念来说,其不同层级的图式会形成一个连续的层级体系:各个层级逐渐成为更加抽象或更加具体的层级。换言之,在这种图式层级体系中,层级并没有严格的边界,而是根据其图式化情况进行分级。

我认为,在前文的介绍中提到的意象图式、域、框架等概念结构,在这种图式层级体系中可以看成是它们占据了不同的层级。具体来说,基于该层级体系,

可以清楚划分出四个不同的图式层级，分别用术语表达为：意象图式、域、框架和心理空间。如图 4.1 所示，这四个层级从最抽象（最具图式性）到最具体（最不具图式性）依次排列。

图 4.1 四种概念结构的图式层级体系

注：Dancygier 和 Sweetser（2014）也提出过类似层级体系

图 4.1 中向上的箭头表示图式性增强，而向下的箭头表示具体性增强。基于图式的层级体系也可以采用一系列包含关系进行表征，如图 4.2 所示。

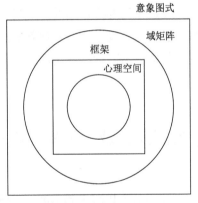

图 4.2 图式包含关系

"意象图式"是赋予经验以意义的具体概念结构（参见 Johnson 1987；Lakoff 1987）。Hampe（2005：1-2）基于意象图式的文献，发现了意象图式的四个典型特征。下面我将其进行简化并予以呈现。

意象图式是：

● 本身具有意义的前概念结构；
● 高度图式化的格式塔；
● 连续性的模拟模式；
● 具有内部结构，且该结构只由几小部分组成。

　　由于其高度的图式性, 意象图式涵盖了整个概念系统, 赋予各种概念、体验以意义。譬如, "旅程"概念预设了"运动"这一更图式化的结构, 或者更具体地表现为"来源—路径—目标运动"(从而与其他类型的运动区分开来)。此外, 一个概念可能需要几个意象图式来体现。例如, "身体"这一概念基于"容器" "垂直性""(结构化)物体"等意象图式。最后, 不同概念也可以用相同的意象图式来表征。例如, 和"身体"相似, 当"建筑"这一概念用于表示封闭性结构的意义时, 也预设了"容器""垂直性""物体"等图式。

　　Langacker (1987: 488) 对"域"这一概念定义如下: "域是一个连贯的概念化区域, 语义单位在相应的域得以表征。"与意象图式不同, 域不是经验的模拟或意象模式。域的本质是高度图式化的命题, 位于意象图式的下一层级。意象图式能够赋予"旅程""身体""建筑"(上面提到的概念)的域以意义。意象图式作为域矩阵 (Langacker 1987), 被用于域的不同方面或者维度, 而作为域矩阵的域 (如"建筑") 预设了表征域的不同方面的各种概念。域具有比意象图式多得多的组成部分, 因此承载的信息更加丰富。正如 Langacker 所指出的, 域的定义中并没有区分域和框架, 或者理想化的认知模型 (Lakoff 1987)。区分两者的唯一方法是通过图式。

　　"框架"(见如 Fillmore 1982)是比域更具体的概念结构。如上所述, Langacker对"域"的定义也可以作为对"框架"的定义(关于域和框架之间模糊的边界, 另见 Cienki 2007)。在我看来, 域和框架的区别可以通过两者之间的图式化差异来体现: 框架详述了域矩阵的特定方面, 也就是域内特定的更高层级的概念。Sullivan (2013) 认为它们之间是一种包含关系。根据她的说法, 域包括框架, 或由框架组成。我们也可以将两者之间的关系视为不同程度的图式, 可以认为框架比域涉及更具体的概念信息。例如, "身体"域可以由几个不同的框架来阐述, 如"感知""摄入""锻炼"(见 Sullivan 2013)。这些框架解释了隐喻性的语言表达, 如"我理解你的意思"(I see what you mean)(感知)、"理解一个想法"(digest an idea)(摄入)和"动脑筋"(mental exercise)(锻炼)(Sullivan 2013)。它们共同构成了类属层隐喻"思维是身体"(THE MIND IS THE BODY)(见 Johnson 1987; Sweetser 1990)。总体来说, 阐述域的框架由角色和角色间的关系所组成, 其中, 角色可以由特定的值来填充。

　　在特定的交际情境中, 当实际话语中的角色被特定的值所占据时, 我们就需要用到"心理空间"(参见 Fauconnier 1994)。我采用了 Fauconnier (2007: 351)对"心理空间"的定义: "心理空间是我们在进行思考和说话时, 为达成局部理解或实施特定行为所构建的信息的部分集合。它包含元素, 并由框架和认知模型所构成。心理空间与长时图式性知识相联系，如'沿着路行走'这一框架就与特定的长时知识相联系……"这也是 Langacker（2008）所说的"当下话语空间"（current discourse space，CDS）。用 Langacker 的话来说："CDS 是一个由说话人和听话人所共享的心理空间，该空间所共享的所有信息是特定时刻构成话语的基础"（Langacker 2008：59）。心理空间借用了框架中的结构，但框架中的类属结构则要通过语境中的具体信息得到进一步的详述。此外，心理空间可以由一个或多个不同的框架构成，也就是说，它既可以被单个框架实现，也可能需要来自几个不同框架的角色和关系的组合来实现。因此，心理空间甚至比框架更具体，因为在大多数情况下，它并不与类属层的角色和关系一起运作，而是与角色和关系的示例一起运作。同时，它就像框架和域一样，也是连贯的经验组织，只不过它是在更为具体和丰富的概念层面上发挥作用。上文提到，虽然 Fauconnier 和 Turner（2002）也认为心理空间用于在线处理中的局部理解，但正如我们刚刚看到的，它是由框架构成的。心理空间是对我们的经验理解在工作记忆中的一种在线表征，而框架和域则是长时记忆中规约化的知识结构。

　　简而言之，意象图式、域、框架和心理空间都能被概念化者/说话者用来组织其体验，并使其具有一致性。在用于这一组织功能时，我认为意象图式是其中最具图式化的认知结构，而心理空间的图式化程度最低（即在概念上最丰富）。我们在下一节中可以看到，它们都可以，而且也确实在隐喻概念化中发挥作用。除了这四个层级以外，当然还存在第五个交际层级。说话者和听话者会使用一些语言或其他符号来明确表达或深入阐述特定心理空间中的内容。如图 4.3 所示，我们可以在图式层级（schematicity hierarchy，SH）中表示它们的关系。

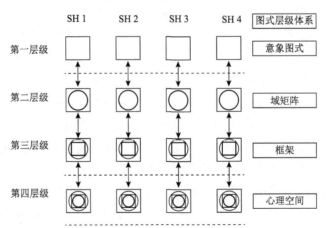

图 4.3　图式层级体系中层级间的三大区别

图 4.3 展示了四个不同图式层级中的四种概念结构层级，譬如，其中之一为"建筑"图式层级。在图 4.3 中，意象图式和域矩阵/框架之间的虚线旨在表明意象图式是模拟结构，而域矩阵和框架则不是。正如上文中 Fauconnier 所指出的，域矩阵/框架和心理空间之间的虚线表示域矩阵/框架处于长时记忆中，而心理空间则用于工作记忆的在线加工。第四层级和第五层级之间的虚线将概念与语言区分开来。

4.2 隐喻与结构化概念体验

我们现在可以将这一理论背景与隐喻联系起来。为了弄清楚图式化如何在隐喻概念化中发挥作用，下面将更详细地讨论意象图式、域、框架和心理空间与隐喻概念化的关系。

首先是意象图式。CMT 的确有助于解决认知理论中的一个主要问题：我们如何解释抽象概念的含义？毕竟，对于抽象概念，我们没有直接的身体或感知体验。CMT 提出的解释是，抽象的意义（包括抽象概念和推理）是借助概念隐喻将抽象概念与具象概念（即基于感知的概念）相联系而产生的（见 Barsalou 1999）。其中，意象图式作为感知经验极为普遍的组织模式，赋予抽象概念以意义（见 Johnson 1987；Lakoff 1987，1990）。因此，包括抽象概念在内的概念系统变得有具身性，即基于感知且被感知贯穿始终。

其次，CMT 中的概念隐喻通常被描述为域之间的关系。然而，我们经常发现，若将概念隐喻视为两个域之间的一组映射集合，则会导致一个主要问题：始源域通常包含比实际映射到目标域的内容多得多的概念内容。对该问题已有一些解决方案（参见 Clausner and Croft 1997；Grady 1997a，1997b；Kövecses 2000a；Lakoff 1990 等），其中，除了 Grady 提出"基本场景"（见第 3 章）外，其他研究均依赖"域"的概念：要么试图通过目标域的图式结构来限制始源域内容的转移（如 Lakoff 1990），要么试图缩小参与映射的始源域的范围（Kövecses 2000a，2002/2010）。为什么会高估域的作用？最可能的原因是研究者心中有一个非常广泛的"域"的概念——正如前面提到，Langacker（1987：488）将"域"定义为"一个连贯的概念化区域，语义单位在相应的域得以表征"。如果我们在考虑概念的同时，给这个概念先设一个特定概念，如域矩阵，那么很显然，当域以域矩阵的概念出现时，就是一个广泛兼容的知识结构。然而，并不是域矩阵中的所有概念或概念的所有方面都参与概念化过程。例如，我们将在下一节中看到，"建筑"的域矩阵代表了与这个概念相关的整个知识结构。通常，在整个域矩阵中，只有被选定的方面才参与始源概念和目标概念之间的映射。

再次，参与映射的那些方面可以并且通常是以框架的形式存在于较低的图式层级。框架对域中选定的方面进行详述。因此，始源框架提供了比域更具体的信息，但它并没有覆盖始源域（矩阵）的所有方面。

最后，隐喻的心理空间则是此处讨论的四种概念结构（即意象图式、域、框架和心理空间）中最不具图式化的概念结构。它是在特定的交际情境中用于在线加工的高度具体的结构，因此受到几种不同类型的语境信息的全面影响（Kövecses 2015a）。参与隐喻的心理空间可以被视为对框架的细化，详细描述了隐喻概念化中域所选定的那些方面。心理空间包含的信息最为具体，其来源既包含填充类属角色的特定值，也包含空间中浮现的特定语境信息。

如果说域和框架属于认知组织和隐喻分析的层面，即超个体层（Kövecses 2002/2010），那么，心理空间就可被视作位于个体层。在之前的一本书中（Kövecses 2002/2010），我区分了超个体层、个体层和次个体层："总之，认知语言学视角下的隐喻运作于以下三个层面：超个体层对应特定语言和文化如何反映去语境化的隐喻模式，个体层对应某种语言的使用个体所采用的隐喻认知系统，次个体层则与各类具身表达中具有普遍性的方方面面相对应。"（Kövecses 2010：321）

超个体层对应着域和框架层级。在 CMT 相关文献中，对概念隐喻的描述通常是在超个体层展开的，而这种描述缺乏在个体层发现的隐喻概念化所具有的特异性和丰富性，个体层在当前框架中与心理空间的使用相对应。

我将心理空间看作参与隐喻概念化的最具体的概念结构，这一观点也得到了一些新近研究的支持。Musolff（2006）使用"情景"概念来表示我所说的"心理空间"（事实上，Musolff 也大致将他所使用的"情景"和"场景"视为心理空间）。他在讨论一个例子时写道：

> 这两个例子的始源图式——婚姻伴侣＝孩子的父母，可能很简单，但是，要对参与者的角色、意图、心理状态及成功概率的评估等方面进行描述，实际上是高度具体的。读者不仅需要一种通用的图式框架来理解事件的发生顺序和其中的因果联系，更需要一个完整地展现参与者的"兴趣"和"偏见"的小型场景，并附带一种评价性解读。（Musolff 2006：27）

　　Musolff 进一步提出,场景和情景在域和框架之下的层级发挥作用。说话者和听话者通过该层级的全面语境化特点,隐喻性地对自身体验进行概念化。这时,特定交际情境中大量存在的那些知识都可被他们利用。可以看出,Musolff 的观点与我不谋而合,均侧重隐喻概念化过程中图式化的程度差异。

　　图 4.4 用图式化的方式展现了隐喻概念化的浮现画面。

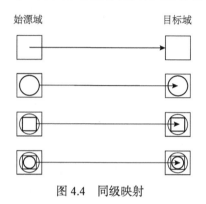

始源域　　　　　　　　　　　　目标域

图 4.4　同级映射

　　图 4.4 表明,意象图式隐喻性地构建了最抽象的概念,而心理空间(或情景)则隐喻性地构建了最具体的概念。

4.3　"建筑"隐喻

　　这部分将以"建筑"这一始源域为例,对以上要点加以阐释,并进行必要的扩展。许多作者都已从不同的视角对"建筑"始源域进行了研究(参见 Grady 1997a,1997b;Kövecses 1995a,1995b,2000a,2002/2010;Lakoff and Johnson 1980)。下面我将主要结合自己的研究进行分析。

　　"建筑"是一个范围很广的始源域,包含许多成员,如房子、教堂、车库等。"建筑"这个概念在词典中的定义为:建筑是一种人造结构,通常用墙壁和屋顶将内部空间围起来,隔开外部空间以保护内部空间。为了更好地呈现本章的观点,我们不妨以下面的方式在不同的图式层级上对它进行描述。

　　如上文 4.2 节所述,建筑是一个基于多种意象图式或以多种意象图式为特征的概念,如"容器""垂直性""部分-整体""物体"。

　　"建筑"的域矩阵由大量的图式概念构成。具体来说,建筑是空间中的一个物体;作为一个物体,它有尺寸;它占据一个位置;它既能垂直延伸,也能水平延伸；它是一个结构化的物体；它是一个人造的结构化物体；它由物理物质组成；它是一个被分割成若干部分的封闭空间；它具有特定的形状和颜色；它具有一定的功能；等等。

此外，"建筑"域由许多框架组成。最明显的是它有一个（作为过程的）"建筑"框架；建筑物是需要建造的事物；它有一个"（物理性）支撑"框架，由具有结构化组织的某些元素构成；此外，它还有一个作为建筑的一部分的框架，如墙壁、房间、门、窗、烟囱、地下室、地窖、阁楼、屋顶、地板、楼梯和许多其他部分；而且，"建筑"域还能由"建筑的功能"这个框架组成，该框架能够提供建筑的使用者、使用方式及使用目的等信息。毫无疑问，"建筑"域还能由其他框架构成，但为了便于阐释，我们只关注这四个框架：建造、（物理）支撑、建筑的组成部分和建筑的功能。

在心理空间或情景层级，我们会进一步细化上述各个框架。例如，对"建造"框架的具体化是通过与如下表述相关的心理空间实现的，比如"约翰为自己建造了一座坚固的房子"。这句话指定了建造房子的具体个人及房子的结构属性，而这样的信息是不会出现在其他更抽象的建筑框架中的。

下面来看在 CMT 的相关文献中常被使用的与"建筑"始源域相关的一些隐喻。在这里，我将主要采用我所说的"词汇法"来收集具有特定域（如"建筑"）特征的那些隐喻（见 Kövecses 1986，2015b）。词汇法从本质上讲是利用习语、搭配、同义词等各种词汇材料来收集隐喻性表达，因为它们可以在词典和其他词项合集中找到。这一方法在收集规约化和去语境化类型的隐喻性表达方面表现较好，但是在探寻新的隐喻类型和表征以及量化与域相关的隐喻性数据方面则表现并不理想。鉴于本章关注的是规约化的隐喻表达，而不是实际使用中隐喻使用的量化研究，我将主要使用词汇法（另见本章后面的小节对研究方法的讨论），但也会用到一些语料库的例子。

我们从 Lakoff 和 Johnson 的《我们赖以生存的隐喻》开始论述。在这本书中可以找到"理论是建筑"这一隐喻的如下表达（Lakoff and Johnson 1980：46）：

> 理论（和争论）是建筑
> THEORIES (and ARGUMENTS) ARE BUILDINGS
> 这是你理论的**根基**吗？
> Is that the *foundation* for your theory?
> 这一理论需要更多的**支持**。
> The theory needs more *support*.

这个论点是**站不住脚**的。

The argument is *shaky*.

我们需要更多的事实，否则争论就会**土崩瓦解**。

We need some more facts or the argument will *fall apart.*

我们需要为此**构**建一个**强有力的**论据。

We need to *construct* a *strong* argument for that.

我还没有弄清楚争论的**形式**是什么。

I haven't figured out yet what the *form* of the argument will be.

以下是更多**支持**这一理论的事实。

Here are some more facts to *shore up* the theory.

我们需要用**确凿的**论据来**支撑**这一理论。

We need to *buttress* the theory with *solid* arguments.

这一理论是否能**站住脚**取决于这一论点**的力度**。

The theory will *stand or fall* on the *strength* of that argument.

论点**坍塌**了。

The argument *collapsed.*

他们**推翻**了他的最新理论。

They *exploded* his latest theory.

我们将证明这个理论是**没有根据**的。

We will show that theory to be *without foundation.*

到目前为止，我们只**建立了**这个理论**的框架**。

So far we have *put together only the framework* of the theory.

对于与"争论"相关的概念，我们找到了如下例子：

一个论点就是一座建筑。

AN ARGUMENT IS A BUILDING

我们已经有了一个**坚实的**论据**框架**。

We've got the *framework* for a *solid* argument.

如果你不用**确凿的**事实来**支**持你的论点，整个争论就会**崩溃**。

If you don't *support* your argument with *solid* facts, the whole thing will *collapse.*

他试图用许多无关紧要的事实来**支**持他的论点，但其论点仍然非常

站不住脚，很容易在批评下**分崩离析**。

He is trying to *buttress* his argument with a lot of irrelevant facts, but it is still so *shaky* that it will easily *fall apart* under criticism.

打好**基础**，你就可以**构建出**一个**强有力**的论点。

With the *groundwork* you've got, you can *construct* a pretty *strong* argument.

在 Deignan（1995）出版的《柯林斯英语用法指南》（*Collins COBUILD English Guides*）中，可以找到以下关于"理论是建筑"的隐喻性语言表达（摘自 Kövecses 2002/2010）：

理论是建筑

THEORIES ARE BUILDINGS

科学知识越来越多地由少数专业工作者所**构建**。

Increasingly, scientific knowledge is *constructed* by small numbers of specialized workers.

麦卡锡**摧毁**了狂野西部的浪漫神话。

McCarthy *demolishes* the romantic myth of the Wild West.

她躺了一会儿，思忖着自己的理想主义和天真无邪所剩的**废墟**。

She lay back for a few moments contemplating the *ruins* of her idealism and her innocence.

不要试图跳过课程的前几部分，因为它们是下半部分**建立**的**基础**。

Don't be tempted to skip the first sections of your programme, because they are the *foundations on which* the second half *will be built*.

……为现代科学**奠定基础**的进步。

... the advance that *laid the foundations* for modern science.

他说，我们认为这些说法完全**没有根据**。

Our view, he said, is that these claims are entirely *without foundation*.

我的信仰**从根本上动摇**了。

My faith was *rocked to its foundations*.

本章的后半部分**建立**在前半部分有关住房所有权的变化和差异化的讨论之上。

The second half of the chapter *builds on* previous discussion of change and differentiation in home ownership.

根据以上这些例子，我提出"理论是建筑"这一概念隐喻聚焦或侧显了"理论"这个概念的三个方面（Kövecses 2002/2010）：①理论的构建方面，如建造（build）、构建（construct）、形成（put together）；②抽象结构，如站（不）住脚[(without) foundation]、地基（groundwork）、框架（framework）、基于（build on）、奠定基础（lay the foundations）、倒塌（collapse）、拆除（demolish）、加固（shore up）、支持（buttress）；③抽象的稳定性或持久性，如结实（strong）、坚固（solid）、站不住脚（shaky）、加固（shore up）、支持（buttress）、土崩瓦解（fall apart）、废墟（in ruins）、从根本上动摇（rock to its foundations）、站立或倒塌（stand or fall）。可以看出，上面这些语言表达式可以同时表征一个概念的几个不同方面。此外，我认为，可以通过映射来捕捉"建筑"被常规性侧显的那些方面，即它的"意义焦点"，如产生、抽象结构和持久性。最后，我还提出，"建筑"始源域的覆盖范围很广（见 Kövecses 2000a，2000b），适用于一般意义上所有的"复杂抽象系统"，而不仅仅用于"理论"这一概念。以下是与三个意义焦点相对应的三种映射：

建筑 ➡ 复杂抽象系统的产生或构建
建筑物的物理结构 ➡ 复杂抽象系统的抽象结构
（支撑结构的）物理强度 ➡（复杂抽象系统的）抽象稳定性/持久性

从本质上讲，除第一种外，其他两种意义焦点在 Grady（1997a，1997b）提出的基本隐喻中已经出现："逻辑组织是物理结构"（LOGICAL ORGANIZATION IS PHYSICAL STRUCTURE）（对应第二种映射），"坚持是保持直立"（PERSISTENCE IS REMAINING ERECT）（对应第三种映射）。换句话说，如果这种分析是正确的，那么我们可以认为基本隐喻和主要意义焦点在一定程度上是相互关联的现象：当概念隐喻的映射建立在基本隐喻之上时，它们将决定复杂隐喻的主要意义焦点，如"理论是建筑"。然而，应该注意的是，"主要意义焦点"这一概念也适用于建立在非基本隐喻之上的概念隐喻，诸如基于类比的概念隐喻。譬如，隐喻"计算机是人"（COMPUTERS ARE PEOPLE）或"人是计算机"（PEOPLE ARE COMPUTERS）中，前者中的人与情绪等方面相关联，而后者中的计算机与高水平的记忆能力和机械计算水平等方面相关联。

根据以上分析，"建筑"始源域看起来通过其内部的两个框架参与了"理论"

（以及更广泛的复杂抽象系统）的概念化过程：与构建方面相关的（作为过程的）"建筑"框架以及与结构方面相关的"（物理性）支撑"框架。（作为过程的）"建筑"框架产生了上面的第一个映射，即"建筑→产生"。此框架利用了建筑者、建筑行为或活动以及建造的东西这些概念元素。所以，建筑者对应于创造或构建理论的人，建筑行为或活动对应于理论产生的创造或构建过程，建造的东西对应于理论本身。有趣的是，它并没有规约性地使用建筑活动中会用到的材料——至少给出的例子中没有（但请见下文）。

"（物理性）支撑"作为第二个框架，由上文的第二种和第三种映射所表征。这两种映射包含了以特定方式相互关联的两种重要的结构元素，以及有望代表这两种元素及其结构关系的一种特性。两种结构元素是（建筑物的）地基和外壳，它们之间所产生的关系是外壳由地基支撑。能代表结构元素的特性以及它们之间关系的是强度。这些就是在"（物理）支撑"框架中使用到的概念元素。

"建筑"的第二个框架一直以来都受到重视，这也与长期的历史文化背景有关。其中，（被支撑的）关系和特性（强度）一直都被强调，例如《圣经·新约》中的一个寓言：

（1）下雨了，溪水上涨，风吹过，拍打着那所房子；然而，它没有倒下，因为它的地基在岩石上。但凡听见我这些话却不付诸实践的人，就好像一个愚蠢的人把房子建在沙土上。下雨了，溪水上涨，风吹过，拍打在那所房子上，房子轰然倒塌。[马太福音 7:25-27 新国际版本（NIV）]

The rain came down, the streams rose, and the winds blew and beat against that house; yet it did not fall, because it had its foundation on the rock. But everyone who hears these words of mine and does not put them into practice is like a foolish man who built his house on sand. The rain came down, the streams rose, and the winds blew and beat against that house, and it fell with a great crash. [Matthew 7: 25-27 New International Version (NIV)]

以上这一别具文化意义的因素可能创造出了，或者简单地说，可能加强了对于"建筑"始源域内这两个特定框架的概念性使用。上述另外两个框架，即建筑的组成部分和建筑的功能，似乎没有产生与（作为过程的）"建筑"和"（物理性）支撑"旗鼓相当的规约化隐喻性语言，文献和词典中使用的例子也证明了这一点。

规约化表达的含义、它们所基于的三个映射、与"建筑"始源域相关的两个框架，以及其他构成框架，都处于我所说的超个体层，也就是存储着与"建筑"这一概念域相关的去语境化概念信息的层级，存在于长时语义记忆之中。

那么，接下来要考虑的是，在个体层上，当这些信息用于实际话语中时情况如何？个体层指的是在包含大量具体可用的信息的真实语境下，人们真正展开交际的层级。

个体层的"建筑"始源域

由上述内容可知，当我们在超个体层的域和框架层面研究"建筑"隐喻时，我们发现框架元素和与之相关的隐喻性表达浮现于"建筑"域的两个构成框架：（作为过程的）"建筑"和"（物理性）支撑"。

当这些框架被用于在线的隐喻概念化过程的实际案例，即个体层时，说话者可以将框架元素扩展性地应用到新的框架元素上。我在前面提到，在"理论是建筑"[以及更为普遍的"复杂抽象系统是建筑"（COMPLEX ABSTRACT SYSTEMS ARE BUILDINGS）]这个隐喻中，（作为过程的）"建筑"这一框架规约性地用到了建造者、建造过程和所建造的建筑等框架元素。建筑材料很显然也是这个框架内的元素。但以上数据显示，建筑材料并不会规约性地用在隐喻当中。而且，由于大多数理性活动（如建造物体）都需要准备和规划，因此"建筑"框架的应用也可以扩展到建筑过程的这些方面。我想这就是 Lakoff 和 Johnson（1980/2003）所说的隐喻的"使用部分的延伸"。他们使用的例子是"这些事实就是我理论中的砖和瓦"（These facts are the *bricks and mortar* of my theory）这个句子，其中"砖和瓦"构成了建筑材料这个框架中的元素。其他的例子也不难找到。下面是一个来自谷歌搜索的例子："理论和概念之间的中间层使模型能够在科学中发挥关键作用；它们是理论的砖和瓦，也是科学家争论的基础。"（This middle level between theories and concepts allows models to serve a critical function within science; they act as the *bricks and mortar* of a theory and are the basis for how scientists argue.）（www.ncbi.nlm.nih.gov/pmc/articles/PMC3671648/）。"建筑"框架向建筑材料的延伸使用可能并不频繁和常见，但当说话者在实际话语中对理论进行隐喻概念化时，可能会受到框架的促发，为了完善"建筑"框架而用到建筑材料这一框架元素。

Lakoff 和 Johnson（1980/2003）还提到了另一个例子："他的理论有数以千计的小房间和长长的、弯弯曲曲的走廊。"（His theory has thousands of *little rooms* and *long, winding corridors.*）他们将这个隐喻看作是一个隐喻源自始源域中"未使用部分"的例子。我所提出的框架可以为该例子提供一种更加全面的解释。我们说，在这种情况下，非常规性的和非规约性使用的那些框架元素也参与到隐喻映射中，其中涉及的认知机制具有如下特征。Musolff（2001）对此也提供了几个相关的例子，我在这里进行重新分析（基于 Kövecses 2005）：

"我们很高兴德国的统一是在欧洲的屋顶下发生的。"（波恩联邦新闻和信息办公室的文件）

"We are delighted that Germany's unification takes place under the European roof." (Documentation by the Federal Press- and Information Office, Bonn)

"目前，'欧洲之家'一楼公寓的德国人似乎认为，来自欧洲大陆以外的外国人应该满足于生活在垃圾桶里。"

"At the moment, the German occupants of the first floor apartment in the 'European house' seem to think that foreigners from outside the continent should be content with living in the rubbish bin. "

"他[科尔总理]在担任总理这么多年后，还要这个房子做什么？——很显然，他想成为看管人。"（《时代周报》，1997 年 5 月 16 日）

"What does he [Chancellor Kohl] need this house for, after so many years as Chancellor? — Well, it's obvious, he wants to become the caretaker. " (*Die Zeit*, May 16, 1997)

"（欧洲之家是）一座没有安全出口的建筑：如果出了问题，将无法逃生"（《卫报》，1998 年 5 月 2 日）

"[the European house is] a building without fire-escapes: no escape if it goes wrong" (*The Guardian*, May 2, 1998)

"这是一座燃烧的建筑，却没有出口"（《泰晤士报》，1998 年 5 月 20 日）

"[it is a] burning building with no exits" (*The Times*, May 20, 1998)

Musolff 指出，20 世纪 90 年代的公共话语中引入了"欧洲之家"隐喻，即"欧盟是一个建筑"（EUROPEAN UNION IS A BUILDING），而当时政治话语中出现的各种隐喻性表达与本节开头出现的有所不同（对始源的侧显以及意义焦点的不同）。除了高度规约化的隐喻性语言表达，如"奠定基础、建造、支撑、框架"等，一些记者和其他人当时还使用了新颖的、非规约性的隐喻，如"屋顶、公寓、看管人、安全出口"。根据我自己对这些新颖的、非规约性的例子所做的分析（Kövecses 2005），我认为，如果只考虑"建筑"始源域的主要意义焦点的话，这些非规约性隐喻表达本不该产生。然而，我提出了一种认知机制，可以解释真实话语中是如何理解这些意想不到的隐喻的（见 Kövecses 2005）。简单来说，我认为，一旦一个始源域（如"建筑"）通过规约性始源元素（即焦点中的元素）来构建目标域（如上文例句中的"欧盟"），那么目标域中被概念化的元素可以"选择"始源域中适用该目标元素的（非规约性使用的）其他元素。尽管在目标域"脱离欧盟的可能性"和始源域"安全出口"之间没有规约化的对应关系，目标元素仍可"选择"这样的始源元素，只要"适合"于它[这些例子背后的认知操作也可以被视为概念整合，见 Fauconnier 和 Turner（2002）以及本书第6章的相关内容]。

根据本章中的建议，我想在 2005 年提出的思路的基础上再补充一点。如上所述，在超个体层，"建筑"的始源概念利用了（作为过程的）"建筑"框架和"（物理性）支撑"框架，在"建筑"始源域和复杂抽象系统（包括"理论"和"政治系统"，如欧盟）的目标域之间建立映射。然而，在个体层，它似乎还涉及"建筑的组成部分"和"建筑的功能"这些框架：屋顶、公寓和安全出口是建筑物的组成部分，而看管人与建筑物的功能有关，建筑物的功能指为人们提供生活或工作空间的功能，有了这些功能，看管人则需要代表在那里生活和工作的人来对建筑物进行日常维护和运转。因此，尽管始源域内的某些特定框架在隐喻概念化的超个体层被侧显（并常规性或习惯性地用于特定目的），但在个体层却可能存在其他框架用于该任务。超个体层似乎限制了一个域内框架的选用范围，而在个体层，这个范围似乎扩大了。毫无疑问，这种差异并不是因为出现了信息丰富的语境，相反，是由于缺乏信息丰富的语境（如 Kövecses 2015a 所述），以及无法通过完善框架来灵活使用框架元素。

图 4.5 总结了"建筑"作为一个始源概念，是如何参与复杂抽象系统这个目标域的隐喻映射的。

在"建筑的组成部分"和"建筑的功能"两个框架下方的问号表明，除某些特殊情况外，这些框架和目标域中对应的框架（特定复杂抽象系统的组成部分和特定复杂抽象系统的功能，其对应的目标域框架未在图中标出）之间不存在规约性或常规性可用的映射关系。

接下来要解释的是图 4.5 中关于心理空间的例子。心理空间层可以创建大量涉及（作为过程的）"建筑"框架或"（物理性）支撑"框架中各种元素的心理空间。正因如此，我们在这里只能提供一些潜在的心理空间的例子，与建筑相关的框架则为它们提供结构。首先，来看两个与建筑有关的非隐喻性陈述："玛丽

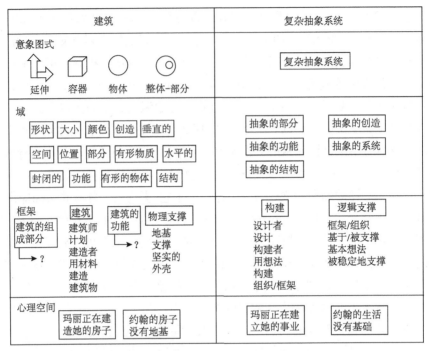

图 4.5 "复杂抽象系统是建筑"的隐喻映射

正在建造她的房子"（Mary is building her house）和"约翰的房子没有地基"（John's house has no foundation）。然后，将与其对应的隐喻性陈述"玛丽正在建立她的事业"（Mary is *building* her career）和"约翰的生活没有基础"（John's life is *without a foundation*）置于对话中来看。第一个隐喻句创造了一个由（作为过程的）"建筑"框架所搭建的心理空间，我们可以称之为"玛丽建立事业"（MARY BUILDING A CAREER）空间；第二个隐喻句创造了一个与之不同的心理空间"约翰的生活没有基础"（JOHN'S LIFE WITHOUT FOUNDATION），这是基于"（物理性）支撑"框架。这两个例子说明了心理空间是如何对特定框架进行详述的。

图 4.5 揭示了垂直排列的始源概念和目标概念从意象图式到心理空间的图式层级结构，以及水平排列的始源概念与目标概念在四个层级上的映射关系。构成不同层级概念隐喻的概念根据其图式化程度的不同，得到以下概念隐喻：

意象图式层：
复杂抽象系统是物体
COMPLEX ABSTRACT SYSTEMS ARE OBJECTS
复杂抽象系统是垂直物体

COMPLEX ABSTRACT SYSTEMS ARE VERTICAL OBJECTS

复杂抽象系统是容纳物

COMPLEX ABSTRACT SYSTEMS ARE CONTAINER OBJECTS

复杂抽象系统是包含部分的整体物

COMPLEX ABSTRACT SYSTEMS ARE WHOLE OBJECTS WITH PARTS

域层：

（复杂抽象）系统是物理性物体（建筑）

A (COMPLEX ABSTRACT) SYSTEM IS A PHYSICAL OBJECT (BUILDING)

系统的产生就是建筑的物理产生

THE CREATION OF THE SYSTEM IS THE PHYSICAL CREATION OF THE BUILDING

系统的结构就是建筑的物理结构

THE STRUCTURE OF THE SYSTEM IS THE PHYSICAL STRUCTURE OF THE BUILDING

系统的组成部分是物理性物体（建筑）的组成部分

THE PARTS OF THE SYSTEM ARE PARTS OF THE PHYSICAL OBJECT (BUILDING)

框架层：

系统的构建是（作为过程的）建筑

THE CONSTRUCTION OF THE SYSTEM IS BUILDING (as process)

逻辑支撑是物理支撑

LOGICAL SUPPORT IS PHYSICAL SUPPORT

次隐喻：

建筑的稳定性是物理支撑的强度

THE STABILITY OF THE BUILDING IS THE STRENGTH OF PHYSICAL SUPPORT

心理空间层：

（以特定例子的形式）

玛丽建立事业就是玛丽建造房子

MARY BUILDING A CAREER IS MARY BUILDING A HOUSE

约翰的生活没有基础就是约翰的房子没有地基

JOHN'S LIFE WITHOUT A FOUNDATION IS JOHN'S HOUSE
WITHOUT A FOUNDATION

这些不同层级的映射允准了隐喻性表达在不同图式层级的使用。例如，"在系统内部"（inside the system）中出现的"内部"一词，与意象图式层级的"容纳物"意象图式有关，而词语"结构"（structure）在隐喻性使用时是基于域层级的映射。同样，短语"组织的主要建立者"（the chief *builder* of the organization）中的"建立者"一词与（作为过程的）"建筑"框架有关。总体而言，隐喻性使用的词语像它们所对应的那些概念隐喻一样，存在于不同的图式层级。

4.4 概念隐喻多层观的概貌

结合以上观察，我们可以合理地就概念系统如何组织和参与隐喻概念化过程提出以下观点。

我们可以根据图式化程度将概念系统分为四个层级。图式化程度最高的是意象图式，如容器、垂直性、力、物体、整体-部分及其他，它们都是从我们最基本的具身体验中产生的极其抽象的结构。当我们遇到一个事物或遭遇一个事件时就会用到它们；它们是我们将经验进行概念化时的首要指南。意象图式在极其普遍的概念隐喻中起着始源概念的作用，比如"多即上升"、"状态是容器"、"情感是力量"、"事件是物体"（EVENTS ARE OBJECTS）和"复杂抽象系统是复杂物理对象"（COMPLEX ABSTRACT SYSTEMS ARE COMPLEX PHYSICAL OBJECTS）等。

域的图式化程度仅次于意象图式，而且它在概念上需要意象图式的支持：意象图式能被应用于表征它们的域的诸多方面，这些方面往往是一些与建筑相关的域矩阵的概念。譬如，"建筑"域包括空间物体、人造结构、水平延伸和垂直延伸、建造等方面。一个域通过将不同方面的集合组成一个意义化整体来表征一种高度图式化的体验。域在如下这些概念隐喻中发挥始源域的作用，如"思维是身体"、"复杂抽象系统是建筑"、"情感是自然力"（EMOTIONS ARE NATURAL FORCES）和"时间是运动"等。比起那些只依靠意象图式构建的概念隐喻，这些概念隐喻能被更加具体的经验性内容所表征。从这个意义上说，域详述了意象图式。

再下一层级是框架，它进一步阐述了域的各个方面。例如，（作为过程的）"建筑"框架阐述了"建筑"域的建构方面，"（物理性）支撑"框架则阐述了"建筑"域的结构方面。构成这些不同方面的是元素，在框架语义术语中被称为"框架元素"。也就是说，框架由不同的框架元素集组成，包含实体以及关系的集合。显然基于框架的概念隐喻有"爱是火"、"知道即看见"、"理解是抓住"、"愤怒是容器中滚烫的液体"、"接受是吞咽"（ACCEPTING IS SWALLOWING）、"道德是体力"（MORALITY IS PHYSICAL STRENGTH）、"让人吃惊是出乎意料地撞击他/她"（SURPRISING SOMEONE IS UNEXPECTEDLY IMPACTING SOMEONE）等。

我认为，意象图式属于我以前所说的"次个体层"，而域和框架则是位于"超个体层"的概念结构。它们共同构成了概念系统的本体部分，存在于人类的长时记忆中，并为一般意义和特定语言的语义提供概念基底。将意象图式、域和框架组合在一起，就构成了语言的概念内容，以及我们通常所说的百科知识。重要的是，这是一种可以从去语境化语言中检索到的知识（借助于我所说的研究隐喻的词汇方法；见 Kövecses, 2015b），因此，这些概念结构本身在很大程度上是去语境化的。

心理空间层发生了什么?

相比之下，当我们在真实的交际情境中使用语言时，会用到大量的隐性知识来达到特定的社交、表达、修辞等目的。此时，身处特定语境的说话者，根据自己的交际需求和目标，在线操纵和修改长时记忆中的概念结构，使得该项工作得以完成。在这种情况下，概念化过程以及所使用到的语言都是全面语境化的。正是在这个层级上，我们会用到心理空间，也可以说是场景或情景。正如 Musolff 所认为的，心理空间并不算是常规的认知能力和语言知识，而是具有特定性的（其构成元素是赋值，而不是角色）。心理空间可以将通常作为非前景信息的元素前景化，还能从同一框架（或其他更高层的结构）中引入新的元素，既能使新的推断和评估在特定语境下成为可能，也能融合始源框架和目标框架等。对此，前文通过诸多例子已进行了分析。总之，在心理空间层，个体说话者大量调用去语境化的、静态的常规概念结构，结合丰富的语境信息，在线对现实世界进行各种隐喻概念化操作。

一般来说，每当我们在心理空间也就是个体层在线地使用隐喻时，我们只能通过超个体层的框架、域或意象图式来完成。这意味着在语境中使用特定的隐喻会关联到我们关于世界的知识体系中存在的那些系统性的联系（关联到心理空间、框架、域、意象图式）。我对此提出的假设是，当隐喻在特定的交际情境下作为心理空间或场景的一部分被使用时，它会激活与之连接的框架结构，进而激活该框架所属的域，直至到达意象图式层，从而得到概念上的支持。

总的来说，这一观点与认知语言学研究中一些关于隐喻的看法的本质较为相近，如 Lakoff（1990）提出的"恒定原则"（invariance principle）和 Ruiz de Mendoza（1998）提出的"扩展性恒定原则"（extended invariance principle）。Ruiz de Mendoza 提出，任何高级结构都要由低级结构来维持。他与 Galera（2014）所提出的隐喻产生的更深层约束即"相关性原则"（correlation principle）指出，始源域是根据目标域的隐含结构来进行选择的。此外，始源域不仅与其目标域一致（或相反），在广义上还应与语境相协调。我自己也曾提出过，众多隐喻的始源域都与一个或多个语境因素相协调，我将这种约束称为语境的"一致性迫使"（pressure of coherence）（见 Kövecses 2005，2015a）。此外，在 Boroditsky、Casasanto、Gibbs、Colston 和其他一些研究者所进行的实验中，似乎也有大量证据表明这种激活的存在（参见 Boroditsky 2001；Casasanto 2009；Gibbs 2006；Gibbs and Colston 2012）。在对修辞语言的研究中，Dancygier 和 Sweetser（2014）提出的看法与当前我的观点较为接近，都强调图式化程度对解释隐喻语言的作用。David、Lakoff 和 Stickle（2016）的"级联"（cascades）概念也是描述这一相同现象的形式化表达方式。我的方法与他们的区别在于：①除了意象图式、域和框架外，心理空间的概念也被纳入层级系统中；②语境在层级的浮现过程中发挥着基础性作用（语境的作用将在第 5 章讨论）。

综上，我们得出图 4.6 如下。

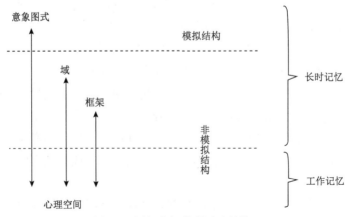

图 4.6　层级之间的激活及结构

上面的横虚线表示模拟结构和非模拟结构之间的划分，下面的粗横虚线表示长时记忆中储存的概念结构和工作记忆中在线加工的概念结构之间的区分。垂直箭头表示更高层次的图式结构可以构建心理空间，以及心理空间可以激活更高层次的图式结构。

4.5　概念隐喻多层观的影响

本节将从四个方面考察概念隐喻多层观所带来的一些影响：①George Lakoff 提出的看法；②Gerard Steen 强调的区别；③隐喻性习语的普遍问题；④CMT 框架下隐喻研究的方法论问题等。具体如下：

- 相对于"浅层"或"表层"隐喻来说，什么是"深层"隐喻？深层隐喻在隐喻概念体系中的本体论地位是什么？
- "蓄意"隐喻是否独立于"非蓄意"隐喻而存在？如何在隐喻多层观下对其特征进行最佳的描述？
- 如何用隐喻的多层观来解释隐喻性习语？这对了解它们的本质有何新的启示？
- 如果认定隐喻概念系统是一种层级结构，那么，视觉隐喻作为隐喻概念系统的产物，理应也是一种层级结构。事实确实如此吗？
- 在涉及隐喻研究的各个学科中，研究隐喻的"最佳"方法是什么？

接下来我们将一一讨论这四个问题，并在隐喻的多层观下尝试给出解决方案。

深层隐喻和浅层隐喻

在 1995 年的一篇论文中，George Lakoff 区分了隐喻的两种类型："深层"隐喻和"浅层"隐喻。他解释了做出该区分的基础："到目前为止，我论文中讨论的隐喻在本质上都是概念性的和深层次的。这么说是因为很大程度上它们虽然被使用却并未被注意到，而且它们不仅有着巨大的社会影响，还塑造了我们对日常生活的理解。将诸如'道德就是力量'和'国家是家庭'这类深层概念隐喻与浅层隐喻进行对比是十分重要的。浅层隐喻虽然微不足道，但往往会让分析者迷茫。"（Lakoff 1995）

这就是说，概念性的深层隐喻在使用时不被注意，但却产生了巨大的社会影响。它们塑造着我们对世界的理解。鉴于这种特征，我们不禁要问深层隐喻和浅层隐喻的本体论地位是什么——如何关联到四级结构的层级系统（Kövecses 2015a，2017b）。深层隐喻和浅层隐喻如何融入上文所说的由意象图式、域、框架和心理空间等概念结构所定义的图式层级？

Lakoff 采用"安全网"（safety net）的例子来说明浅层隐喻。他在一篇报纸文章中解释了这个隐喻："参议员 Phil Gramm 在大学毕业典礼上对听众说，政府通过'新政'和'伟大社会'计划所建立的社会安全网已经成为一个'吊床'，正在剥夺国家的自由和美德。"（Senator Phil Gramm told a college commencement audience that the social safety net erected by government by the New Deal and the Great Society had become a "hammock" that is robbing the country of freedom and virtue.）（Lakoff 1995）

Lakoff 在 1996 年出版的《道德政治》（*Moral Politics*）一书中对该隐喻做出了解读。他指出，"这条钢索笔直而狭窄——一条道德之路"。这是基于一个普遍性的概念隐喻"道德是笔直的"（MORAL IS STRAIGHT）。基于这个隐喻，走钢索就等于在工作，掉下来就等于失业。

除了上述解读，也可以用其他隐喻来理解这段话。一种是将行为概念化为移动，另一种是考量走钢索的人保持平衡的动作。此外，我们可以将走钢索者的移动情况视为与生活相关的隐喻，以旅程为其始源域。最后，我们还可以将这句话所描述的情境解读为控制隐喻和生活-行动隐喻的结合，而控制生活就相当于保住工作。因此，根据这种解释而形成的概念隐喻集如下所示：

行动是移动
ACTION IS MOTION
控制是身体平衡
CONTROL IS PHYSICAL BALANCE
生活是旅程
LIFE IS TRAVEL
过生活是去旅行
LEADING A LIFE IS JOURNEYING

保住工作就是走钢索时保持平衡

KEEPING ONE'S JOB IS KEEPING ONE'S BALANCE WHILE WALKING ALONG A TIGHTROPE

失去工作就是走钢索时失去平衡

LOSING ONE'S JOB IS LOSING ONE'S BALANCE WHILE WALKING ALONG A TIGHTROPE

后两个隐喻在之前提到的图式层级体系下是最具体的，处于心理空间层级。将这些高度具体的隐喻与那些从始源域转移到目标域的日常知识结合起来，便如下所示：

走钢索的人需要一个安全网，以免摔倒时受伤。

人们需要社会支持以防失业。

这些知识成为劳动人民得到社会支持的基础。

更重要的是，结合本章论点，以上几个概念隐喻，即"控制是身体平衡""行动是移动"等，均可在意象图式、域、框架和心理空间这四个不同层级上找到相应的隐喻，如下所示：

意象图式：

行动是移动

ACTION IS MOTION

控制是身体平衡

CONTROL IS PHYSICAL BALANCE

域：

生活是旅程

LIFE IS TRAVEL

框架：

过生活是去旅行

LEADING A LIFE IS JOURNEYING

心理空间：

保住工作就是走钢索时保持平衡

KEEPING ONE'S JOB IS KEEPING ONE'S BALANCE WHILE

WALKING ALONG A TIGHTROPE

失去工作就是走钢索时失去平衡

LOSING ONE'S JOB IS LOSING ONE'S BALANCE WHILE WALKING ALONG A TIGHTROPE

此时，图式层级按以下方式运作：动作通常被隐喻性地理解为自动的移动，这是意象图式层级；生活是一种动作，旅行是一种移动，这是域层级；我们所过的生活作为生活的一个主要方面，可以通过旅行活动这个方面来理解（见Framenet），这是框架层级；过生活的一部分是保住（或失去）工作，这被理解为走钢索，这属于心理空间层级。在"走钢索"的图式中，"运动"和"平衡"作为始源域在心理空间层被概念整合（关于整合，见 Fauconnier and Turner 2002）。可以看出，随着层级的降低，目标域和始源域都是对上一层级隐喻的具体描述。

通过隐喻的这种组织结构，我们不难看出深层隐喻和浅层隐喻之间的区别。深层隐喻可能是属于意象图式、域和框架层的那些隐喻，而浅层隐喻则是属于心理空间层的隐喻。也就是说，我们可以根据上面的图式层级来重新解读和定义Lakoff 对深层隐喻和浅层隐喻的区分：深层隐喻在本体上是图式化程度最高的，而浅层隐喻则是图式化程度最低的。他所用的术语"深层"和"浅层"是对"更高"的三个层级（意象图式、域、框架）和"最低"的层级（心理空间）的隐喻性识解。

蓄意隐喻和非蓄意隐喻

事实上，Lakoff 所说的浅层隐喻，如"安全网"与 Gerard Steen（2013）所说的"蓄意"隐喻有异曲同工之妙，至少两者之间有很大重叠。Steen 对后者的定义如下：

> 蓄意隐喻给我们提供了一种有意识地进行隐喻的思想，但两者并不完全相同（Steen 2011b）。蓄意隐喻可以被定义为指导听话者对某些目标指称采取"异化"视角，以便从这一异化视角出发，形成对该目标的指称的某些具体的思维方式（Steen 2008，2010，2011a）。该过程往往是通过某种明确的和直接的隐喻形式（如明喻）来实现的。（Steen 2013，

www.academia.edu/363751/Deliberate_metaphor_affords_conscious_metap
horical_thought）

对于词类隐喻，他提供了以下例子：

> 把你的大脑想象成一个满是灯的房子。现在，想象有人一个接一个
> 地把灯关掉，这也就是阿尔茨海默病的原理。它把灯关掉，这样一来，
> 当思想、情感和记忆从一个房间流向下一个房间时，速度就越来越慢，
> 最终停止流动。但可悲的是，凡是目睹了自己的父母、兄弟姐妹或配偶
> 屈服于不断蔓延的黑暗的人就会知道，根本没有办法能阻止灯熄灭，也
> 没有办法在灯变暗后使它们重新亮起来，至少现在还没有。（Steen 2013）

显然，在这种情况下，隐喻并不局限于一个词语，而是扩展到整个阿尔茨海默病的想象性描述中。正如 Steen 所指出的，在对这样的隐喻进行理解时，我们对这一疾病的看法发生了变化，我们采取了一种新的视角来看待它。那么，本章提出的隐喻多层观如何丰富对蓄意隐喻的理解呢？

首先，我们注意到，这个例子是基于光明和黑暗的概念，属于基本的图式感知体验。我们借助光的意象图式理解了许多相关的抽象概念，如逻辑、知识、智慧、真理、道德，也许还有其他。这些都与理性有关，产生了"理性是光明"（REASON IS LIGHT）的隐喻。这些体现的都是一种积极的评价；而它们的反义词，如情绪化、无知、愚蠢、虚假、不道德等都被赋予负面意义。也就是说，我们面对的是"理性是光明"和"缺乏理性是黑暗"（LACK OF REASON IS DARK）这两个属于意象图式层的隐喻。

其次，光明变为黑暗和黑暗变为光明这样的身体体验被用来概念化人类思维。用于阐述"理性是光明"这一意象图式层隐喻的隐喻也用来阐释心智功能，简单来说就是，"思考即使用光"（THINKING IS USING LIGHT）。"思考即使用光"隐喻涵盖了为数众多的心理活动，如想象、推测、观察、思考等。理解它们就要涉及使用光的不同方式：视觉、想象、视觉化、观察，以及词源上来自拉丁语的 specere（看）和 considerare（仔细看）等（见 Sweetser 1990）。这个隐喻一般用在思维领域，因此才有"思维是身体"的隐喻（见 Johnson 1987），而"思考即使用光"就是其中一个例子。

再次，心理功能或者说思考的一种具体情况就是理解。有关理解的一个众所周知的概念隐喻是"理解即看见"（Lakoff and Johnson，1980）。在这个框架层

隐喻中，理解作为特定心理活动被概念化为具体的感知-肌动活动"看见"—— 一种（借助眼睛）使用光的特定方式。

最后，蓄意隐喻的相关例子详细揭示了框架层隐喻的具体细节：正常的心理功能对应亮着灯的房子，心理功能缺失则对应黑暗的房子。简而言之，心理空间层隐喻为"正常的心理功能缺失/理解缺失（即患有阿尔茨海默病）就是家里没有开灯"[LACK OF NORMAL MENTAL FUNCTIONING/LACK OF UNDERSTANDING (i.e., HAVING ALZHEIMER'S DISEASE) IS NOT HAVING THE LIGHTS ON IN A HOUSE]。

如果这一分析是正确的，那么我们可以认为，蓄意隐喻在意象图式、域和框架层级上都包含非蓄意的部分。在图式化程度最低、经验性内容最丰富的心理空间层出现的蓄意隐喻，是同时伴随并实际假设了"更高层次"（即 Lakoff 所说的"更深层次"）上的系统性概念隐喻和意象图式的集合。

另一个例子来自我自己的研究（Kövecses 2015a），也指向相似的结论。《今日美国》（*USA Today*）中的一篇文章是关于自行车运动员 Lance Armstrong 就服用兴奋剂所做的忏悔。文章说，截至当时当刻，该运动员所做的忏悔还不足以弥补过错，也无法净化自行车运动。接受采访的几位（危机管理）专家认为，Armstrong 必须采取其他补救措施。一位危机管理专家在接受采访时说："借用环法自行车赛的比喻，他现在仍处于山地赛段（in the mountain stage），而且还会持续一段时间。"（2013 年，《今日美国》，"每周国际版"，ZK）

我们知道，这位专家对该话语当中的主题，即 Armstrong 的兴奋剂丑闻，具有广泛的知识。这些知识包括 Armstrong 作为一名自行车运动员参加了许多环法自行车赛，该赛事有几个"山地赛段"。我提出，话语的主题促使说话者选择了某种隐喻来表达特定的想法；也就是说，要洗清自己，Armstrong 还有一段很长很难的路要走。这个想法是通过"山地赛段"这样的隐喻性语言表达的，这也是一种蓄意隐喻。这个隐喻基于映射"移动阻碍"➔"行动困难（充分认错和被原谅）"，属于"行动是自动的移动"（ACTION IS SELF-PROPELLED MOTION）这一概念隐喻。但这还不足以解释这个隐喻的含义，因为"山地赛段"所表达的意义和"行动是自动的移动"的概念隐喻之间在概念上仍然存在巨大差距。如果我们将其置于多层次概念结构下，在图式层级中解释概念隐喻，那么这一差距就可能弥合，例如：

意象图式：

活动通常被隐喻性地概念化为实体的移动，这就产生了意象图式层的隐喻（图 4.7）：

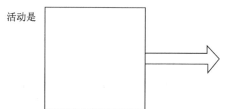

图 4.7 "活动是移动"(ACTIVITY IS MOVEMENT)隐喻

采用这种意象图式层隐喻的展现方式是为了说明隐喻在该层级上的可类比性。始源位置的图形表示一个实体(正方形)正在移动(箭头)。

域:

在域这一层级有交流域或交际行动域,以及自动(向前)的移动域。它们形成了概念隐喻:

交际行动是自动(向前)的移动
COMMUNICATIVE ACTION IS SELF-PROPELLED (FORWARD) MOTION

框架:

在框架层,有两个框架参与了概念隐喻:忏悔和比赛。因此,这个隐喻变成了:

忏悔是比赛
CONFESSIONS ARE RACES

心理空间:

在心理空间层,概念隐喻被指定为自行车比赛:忏悔就是自行车比赛。心理空间层关注的是承认错误的时间长度和难度;相应地,在这个层级的始源概念中,也存在环法自行车赛的山地赛段的长度和难度,这就产生了概念隐喻:

承认错误的时间长度和难度就是环法自行车赛山地赛段的长度和难度

THE LENGTH AND DIFFICULTY OF CONFESSING WRONGDOINGS IS THE LENGTH AND DIFFICULTY OF BEING IN THE MOUNTAIN STAGE OF THE TOUR DE FRANCE

由此可见,隐喻完全是被概念(作为图式层级的一部分)和语境(见第 5 章)所共同激发的。刚才分析的两个例子不仅表明蓄意隐喻在意象图式、域和框架层级包含着非蓄意的成分，还表明蓄意隐喻实际上是基于非蓄意隐喻的，两者不可分割，共同在隐喻概念的同一图式层级运作。由此推知，被称为蓄意的那些隐喻实际上同时指蓄意隐喻和非蓄意隐喻。

当然，有人可能会反驳，有一些蓄意隐喻在心理空间层级上是真正孤立的；也就是说，不同于前面的示例，这些蓄意隐喻没有附带一揽子的背景概念。针对这种可能，我们来思考 Steen 曾用过的一个具有潜在性的例子，来自莎士比亚的《十四行诗第 18 首》（"Sonnet 18"）：

> 或许我可用夏日将你作比方，
> 但你比夏日更可爱也更温良。
> 夏风狂作常会摧落五月的娇蕊，
> 夏季的期限也未免还不太长。
> 有时天眼如炬人间酷热难当，
> 但转瞬金面如晦，云遮雾障。①
> Shall I compare thee to a summer's day?
> Thou art more lovely and more temperate;
> Rough winds do shake the darling buds of May,
> And summer's lease hath all too short a date;
> Sometime too hot the eye of heaven shines,
> And often is his gold complexion dimmed;

可以说，在这首十四行诗中存在一个单独的蓄意隐喻："或许我可用夏日将你作比方"。没有任何深层隐喻会无意识地指引我们理解和欣赏这一行诗。然而，仔细看就会发现，别的例子中出现的各个层级上的隐喻也出现在这里。

意象图式：
强度是热度/冷度
INTENSITY IS HEAT/COLD
域：
情感是温度：情绪的强度是热度/冷度

---

① 威廉·莎士比亚：《莎士比亚十四行诗（精装典藏版）：英汉对照》，北京：外语教学与研究出版社，2021年，第 40 页。

EMOTION IS TEMPERATURE: INTENSITY OF EMOTION IS DEGREE OF HEAT/COLD

框架:

爱是火:爱的强度是火的热度

LOVE IS FIRE: LOVE'S INTENSITY IS THE DEGREE OF HEAT OF FIRE

心理空间:

诗人爱的强度是夏日的炎热程度

THE INTENSITY OF THE POET'S LOVE IS THE DEGREE OF A SUMMER DAY'S HEAT

"热-冷"意象图式在认知语言学文献中对情感的概念化是众所周知的(参见 Kövecses 2000b),它可以体现在这些概念隐喻中,如"爱是火(的热度)"、"愤怒是火(的热度)"、"感情是温暖"(AFFECTION IS WARMTH)、"友好是温暖"(FRIENDLY IS WARM)和"不友好是寒冷"(UNFRIENDLY IS COLD)等。在十四行诗中,莎士比亚将"火的热度"隐喻变成了一个与热相关的非常具体的隐喻:我们在夏天感受到的热(但后来他反对这一点)。事实上,如果考虑到我们作为转喻的身体热量体验如何转化为作为隐喻的自然热量体验(如来自火和太阳的热量),这些隐喻的出现和动机就更加复杂了(关于这一点,请参见第3章和 Kövecses 2013)。

但上述讨论的要点是,蓄意隐喻伴随着一个庞大的非蓄意概念包(package):概念隐喻是由最具体的隐喻概念化层级——心理空间层级——预设的。

隐喻性习语

隐喻多层观还能用于阐释隐喻性习语。众所周知,有一些习语以概念隐喻为基础,例如,火上浇油(add fuel to the fire)——"愤怒是火"。然而,这样看待隐喻性习语未免过于简单:隐喻性习语看似对应着某个层级上一些非常具体的隐喻内容,但这个层级只是复杂的图式层级系统中的一层而已;而且,这类隐喻在层级系统中很可能以意象图式隐喻收尾,这当中所有的隐喻共同表征了我们这里所说的习语;最后,习语,比如说关于金钱的习语,可以属于完全不同的层级,产生完全不同的意象图式、域和框架层级的隐喻(见 Kövecses 2018,2019)。

请看下面一句从字典里找到的例句："每个人都向 Joe 借钱，Joe 是家里的金牛。"（Everybody borrowed money from Joe, the cash cow of the family）。"金牛"（cash cow）在这里是隐喻性表达。那么，从隐喻的多层观来看，这种表达以及这个句子体现了怎样的隐喻概念化过程？

在最具体的心理空间层级，人被看作奶牛，人的钱被当成牛奶。钱来自奶牛的乳房，所以借钱就相当于从乳房里挤牛奶。"金牛"这个复合名词是由"现金"（cash）和"牛"（cow）这两个构成成分经概念整合所得到的。整合发生在心理空间层级，因为概念整合这样的动态心理操作只能在工作记忆中发生。总之，根据这一分析，"金牛"这个表达蕴含了以下这些非常具体的心理空间层概念隐喻，对应从始源域到目标域之间的一组映射：

> Joe 是奶牛
> JOE IS A COW
> 钱是牛奶
> THE MONEY IS MILK
> 钱的来源是奶牛的乳房
> THE SOURCE OF THE MONEY IS THE UDDER OF A COW
> 向 Joe 借钱是从奶牛的乳房挤牛奶
> BORROWING MONEY FROM JOE IS GETTING MILK FROM THE UDDER OF A COW

在框架层，最后一个构成隐喻（constituent metaphor）就变得不那么具体了：原本在心理空间层级被视作金牛的 Joe，在框架层被概念化成了始源容器，而牛奶则成为对象/物质（液体）。而且，在典型的借贷框架中存在一个借款人和一个贷款人，借款人求贷款，贷款人把钱给借款人。因此，我们得到以下隐喻：

> 借贷是要求物体/物质（液体）从始源（容器）移动，而始源（容器）使物体/物质（液体）向请求方移动
> BORROWING AND LENDING MONEY IS REQUESTING THE MOTION OF AN OBJECT/SUBSTANCE (LIQUID) FROM A SOURCE (-CONTAINER) AND THE SOURCE (-CONTAINER) CAUSING THE MOTION OF THE OBJECT/SUBSTANCE (LIQUID) TO THE REQUESTER

在域层，借贷框架变成了或示例化了所有权变更这样一种更加图式化的概念，进一步被概念化为液体物质的移动。有钱的人是一个容器，而作为资金来源的人是始源容器。因此，隐喻（或映射）如下：

有钱的人是容器
THE PERSON WHO HAS THE MONEY IS A CONTAINER
钱是液体
THE MONEY IS A LIQUID
作为资金来源的人是始源容器
THE PERSON WHO IS THE SOURCE OF THE MONEY IS A
SOURCE-CONTAINER
金钱从甲到乙的所有权变更是（物体/物质（液体））从始源容器到
目标容器的移动
CHANGE OF POSSESSION OF MONEY FROM PERSON A TO
PERSON B IS MOTION (OF OBJECT/SUBSTANCE (LIQUID)) FROM A
SOURCE-CONTAINER TO A GOAL-CONTAINER

在最抽象的意象图式层，由于大量意象图式被用作金钱领域的构成元素，如人员、资源、来源、发生和变化，因而产生了极具普遍性的一些隐喻概念化。它们由容器、物质、运动和移动等意象图式隐喻性地构建而成，产生了如下隐喻：

人是容器
A PERSON IS A CONTAINER
资源是物质
RESOURCES ARE SUBSTANCES
资源的来源是容器
THE SOURCE OF RESOURCES IS A CONTAINER
发生是运动
OCCURRENCES ARE MOVEMENTS
改变是移动
CHANGE IS MOTION

分析"金牛"这一表达是为了表明，连接各个层级的概念隐喻的图式化程度有所不同。"向 JOE 借钱是从奶牛的乳房挤牛奶"要比"向某人借钱是从始源容器中获取液体"（BORROWING MONEY FROM SOMEONE IS GETTING LIQUID FROM SOURCE-CONTAINER）更具体，而后者比"所有权变更是物质从始源容器的移动"（CHANGE OF POSSESSION IS MOTION OF SUBSTANCE OUT OF SOURCE-CONTAINER）更具体，这又比"发生是运动"和"改变是移动"更具体。我们将后两个隐喻也纳入这一系统，是因为向 JOE 借钱也是（状态的）一种发生和改变，而不仅仅是对借贷框架和所有权变更的详述。同样重要的是，最后两个隐喻以身体为参照（即一边是发生和运动的关联，另一边是改变和移动的关联），使整个层级体系立即变得有意义也更自然——从抽象一直具体到"从乳房挤牛奶"。

我们将这个隐喻系统表示如下，其中粗体的概念隐喻是在图式层级中相互关联的概念隐喻，它们是这个隐喻系统的"支柱"：

意象图式：
人是容器
A PERSON IS A CONTAINER
资源是物质
RESOURCES ARE SUBSTANCES
资源的来源是容器
THE SOURCE OF RESOURCES IS A CONTAINER
发生是运动
OCCURRENCES ARE MOVEMENTS
改变是移动
CHANGE IS MOTION
域：
有钱的人是金钱容器
A PERSON HAVING MONEY IS A MONEY-CONTAINER
钱是液体
MONEY IS A LIQUID
作为资金来源的人是液体容器
THE SOURCE OF MONEY IS A LIQUID-CONTAINER

所有权变更是物质从始源容器的移动

CHANGE OF POSSESSION IS MOTION OF SUBSTANCE OUT OF SOURCE-CONTAINER

框架：

被借钱的人是始源容器

THE PERSON WHO IS REQUESTED TO LEND MONEY IS A SOURCE-CONTAINER

钱是液态的物质

THE MONEY IS A LIQUID-SUBSTANCE

借贷是要求物体/物质（液体）从始源（容器）移动，而始源（容器）使物体/物质（液体）向请求方移动

BORROWING AND LENDING MONEY IS REQUESTING THE MOTION OF AN OBJECT/SUBSTANCE (LIQUID) FROM A SOURCE(-CONTAINER) AND THE SOURCE(-CONTAINER) CAUSING THE MOTION OF THE OBJECT/SUBSTANCE (LIQUID) TO THE REQUESTER

心理空间：

人是奶牛

THE PERSON IS A COW

钱是牛奶

MONEY IS MILK

钱的来源是奶牛的乳房

THE SOURCE OF THE MONEY IS THE UDDER OF A COW

向 Joe 借钱是从奶牛的乳房挤牛奶（以及奶牛给奶）

BORROWING MONEY FROM JOE IS GETTING MILK FROM THE UDDER (AND THE COW GIVING IT)

上面对特定框架（借贷）中的隐喻性习语"金牛"的描述，显示出单个习语可能具有的概念复杂性。其他的金钱习语，如"现金流"（cashflow），则需要与之不同的图式层级来表示，因为会涉及其他框架（如买卖）。同样，诸如"金钱万能"（money talks）这样与金钱有关的习语也需要不同的层级结构，因为会涉及不同的意象图式（如力量）。总之，使用书中提出的概念隐喻多层观，就可对所有这些复杂性进行卓有成效的研究。

4.6 视 觉 隐 喻

本节将简要介绍如何将隐喻多层观应用于一项视觉隐喻研究——美国当代艺术家 Mark Tansey 的一幅画（图 4.8）。

图 4.8　Mark Tansey：Picasso 与 Braque（1992）

注：Mark Tansey（生于 1949 年）：Picasso 和 Braque，1992；洛杉矶，洛杉矶县立艺术博物馆（Los Angeles County Museum of Art，LACMA），油画，80×108"（203.2 厘米×274.32 厘米）；现当代艺术理事会基金（1992.154.1）© 2019，数字图像博物馆联合/洛杉矶县立艺术博物馆/艺术资源 纽约/斯卡拉，佛罗伦萨

首先，在多层观下，我们从占据不同图式层级的概念结构（意象图式、域、框架、心理空间）开始分析。这样一来，我们就可以观察到，用于表征某个特定经验领域（如立体主义）的概念隐喻，通常涉及四个图式层级的概念结构。我将沿着这样的路径，从如下两个方面对立体主义进行分析：其一，立体主义可被视为一个复杂抽象系统；其二，它还可被视为一种抽象运动。下面我将从这两方面对立体主义进行隐喻分析。

复杂抽象系统

在这一小节中，我将立体主义视为一个存在于意象图式、域、框架和心理空间层级上的复杂抽象系统（见 Kövecses 2010a，2017b）。

更普遍地说，立体主义的概念即艺术的概念，正如 Tansey 在画作中所表现的那样，它可以被解读为一个复杂抽象系统。复杂抽象系统通常被隐喻性地概念化为形式多样的复杂物理对象，这就在立体主义的层次结构中产生了一个高度图式化的概念隐喻"复杂抽象系统是复杂物理对象"（A COMPLEX ABSTRACT SYSTEM IS A COMPLEX PHYSICAL OBJECT）。

在意象图式层，这个隐喻可以采用图 4.9 这样的视觉方式表示：

复杂抽象系统

复杂物理对象

图 4.9　"复杂抽象系统是复杂物理对象"

在图 4.9 中，复杂物理对象被图式性地表示为正方形，它是高层次概念隐喻的始源概念。复杂物理对象被各种意象图式表征，如容器、链接、局部-整体、垂直-水平延伸、力和运动等。这些图式说明了物理对象的"复杂性"。这种复杂性由上面意象图式中的网格状正方形表示。

根据画作内容，立体主义在域层上被隐喻性地看成一种交通工具，产生"立体主义是交通工具"（CUBISM IS A VEHICLE）的概念隐喻。交通工具作为始源域与许多概念相关联，例如：

创造、形状、尺寸、类型、结构、构成材料、功能、操作、力、移动

交通工具需要被创造出来，它们有形状（但不是统一的形状），有尺寸和不同类型；它们有结构，而且由某些材料制成；它们有功能，有特定的操作模式，而且以不同程度的力运行；它们还可以移动。简言之，交通工具的概念附带着 Langacker（1987）所说的广泛域矩阵。

在框架层，立体主义绘画是目标域。画作中浮现的始源概念是飞机，它是一种具体的交通工具。由交通工具域矩阵所定义的各个方面的始源概念在此变得更

加具体，例如，飞机是以特定的方式制造的，具有独特的形状，通常很大；它们的部件被组装成一个独特的结构，它们由特殊材料制成，并且可以飞行。这些特征同样适用于立体主义绘画，它们共同催生了框架层级的隐喻——"立体主义绘画是飞机"（CUBIST PAINTING IS AN AIRPLANE）。

对以上这些方面的了解，无论是单一方面的，还是综合性的，都有助于我们隐喻性地理解立体主义和立体主义绘画。例如，我们对飞机类型、结构和构成材料的了解都会影响我们解读成功的立体主义绘画的方式。那么，要做到这一点，我们就要用"立体主义绘画是飞机"隐喻的一个次隐喻，即"成功的立体主义绘画是类型、结构和材料恰当的飞机"（THE SUCCESS OF CUBIST PAINTING IS THE APPROPRIATE TYPE, STRUCTURE, AND MATERIALS OF THE AIRPLANE）。

在心理空间层，我们可以看到潜在的框架层知识是如何在绘画中实际地得到使用的。首先是飞机的类型，我们在框架层看到的是一架非常轻的飞机；其次是飞机的结构，画作中出现的飞机看起来像是早期实验阶段制造的一架组装"松散"的飞机；最后是飞机的材料，它是由立体主义绘画（Picasso 的《小提琴》）制成的。这些特征在绘画中被概念性地整合在一起，它们共同勾勒出一架驾驶起来并不安全的飞机。心理空间层的整合似乎与 Picasso 和 Braque 最初对他们的计划的担忧相一致。也就是说，在心理空间层，有一个非常具体的概念隐喻：

立体主义产生时脆弱的和不确定的命运就是飞机起飞时因其轻盈和材质所产生的脆弱感和不确定性。

THE FRAGILITY AND UNCERTAIN FATE OF CUBISM AT THE TIME OF ITS EMERGENCE IS THE FRAGILITY AND UNCERTAINTY THAT COMES FROM THE LIGHTNESS AND CONSTITUENT MATERIALS OF THE AIRPLANE THAT IS ABOUT TO TAKE OFF.

除此之外，绘画的心理空间层还试图回答"立体主义绘画的领军人物是谁"的问题。这是通过操控飞机来实现的。我们根据框架层知识知道飞机的操控者是飞行员，映射到立体主义绘画中便是领军人物，如 Tansey 的画作所示：飞行员对应领军人物（即 Picasso）。因此，我们得到另一个心理空间层隐喻"立体主义的领军人物是飞机的飞行员"（THE LEADING FIGURE OF CUBISM IS THE PILOT OF THE PLANE）。最后，心理空间层对飞机框架的飞行也进行了阐述：地面上的第二个人（即 Braque）也积极参与飞机的操控：他在地面上兴奋地奔跑，也因此可能在飞机操控中扮演着不那么重要的角色。这再次证明了领军人物是谁：Picasso 是飞行员和领军人物，而 Braque 则在地面上，因此在移动中的地位不那么重要。

抽象运动

但立体主义不仅是一个复杂抽象系统，也是一种抽象运动。考虑一下词典中"运动"的相关定义："朝着一个目标行进的一系列有组织的活动；以及促成或达到某个目的——民权运动——一场以提高最低工资为目的的运动的有组织的努力"（a series of organized activities working toward an objective; also: an organized effort to promote or attain an end — the civil rights movement — a movement to increase the minimum wage）（www.merriam-webster.com/dictionary/movement）。

在意象图式层，复杂抽象系统运动且朝着一个目标运动。这将给我们带来两个意象图式。根据这两个图式，我们将复杂抽象系统，如立体主义，解释为运动："运动"（活动）和"始源—路径—目标"（目标/目的）模式，可以表示如下（图 4.10 和图 4.11）：

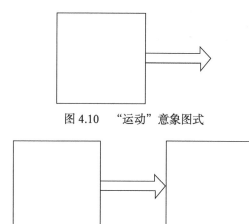

图 4.10 "运动"意象图式

图 4.11 "始源—路径—目标"意象图式

这两个意象图式向我们提供了两个意象图式隐喻"改变是移动"（CHANGE IS MOTION）和"行动是自我推进的运动"（ACTION IS SELF-PROPELLED MOTION）。

具体来说，在更低层级，我们在维基百科中发现了立体主义域的部分特征："立体主义是 20 世纪初的一场艺术运动，它将欧洲绘画和雕塑历史性地推向了 20

世纪的现代艺术；立体派以各种形式启发了文学和建筑领域的相关运动；立体主义被认为是 20 世纪最具影响力的艺术运动之一。'立体主义'这个术语被广泛用于 19 世纪前 20 年产生于巴黎（蒙马特、蒙帕纳斯和皮托）的各种艺术。"（https://en.wikipedia.org/wiki/Cubism）

根据事件结构隐喻（Lakoff 1993）中的"行动是自我推进的运动"隐喻，我们可以得到另一个特别适用于立体主义的概念隐喻：

立体主义艺术家有目的的艺术活动是旅行者有组织的旅程
PURPOSEFUL ARTISTIC ACTIVITIES BY A GROUP OF CUBIST
ARTISTS IS ORGANIZED TRAVEL BY A GROUP OF TRAVELERS

在框架层上，立体主义绘画运动是一次航空旅行，从而产生了"立体主义绘画是航空旅行/飞行"（CUBIST PAINTING IS AN AIR JOURNEY/A FLIGHT）的概念隐喻。该隐喻在框架层级的映射关系如下所示：

航空旅行/飞行➡立体主义绘画运动
飞行➡立体主义框架内的工作/活动
航空旅行中的旅行者➡立体主义画派的画家
航空旅行的目的地➡立体主义绘画的目标
航空旅行的开始➡立体主义绘画的开端
航空旅行的结束➡立体主义绘画的终结

这些规约性映射关系不仅适用于立体主义，还可用于涉及航空旅行始源概念（更准确地说，是框架）的任何其他映射。然而，在这一点上，我们可能会问，为什么艺术家（无意识地）从各种旅行方式（如汽车、火车或海上旅行）中选择了这一种模式。

这个问题在心理空间层有几种答案。第一，这场运动的成功概率或可行性，即功效的发挥，在一开始尚不清楚。成功和发挥功效被隐喻地看作是"向上的倾向"，因此产生隐喻"发挥功效是向上"（FUNCTIONAL IS UP），如习语"运行正常"（up and running）、"起步"（get off the ground）、"起飞"（take off）所示。那么，既然"行动是移动"，我们可以将其与"发挥功效是向上"结合起来，产生"发挥功效/成功的行动是向上的移动"（FUNCTIONAL/SUCCESSFUL ACTION IS UPWARD MOTION），就像在航空旅行那个例子中一样。第二，我们可以推测，之所以造成这一选择，是因为旅程的最初阶段对航空旅行至关重要，这一点从许多与航空旅行的最初阶段有关的隐喻性表达中就可以看出，比如起步、起飞、不飞（would not fly）、发射（launch）等。这幅画中也清晰表达了对这项运动初始阶段的聚焦：强调了"航空旅行的开始➡立体主义绘画的开端"这一映射。立体主义运动在早期历经重重困难，而其他旅行方式都无法在概念上表达出这种不确定和兴奋感。第三，我们稍后会看到，这种选择可能也有一些文化动机。

立体主义作为一种（抽象的）运动，在心理空间层级通过几种更具体的方式进一步得以展现，在框架层级的隐喻中引入了一种新的、非常规的映射，即"航空旅行的发起者/创始者➡立体主义绘画的发起者/创始者"。换句话说，该隐喻或多或少强调立体主义的发起者或创造者，也就是 Picasso 和 Braque。这意味着发起者在该层级有了具体名字，而在框架层级的隐喻只是一个未指明的旅行者角色。事实上，这幅画作中的一位发起者（Picasso）也是旅行者。因此，绘画中的旅行者和发起者的角色在心理空间层级是一致的。此外，在这幅画中，另一位发起者（Braque）被描绘得并未脱离地面，因此在运动中占据次要地位。最后，这幅画会让人想起莱特兄弟，在立体主义运动真正开始的几年前，他们就已经完成了第一次成功的飞行（1903 年）。Picasso 和 Braque 这两位艺术家也认为自己是莱特兄弟（Picasso 经常开玩笑地称 Braque 为 Wilbur——莱特兄弟之一的名字）。这种相似之处让 Picasso 和 Braque 以及 Tansey 和这幅画的观众想起这两项事业最初是怎样地令人激动。总之，这个层面发生了整合：莱特兄弟在概念上与 Picasso 和 Braque 融合在一起。

这种解读来源于历史知识，按照 CMT 中语境论的术语，就是概念认知语境。Tansey 之所以选择用航空旅行来对立体主义进行概念化，很可能也是认识到了这种相似性。

方法论

在 CMT 的大框架内，有许多不同的方法来研究隐喻。方法之间有时会相互竞争，以获得更优越的地位（关于这一点，见 Gibbs 2017b）。Lakoff 和 Johnson（1980，1999）的工作方法后来被视为"直觉性"的。之所以使用这个标签，是因为在大家看来，Lakoff 和 Johnson 及其追随者依靠的是自己的直觉对隐喻进行识别和归类，从而证明概念隐喻的存在。语料库语言学家认为，要找出语言中所有的或大部分的概念隐喻，需要利用大型语料库来完成，如英国国家语料库（British

National Corpus，BNC）或美国当代英语语料库（Corpus of Contemporary American English，COCA）（见 Charteris-Black 2004；Deignan 2005；Stefanowitsch 2006）。他们强调，要研究隐喻，仅凭语言直觉远远不够。近来，Kövecses 和他的同事（Kövecses 2015b；Kövicses et al. 2019）提出要复兴以往的直觉法。依据 Köveces（1986）的初步建议，我将修订后的方法称为"词汇法"，同时证明了词汇法具有语料库语言学（更准确地说，基于语料库的）方法所不能忽略的优势。有的隐喻学者侧重特定隐喻性表达的社会语用功能，他们使用的数据库通常比语料库语言学家的要小，研究的是真实话语中隐喻的交际功能（例如，Cameron 2003；Musolff 2006；Semino 2008）。还有的学者关注框架和隐喻之间的关系，研究各式各样的隐喻性构式（如 Sullivan 2013）。他们经常使用的是 Charles Fillmore 研发的框架网络（framenet）。

心理语言学家和认知心理学家将隐喻作为一种概念现象来研究，探究隐喻概念化的具身本质（参见 Boroditsky 2001；Casasanto 2009；Gibbs 1994，2006；Gibbs and Colston 2012）。此类研究主要是实验性的——以"体外"（in vitro）或"体内"（in vivo）实验的形式来完成（关于这一区别，见 Kövecses 2005）。神经科学家利用最新的脑成像技术，试图识别概念隐喻在使用时大脑的神经元活动情况（例如，Bambini et al. 2011；Coulson 2008；Gallese and Lakoff 2005）。最后，还有科学家在努力构建服务于各种目的的概念隐喻使用的计算模型（例如，见 Feldman 2006；Narayanan 1999）。

综上，我们至少有以下方法专门用于研究概念隐喻：

直觉法（intuitive approach）

语料库语言学法（corpus linguistic approach）

词汇法（lexical approach）

语篇分析方法（discourse analytic approach）

框架网络法（framenet type approach）

心理语言学实验（psycholinguistic experimentation）

神经科学实验（neuroscientific experimentation）

计算建模（computational modeling）

毫无疑问，还存在其他方法，但从以上所列出的方法已经能够清楚看到概念隐喻研究方法的多样性。那么，应该如何将不同的方法与前面描述的不同层级的隐喻相匹配？以下将提供一种将方法与层级进行匹配的建议，但这样的匹配并不

绝对。其中多数方法均可用于不同层级的隐喻研究。如图 4.12 所示，我将特定的
方法基本用于特定层级的隐喻：

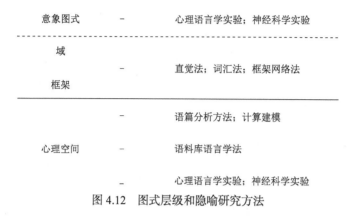

图 4.12　图式层级和隐喻研究方法

　　将图式层级与隐喻研究方法进行匹配有三层意思：首先，没有一种单一的
方法可以用来研究隐喻的所有层级；其次，可以使用几种不同的方法来研究相
同的层级，从而提供互补的见解；最后，某些方法可能比其他方法更适合研究特
定层级。

　　为了证明上述的第一点，我将简要介绍词汇法和语料库语言学法。研究者使
用词汇法搜索各种与所调查的主题或概念相关的词项或其他类型的信息，例如由
特定词位所表示的特定情绪：愤怒、恐惧、惊讶等。这些信息不仅包括同义词、
反义词、相关词、各种习语和短语、搭配等，甚至还包括词位的定义（见 Kövecses
2015b；Kövecseset al. 2019）。最可能提供这些信息的来源是词典，包括单语或双
语词典、词库、搭配词典、各种习语词典，以及任何与所调查概念相关的单词和
短语的集合。重要的是，研究者喜欢并倾向于使用词典，因为词典能为词素的语
言表达如单词、习语、搭配等提供例句，以及包括语域、频率、出处等在内的用
法注释。所有这些信息不可能在同一本词典中找到，因此在收集某一词素的所有
可能词汇信息之前，必须查阅几种不同类型的词典。

　　属于同一概念或域的多个词项主要指类型，而不是符号（tokens）。词典所
标识的语言表达形式代表着词位。在以词典数据为主的词汇法中，我们不可能计
算符号出现的实际频次，这也是该方法的缺点。由于词汇法处理的是类型，即已
经词汇化的语言表达，而词典提供的类型代表着就某个域而言最为规约化的语言
表达。被识别出的类型属于意象图式、域或框架层，即去语境化语言的层面，
Kövecses（2002/2010）分别称之为次个体层和超个体层，而不是代表个体说话者
用符号进行的语境化语言（类别）使用的层面——心理空间层，这被 Kövecses

（2002/2010）称为个体层。

应该注意到，语料库语言学法作为另一种方法，是在语言及隐喻研究中为纠正超个体层工作不足的问题而提出的，从而提醒研究者们注意真实话语中的语境化语言使用，即个体层（例如，见 Deignan 2005；Semino 2008；Stefanowitsch 2006），并能够对符号进行定量分析。这两项提议都很合理，但问题是它们的工作层并不是词汇法所运作的层面，词汇法适用于框架和域层级的类型，而语料库语言学法则适用于心理空间层的符号（及类型）。

词汇法可以揭示有关某个目标域（即类型）的最规约化的隐喻性语言表达。在此基础上，研究者可以假设两个域之间存在系统性概念映射——概念隐喻。概念隐喻可被看成是同一语言的说话者掌握了与目标相关的隐喻性表达类型而在彼此之间所共享。实验研究表明，事实确实如此（见 Gibbs 1994，2006；Gibbs and Colston，2012 等）。因此，词汇法可以揭示同一语言群体所共享的隐喻概念系统，而不是某一个体所独有的隐喻概念系统。

然而，语料库语言学家却认为，词汇法不适合分析个体层隐喻。这种批评是正确的，但请记住，词汇法的产生并不是为了体现隐喻使用的语境变化或隐喻概念系统的个体变量（关于这些问题，见 Kövecses 2005，2010，2015b）。语料库语言学家还提出了其他一些更具体的批评（例如，见 Kövecses 2011a，2015b），但以上讨论足够让我们关注隐喻多层观与隐喻研究中使用的各种方法之间的关系。在我看来，最为重要的是：不同层级的隐喻与不同的目标有关，而不同的目标应与不同的方法相伴而行。如果我们想描述说话者在语境中如何使用隐喻，就可以采用基于语料库和真实话语的方法；如果我们对（很大程度上）具有共享性的隐喻概念系统进行假设，就应合理地使用词汇法。

4.7 结　　论

在本章中，我提出了四个层级的隐喻观点，并用"建筑"作为始源概念进行了论证。我的主要观点是，在这四个层级构成的层级体系中，概念隐喻占据着不同的图式层级。最高层级是意象图式，最低层级是心理空间，两者之间有域和框架。我进一步提出，每一个概念隐喻都分别具有四个层级的特征。

始源概念和目标概念之间的映射发生在同一层级：域对应于域，框架对应于框架，心理空间对应于心理空间。在意象图式层，意象图式构建了高度图式化的目标概念,如复杂抽象系统包含着"理论、思维、国家、公司、生活、职业、经济"等许多概念。不同层级的映射关系能够允准不同层级上隐喻性使用的词,如"内部"(意象图式层)、"结构"(域层)和"建造者"(框架层)等。

这四个层级是垂直连接的,较低的层级是较高且更图式化的层级的具体版本。沿用 Langacker(1987)的概念,图式性被描述为适用于特定概念的"规范的相对精度"(relative precision of specification)。

因此,概念隐喻出现在由意象图式、域、框架和心理空间所纵向连接而成的四个图式层级上。也就是说,概念隐喻不能也不应该与单一的概念结构相关联,比如框架或域。概念隐喻是这四种结构的综合体,我将这种结构称为隐喻的"多层观"。

图式层级体系以两种主要区分为特点:其一是将意象图式与其他三个层级进行区分。意象图式是模拟的概念结构,而其他三种图式本质上是非模拟的(即命题的)概念结构。其二是将存储于长时记忆中的意象图式、域和框架层级与在线地运作于工作记忆中的心理空间层级进行区分。心理空间激活了更高层的概念结构,而后者构建了心理空间。

就隐喻研究的词汇法而言,"建筑"始源概念突出了与"复杂抽象系统"这个目标概念相关的两个方面:由(作为过程的)"建筑"和"(物理性)支撑"框架(包括支撑强度)所形成的构建方面和逻辑支撑方面。我们可以将这些方面称为"建筑"始源域的"主要意义焦点"—— 一个概念在隐喻概念化中被常规性地或习惯性地侧显的方面。然而,通过"建筑的组成部分"和"建筑的功能"框架,我们也看到了主要意义焦点之外的建筑的其他方面被侧显。正如我们在"安全出口"的例子中所看到的,这些非常规性的投射需要更复杂的机制来解释。

被我称为"主要意义焦点"的构式是蕴含文化的复杂概念隐喻中被侧显的方面。它们与构成复杂隐喻的基本隐喻密切相关,因为主要意义焦点揭示了复杂隐喻由哪些基本隐喻构成。也有人指出,主要意义焦点的概念比基本隐喻的适用范围更广,因为它们可以扩展到相关隐喻之外。

我提出,在图式性最低的心理空间层或情景中使用的隐喻承担的是语用功能,并且这些隐喻不能用于表征更高图式层级上使用的隐喻。这些差异可以借助长时记忆与工作记忆不同的运作方式来解释。正如"看管人"的例子所示,表征心理空间层的若干特征可以共同用于这个层级上所使用的隐喻。

最后,隐喻的多层观对 CMT 也有一些启示。本章只讨论了其中四个方面。第一,关于深层隐喻与浅层隐喻及其本体论地位的问题,我们认为深层隐喻和浅层隐喻现在可以被赋予更精确的本体论地位。深层隐喻是指那些处于框架、域或意象图式层的隐喻；浅层隐喻是指那些在心理空间层发挥作用的隐喻，也就是话语中典型的非规约性隐喻，它们可以激活大量更高层级上存在的概念隐喻。第二，关于蓄意隐喻，我提出蓄意隐喻可以用于阐述整个概念图式层级体系。正如我们所见，蓄意隐喻有很大一部分是非蓄意性的，它们唤起了框架、域和意象图式层的隐喻。这样一来，可以说被视作蓄意性的隐喻在其概念背景中也是非蓄意性的。在我看来，这两种隐喻（蓄意隐喻和非蓄意隐喻）是不可分割的。第三，我通过一个例子说明了图式层级体系是如何用于解释隐喻性习语的。层级体系不仅揭示了习语分析中概念复杂性的一些新维度，还有助于发现到底有多少习语是围绕着一个大型的高层级隐喻"核心"所组织的。第四，关于 CMT 的多层观是如何用于分析视觉隐喻的问题，我以概念隐喻的扩展视角，分析了美国艺术家 Tansey 的一幅画。事实证明，隐喻的多层观对于解释这幅画很有帮助。画家和观看者都以不同层级的图式来理解这幅画。出现在意象图式、域和框架层的许多概念材料极有可能为艺术家和观看者所共享，它们在很大程度上是规约化的，并储存在长时记忆中，而使艺术家的创造性想象得以展现的则是在心理空间层。某种程度上，可以认为绘画是艺术家在创作过程中对相关心理空间所产生的概念产品的一种表达——并不需要通过隐喻过程来产生最终的（静态）产品，即绘画。然而，这些隐喻过程却可以从产品本身中获取。第五，就隐喻研究的方法论问题，我讨论了几种相互"竞争"的方法。这里的建议是，不同的方法适用于不同层级的隐喻，在各自的层级中，它们都是有用的。总之，在隐喻研究中运用隐喻的多层观，可以使我们在看似多样的现象描述中发现背后更多的连贯性和一致性。

第 5 章　概念性还是语境性？

　　CMT 由于缺乏语境成分而一直被视为一种认知理论。可是，如果我们仅仅将其视为一种认知现象，可能会带来一些问题。譬如说，将概念隐喻定义为具体的始源域和抽象的目标域之间的映射集合。这些映射是始源域成分和目标域成分之间的概念对应关系。这些对应关系通过语言表达式在语言中得以呈现，且表达式的意义建立在特定的映射之上。从本质上来看，这些系统性的映射是概念系统的一部分。根据 CMT，这些隐喻的主要示例源于抽象的（主观的）概念和肌动概念之间的体验相关性，即来自具身性体验。

　　然而，如果按照这种观点来理解隐喻，将很难解释在特定话语情境下如何产生和理解一些隐喻，包括概念隐喻和隐喻性语言表达（参见 Kövecses 2010b，2015a）。众所周知，隐喻理解对语境信息高度敏感，几十年来的心理语言学和心理学研究都通过实验证明了这一点（有关综述请参见 Gibbs 1994, 2006; Gibbs and Colston 2012）。自从 CMT 提出以来，相关研究对于隐喻的使用方面关注很少。在最近的文章中（请参见 Kövecses 2010a，2010b，2015a），我也提出如果不考虑语境作用，就无法解释许多自然发生的隐喻语言和概念隐喻。换言之，除了已有的组成部分，如概念结构、认知功能与嵌入性、具身性和神经基础等，CMT 还需要纳入语境成分。尽管已有的那些组成成分必不可少，但却无助于阐释说话者/概念化者在特定话语情景中产出特定的隐喻语言和概念隐喻。因此，我将在本章中结合先前的研究发现，对 CMT 中语境成分应该包括的一些重要元素进行识别和概述。在这个过程中，我也延续着 Langacker 的认知语言学传统，即不管是字面意义还是比喻意义总是依赖于语境（请参见 Langacker 1987）。近期，Langacker 阐述了这个基本原则："先前话语是 CDS 的主要决定因素（其他因素还包括语境、背景知识等）。CDS 是心理空间，包含说话者和听话者在特定时刻假定所共享的可作为话语基础的一切。"

　　在某种程度上，我认为本章的任务是弄清楚说话者在特定话语情景中进行隐喻概念化时，其思维空间包含哪些内容（参见 Kövecses 2015a）。换言之，本章将主要聚焦于语境对隐喻产生的作用。

　　CMT 的语境版至少需要对三个大的方面进行特征界定，主要围绕以下三个问题展开：①是什么构成了（隐喻）意义成分？②在使用和创造隐喻时，最常见的语境因素是什么？③语境因素经由怎样的认知机制，在实际的自然话语中创造隐喻？本章还将大量借鉴我在 2015 年出版的《隐喻从哪里来？》（*Where Metaphors Come from*）一书中的内容。

5.1　意义构建的成分

　　首先，我们假设意义构建（包括隐喻意义构建）的原型是说话者/概念化者 1 与听话者/概念化者 2 共同出现并共享大量信息的情景，包括处在情景中的他们。显然并非所有的交际情景都是这样，但当不是这样时，他们彼此之间相互理解的可能性就变弱。

　　换言之，意义构建普遍依赖于"相关语境"概念，即参与者认为与意义交流相关的信息。相关语境问题通常是从听话者/概念化者 2 的角度进行构建的（参见 Sperber and Wilson 1986/1995）。然而，从隐喻产出者的角度来看，这个问题对于说话者/概念化者 1 而言就变成了如何利用当前语境来创造出听话者/概念化者 2 可以正确理解和阐释的恰当隐喻？对此，Sperber 和 Wilson 也提出了"共同认知环境"（mutual cognitive environment）的概念，这似乎与本章所提出的语境观点互相兼容。在后续部分，我还将对这种认知环境（即语境因素）中最常见的成分进行概述。

　　在交际情景中，说话者通过一种方式表现出三种行为（Sinha 2007）：①表征所指的情景；②表达他或她的交际意图；③将听话者的"意识加工导向所指情景"（Sinha 2007：1282）。如此，在说话者和听话者之间便形成了共同注意的范围。

　　在出现隐喻的话语中，隐喻语言的使用起到了共同行动的效果，而共同行动需要说话者与听话者之间拥有共同背景。使用符号就是一种"共同行动"（Clark 1996），它假定说话者和听话者之间享有大量共享知识，Clark（1996）将这种共享知识称为"共同背景"（common ground）。对于 Clark（1996）而言，共同背景可以分为两类："群体共同背景"和"个体共同背景"。"文化群体"指共享着许多他人所不能共享的信息的一群人（Clark 1996：101），这些信息存储在框架之中，而且大部分基于规约性概念隐喻的典型框架为这个群体所共享。"个体共同背景"源于共享的感知经验和共同行动，也可以成为隐喻交际中隐喻的始源域。这种隐喻经常被使用，比如当记者报道某个事件时，就会使用基于事件的某些典型感知特征的这一类隐喻。

5.2 语境的类型及语境因素的种类

在《隐喻从哪里来？》一书中，我提供了大量自然发生的话语作为例子，说明隐喻在话语中的使用受多种语境因素的影响。这些语境因素可以分为四大类：情景语境（situational context）、话语语境（discourse context）、概念认知语境（conceptual-cognitive context）和身体语境（bodily context）。在总结和讨论语境类型及所包含的语境因素之前，我们先来看看使用隐喻的两种普遍约束条件。

隐喻在话语中的用法极其多变,这是因为对于何种情景下使用何种隐喻来说,语境因素起着至关重要的作用。交际情景的不同导致隐喻概念化产生差异。在隐喻差异中发挥作用的似乎有两组因素：与差异性体验有关的因素和与差异性"认知风格"有关的因素。下面将呈现的语境因素均与差异性体验有关，其中包含一些可以反映直接/间接的世界体验的概念性信息，而且这些体验可以触发特定隐喻的使用。概念化者为了产出和理解隐喻，就需要（直接或间接）使用那些用于隐喻的体验。这些体验为概念化者提供了共同背景，使他们能够产出并理解语境所诱发和生成的隐喻。

相比之下，与认知风格相关的因素则反映了在普遍的认知传统和语言社群的偏好下呈现世界性体验所需的特定方式。例如，隐喻性想法在什么层次上呈现（图式性）、如何建构它（框架）、规约化到什么程度（规约化）、涉及具身体验的哪个方面（体验焦点）等，这些在本质上都是如何呈现的问题（参见 Kövecses 2015a）。总的来说，前一组因素（差异化体验）回应了是"什么"激发或启动某些隐喻使用的问题，而后一组因素则回答了"如何"在语言社群中呈现隐喻概念化的问题。在差异化认知风格中列出的后一组因素只对说话者即概念化者施加约束，他/她必须遵循语言社群的语言和认知习惯。听话者/概念化者 2（理解者）并不受这种约束。

现在我们来看各种类型的语境，以及构成它们的更加具体的语境因素（详细讨论和大量例证，请参见 Kövecses 2015a）。

情景语境

情景语境由多种多样的语境因素构成。最常见的情景语境包含物理环境、社会情景和文化情景。

物理环境能够塑造隐喻意义的构建，包含植被、动物、景观、温度、气候、情景的感知属性等。比如说，美式英语中关于物理环境的隐喻与其他讲英语国家就有所不同，这是很常见的现象（参见 Kövecses 2000c）。小范围的局部环境也能影响隐喻的形成，比如情景中肉眼可见的事件或情境的感知属性都是如此。

社会情景涉及我们生活的社会方面，通常以性别、阶级、礼貌、工作、教育、社会组织、社会结构等概念为中心。所有这些方面都在隐喻概念化中发挥着作用。例如，Kolodny（1975，1984）发现，在 20 世纪前，美国男性和女性为他们所认为的美国边界构建出了完全不同的隐喻形象。女性通常认为美国边界是"有待开垦的花园"，而男性则将其概念化为"有待占领的处女地"（有关性别隐喻的其他示例，请参见 Kövecses 2005）。当然，性别也可以被视为文化的一部分，而不仅仅是社会现象。总的来说，本节中对此所做的区分仅仅是抛砖引玉。

文化情景既包括整体语境（概念系统中的共享知识），也包括局部语境（特定交际情景中的特定知识）。整体语境如何影响隐喻概念化？一个例子便是不同的概念在不同的文化和语言中可以产生差异性隐喻。譬如，关于愤怒的隐喻，许多语言使用"愤怒是（流体/固体的）热量"的隐喻，英语和匈牙利语就是如此；而汉语由于受到阴阳理论的影响，将"气"作为愤怒的始源域（见于 Yu 1998）。此外，更直接的局部语境在隐喻的产出中也可以发挥类似的作用（参见 Kövecses 2010b）。

话语语境

话语语境包括周围话语、关于话语主要成分的知识、关于同一主题的先前话语，以及与特定主题相关的话语主导形式。

周围话语（surrounding discourse）指语言性语境，通常被称为"上下文"（cotext）。从话语的产出者（说话者）视角看待，先前话语中的成分无论是由说话者/概念化者 1 还是由听话者/概念化者 2 说出，都可以影响（无意识的）

隐喻的选择。就像 Kövecses（2010b）从《泰晤士报》上所摘录的例子："这使得天平倾斜——以及 Hain 先生——以致彻底失衡。"（which helped to tilt the balance — and Mr. Hain — over the edge.）在这个例子中，语境诱发的隐喻源自动词"倾斜"（tilt）在短语"导致 Hain 先生彻底失衡"（tilt Mr. Hain over the edge）中的省略用法。也正是由于"倾斜"出现于直接语境中，才带来了这个隐喻的第二种用法。

概念化通常依赖某一话语中概念化者关于话语主要成分的知识，包括说话者、听话者和主题。例如，我们在许多报纸文章中都经常见到，关于主题的某些知识被当成语境因素而创造出新的隐喻（Kövecses 2010b，2015a）。例如，在一篇涉及大卫·贝克汉姆的文章中，记者评论道："洛杉矶银河队在足球的海洋中是沙丁鱼，而不是鲨鱼。"（Los Angeles Galaxy are sardines not sharks in the ocean of footy.）（Kövecses 2010b）这里的相关知识包括贝克汉姆效力于洛杉矶银河足球队，以及洛杉矶沿海中有各种鱼类。

隐喻也可能来自关于同一主题的先前话语。这种情况可能包含多种形式：从详述、扩展、质疑、否定、反思、嘲笑甚至到对之前的隐喻的再利用。这从下例中英国议会议员对时任首相托尼·布莱尔的发言所做的回应便可窥见一斑。布莱尔首先表示他没有倒车挡（即只能向前），该议员回应道："但当你在悬崖边上时，最好有个倒车挡。"（…but when you're on the edge of a cliff it is good to have a reverse gear.）（Semino 2008）这就是由先前话语中的概念隐喻"进步是向前运动"（PROGRESS IS MOTION FORWARD）所诱发的幽默性回击。

某些形式的话语可以在某一社群中占据主导地位。当与特定主题相关的主导话语形式出现时，该话语中所使用的或基于该话语产生的隐喻可以在时间上（历时地）和空间上（跨文化地）广泛传播。例如，与基督教相关的话语通常会产生在基督教群体中使用的隐喻。

概念认知语境

这类语境包括隐喻概念系统、意识形态、关于过去事件的知识，以及兴趣点和关注点。

处于长时记忆中的概念之间可能保持隐喻关系，如"生活是旅程"、"争论是战争"（ARGUMENT IS WAR）。正因这种隐喻关系的存在（如"争论"和"战争"之间的关系），某个概念在隐喻概念系统中出现或缺失都可能致使特定隐喻的产生和理解（如果使用者的认知系统中不存在隐喻联系，他就根本无法使用隐喻）。如此一来，隐喻概念系统的作用就相当于语境。我们可以针对想要表达的隐喻意义（如"支持论点"），在规约性隐喻概念系统中寻找最佳隐喻。在这种情况下，规约化的隐喻意义（如"支持论点"）通过规约性隐喻语言（如"防御"）得以表达，这时，对应的目标成分会激活现有概念隐喻中的相关映射或概念映射关系（例如，利用概念隐喻"争论是战争"中的"防御"一词来表达"支持论点"的意义，其基础是"在战争中防御自己的阵地"与"在争论中支持自己的论点"之间的映射关系）。当话语情景中没有其他主导的语境因素影响（无意识的）隐喻选择时，规约性隐喻概念系统就会以这种方式进行隐喻选择。

意识形态是影响隐喻在话语中的使用的另一个构成因素。人们对于重大的社会、政治问题所持有的意识形态立场可能会影响隐喻选择，如 Goatly（2007）的研究。那么意识形态如何影响隐喻选择？Lakoff（1996）针对美国政治的一项研究发现，对于类属层隐喻"国家是家庭"（THE NATION IS A FAMILY），保守党倾向于使用"国家是严厉的父系家庭"（THE NATION IS A STRICT FATHER FAMILY）这个隐喻，而自由党更喜欢用"国家是父母养育型家庭"（THE NATION IS A NURTURANT PARENT FAMILY）这个版本。另一例来自"社会是建筑物"（SOCIETY IS A BUILDING）隐喻的马克思主义版本，其中涉及"上层建筑"等，还涉及马克思关于"阶级斗争"的思想等。Goatly（2007）则探索了基于隐喻的资本主义意识形态。

概念化者所共知的对于过去事件和状态（即短时记忆和长时记忆中的项目）的共享也可能导致话语中特定隐喻的出现。情况之一就是说话者假定听话者具有某种特定的心理状态。对于事件的这些记忆可能属于群体生活，也可能属于个体生活。研究发现，有关历史事件的记忆常常导致某些隐喻的产生（以及对某些隐喻的理解方式）（见 Deignan 2003；Kövecses 2005）。不同的历史语境可能致使匈牙利人和美国人对特定的"生活"隐喻产生不同的使用偏好（见 Kövecses 2005）。在具体交际情景中，隐喻概念化行为之前的某些特定事件也可能产生类似影响。

人们通常倾向于使用他们对这个世界所感兴趣和关注的那些隐喻，或者更准确地说，是隐喻的始源域（见 Kövecses 2005）。整个群体或者个体都拥有一些特定的兴趣点或关注点，这些都会影响他们进行意义构建的方式。譬如，普遍认为美国人对待生活积极主动而非被动，与此相关，他们也都热爱运动，因此他们的语言中大量使用与体育相关的隐喻不足为奇。同样，如果一个人有某种职业上的兴趣，那么他很可能会从自己感兴趣的领域中得到一些隐喻（见 Kövecses 2005）。

换言之,我们通常从事的活动类型会影响我们对隐喻(始源域)的使用(见 Gelfand and McCusker 2001)。

身体语境

身体的特定状态也可能会在一些情况下产生特定的隐喻概念化,比如诗人或作家的疾病。我在其他研究中提出,Dickinson 对隐喻的选择可能受到了她的视力疾病的影响(详见 Kövecses 2010b)。这些案例广泛说明人们身体的特异性影响着他们对隐喻选择的偏好。有实验证据表明(Casasanto 2009),左利手的人更喜欢使用"道德在左"(MORAL IS LEFT)而不是"道德在右"(MORAL IS RIGHT)的概念隐喻。这样的隐喻与基于人体的一般属性演化出来的隐喻(即基于相关性的初始隐喻——详见第 1 章)形成了对比。

此类证据以及大量基于人体局部和暂时的特异性(而不是基于普遍的具身性)的隐喻例子说明,身体可以被视为进一步的语境形式。以此来看,身体——特别是那些在进行着的交际情景中被激活的身体的方面——可以影响自然话语中对隐喻的选择(详见 Kövecses 2015a)。身体不仅能够通过主观感受和感知-肌动体验之间的映射关系而产生数百个概念隐喻(参见 Grady 1997a,1997b;Lakoff and Johnson 1999),它还可以在更直接、更具体的语境中启动特定隐喻的使用(如 Boroditsky 2001;Boroditsky and Ramscar 2002;Gibbs 2006;Gibbs and Colston 2012 的进一步实验证据)。换言之,身体可以像先前提到的其他语境因素一样,促使话语中隐喻的产生。鉴于此,我们可以将其视为另一种语境类型。

5.3 局部语境和整体语境

上面简要介绍的各种语境因素大致可以分为两种类型:局部语境和整体语境(图 5.1)。局部语境涉及概念化者对当下交际情景某个方面的具体知识。因此,局部语境指概念化者对于特定交际情景的具体知识,它大体上对应 Clark 所说的个体共同背景。相比之下,整体语境包括概念化者关于他们的社群环境(物理的、社会的、文化的)的一般知识,它涉及概念化者所在的整个社群所共享的知识。因此,它接近于 Clark 所说的群体共同背景。对于局部语境和整体语境的区分总体上是理论性质的,而在许多实际的交际情景中,这两种类型的语境之间并没有明显的分界线。

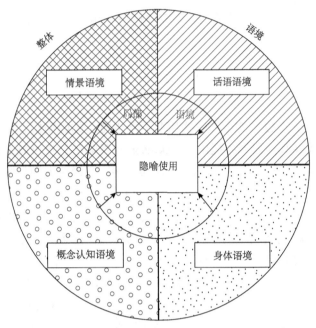

情景语境　　　　话语语境

局部　　语境

隐喻使用

概念认知语境　　　身体语境

整体　　　　语境

图 5.1　语境类型总结（Kövecses 2015a）

5.4　对隐喻产出实施语境作用

本节将简要探讨话语情景中产出特定隐喻表达所必需的主要概念成分。我提出了四个认知过程，但并不主张它们是有意识的过程：①在众多识解或认知操作中，说话者必须选择隐喻作为一种意义生成手段，而不是其他手段；②鉴于各种语境类型的存在，说话者置身于广泛的信息性或体验性知识中，它们互相"竞争"以获取说话者的注意；③其中一个或多个语境因素将会浮现为最强因素，促使说话者使用与之相匹配的隐喻表达；④最符合说话者的交际意图的含义得以表达，同时，该表达也取决于概念化者建立合法的"概念路径"的能力。我将如上这些必要的认知过程界定为：

确定认知操作；
置身于各种形式的局部语境和整体语境；
受到语境因素的启动；
建立概念路径。

确定认知操作

在任意语境中，说话者都会无意识地从可利用的操作中选择一种特定的（可能得到其他人支持的）认知或识解操作。这些操作包括图式化（schematization）、图形-背景一致（figure-ground alignment）、梯度调整（scalar adjustment）、动态和静态注意（dynamic and static attention）、视角选择（viewpoint selection）、主观或客观识解（subjective or objective construal）、隐喻或转喻概念化（metaphoric or metonymic conceptualization）、概念整合（conceptual integration）等（基于 Langacker 2008；另见 Kövecses 2006）。通常情况下，情景识解还包含多种替代选项。可替代操作通常包括抽象化、图式化、注意、视角（主观性-客观性）、转喻、隐喻和概念整合。在深思熟虑之后，说话者会（无意识地）选择使用隐喻概念化。

置身于各种形式的（局部或整体）语境

图 5.1 概括了到目前为止所讨论的各种语境类型：概念化者置身于交际情景的大量共享信息之中。如前所述，整体语境涉及语言社区成员所共享的知识；局部语境包含个体所在的当下特定交际情景以及关于该情景的知识。共享的意义构建系统为语言群体中的所有成员提供了（或多或少）统一存在的语境，而局部语境涉及个体对特定交际情景中具体局部方面的理解。这些不同的语境类型和语境因素之间互相"竞争"，以获取概念化者的注意，它们都是构建隐喻的因素。

启动效应

一般认为，我们在局部语境和整体语境中的体验（所产生的相关知识和认识）可以促使我们使用一些特定的隐喻，不管是规约性的还是新奇性的。各种语境因素都可能启动话语中隐喻的使用。启动效应是一种广泛用于心理学和心理语言学实验中的认知过程，并且已有大量相关文献（如 Boroditsky and Ramscar 2002；Casasanto 2009；Gibbs and Colston 2012 等）。值得关注的是，启动效应是基于对情景语境、话语语境、身体语境和概念认知语境中某种体验的模拟。正是共享的体验（情景中动态演化的共同基础）使隐喻在话语中得以产生并被理解。

以 Kövecses（2015a）曾讨论过的 Semino（2008）的一项研究为例。Semino

基于 2005 年苏格兰 G8 峰会上的一篇报道文章研究了参会者所使用的隐喻。该峰会还伴随着被称为 Live 8 的大型摇滚音乐会的举办。一些参会者对 G8 峰会所取得的成果进行了积极评价，而有些人对其成果持怀疑态度。Semino 则聚焦于这篇文章中的一条否定评价，并对此做出了如下评论：

> 相反，一个反贫困团体的代表通过一个关于声音的比喻，将 G8 峰会与 Live 8 音乐会进行比较，从而表达了消极评价：
>
> In contrast, a representative of an anti-poverty group is quoted as negatively assessing the G8 summit in comparison with the Live 8 concert via a metaphor to do with sound:
>
> 1.1 反贫困游说团体 G-Cap 的 Kumi Naidoo 博士表示，在 Live 8 引起一阵"咆哮"声后，G8 随之"窃窃私语"。
>
> 1.1 Dr Kumi Naidoo, from the anti-poverty lobby group G-Cap, said after "the roar" produced by Live 8, the G8 had uttered "a whisper".

"咆哮"（roar）可能是对音乐会上观众发出的声音进行的非隐喻性描述。然而，将"窃窃私语"（whisper）与 G8 峰会关联起来显然是借助缺乏响度的声音对会议结果进行（否定性的）隐喻描述。因此，"咆哮"和"窃窃私语"之间声音响度的不同被隐喻性地使用，以便建立音乐会观众表现出的情感和承诺的强度与 G8 领导人表现出的决心和效率的缺乏这两者之间的对比（Semino 2008：3-4）。

在我看来，"窃窃私语"这个隐喻主要是从物理（社会）语境浮现而出的。Kumi Naidoo 博士在响亮的音乐会和相对安静的峰会这个对比性的背景之下，创造出"窃窃私语"的隐喻。我们可以把音乐会的喧嚣和峰会的安静看作它们各自的感知特征。因此，最初的概念化者 Kumi Naidoo 博士从所有可用的经验性内容中选择了物理语境的感知属性来创造隐喻。

概念路径

在诸多由上述语境因素所表征的可能生成隐喻的体验中，如果一个具体的目标域意义是由语境诱发的始源域意义所表达的，那么特定的隐喻意义就可能得到传达。要实现这一点，就需要在这两个意义之间建立起一种特定的概念路径（由几个概念隐喻和转喻构成）（Kövecses 2015a）。通过这种方式，特定的信息（或体验内容）以及随之形成的语境诱发的隐喻就可以在众多选项中被选中。

一个概念路径通常就是一个图式层级体系（详细讨论见第 4 章）。诸如"安全网""处于山地赛段"及其他一些例子均展示了语境化意义如何通过特定的图式层级体系被创建和理解。下一章将对这个方面进行更详细的讨论。

综上所述，我们提出，在实际的交际情景中，说话者/概念化者从以下四种类型的体验中获取隐喻：情景语境、话语语境、概念认知语境和身体语境。这个观点与传统的观念相左。传统观念认为大部分隐喻性语言只不过是具有特定意义的规约化语言表达，并且只有在我们想要基于特定语境表达这些意义的时候才会使用它们。该观点也与认知语言学中普遍持有的观念不同，一般认为我们使用的隐喻只不过是基于我们大脑中已有的概念隐喻罢了。与之相反，这四种语境类型及其语境因素会启动概念化者在语言交际中对隐喻的（无意识的）选择。具体来说，启动效应仅在概念化者（说话者和听话者）能够在预期的目标域意义和被启动的特定体验内容之间建立适当的概念路径时才会发生。

5.5　语境影响与图式层级

我想讨论的最后一个问题是：语境在第 4 章所概述的图式层级的哪一层对概念隐喻的（无意识的）选择施加影响？如果概念隐喻被视为多层结构，那么这个问题就不可回避。

始源域不仅与目标域一致（反之亦然），而且也与广义上的语境一致。在其他著作中，我提出许多隐喻的始源域都与一个或多个语境因素相一致，这种约束被称为语境的"一致性压制"（见 Kövecses 2005，2015a）。Boroditsky、Casasanto、Gibbs、Colston 和其他研究者的实验中似乎有大量证据表明这种激活的存在（参见如 Boroditsky 2001；Casasanto 2009；Gibbs 2006；Gibbs and Colston 2012）。但是，问题仍然是受影响的是哪个层次，虽然答案可能显而易见。

既然概念化者在在线交流的过程中不仅意识到，而且还分享着各种形式和类型的语境因素。那么，这其中涉及的图式层就是心理空间层，它存在于工作记忆作用于具体交际情景的过程中。即使创建的心理空间激活了各种框架、域和意象图式，情况也依旧如此。随着每个新的心理空间被创建，语境也在动态地发生改变，并且影响着某一情景在该心理空间中被隐喻概念化的方式。

同时，语境因素的反复和长期作用可以导致受框架或域影响的那些框架或域（图 5.2）的（重新）构建。换言之，在某种程度上，不仅是心理空间，框架和域也依赖于语境，但是语境对它们施加影响（在内容和结构方面）需要较长时间，不像心理空间的瞬间性在线启动。

总的来说，我们可以得出以下图例（图 5.2）：

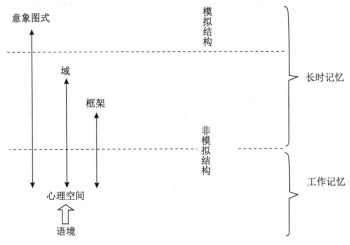

图 5.2　语境对图式层次的影响

图 5.2 中向上的箭头表示语境是在心理空间层对隐喻概念化产生影响。

5.6　图式层级和语境在隐喻性创造中的作用

图式层级和语境联合作用的观点如何影响我们看待隐喻性创造的方式呢？隐喻性创造中一个重要的方面是详述（elaboration）。我们可以从如下两个方面来理解详述：其一是像“旅行”这样的概念以两种词汇化的方式得以实现（参见 Lakoff and Turner 1989）；其二是概念隐喻可能在不同的图式层级上相互关联。一个这样的例子来自美国诗人 Karl Sandburg，他的诗歌《摩天大楼》（“Skyscraper”）的第一节写道：

> 白天，摩天大楼在烟雾和阳光中隐约可见
> 拥有灵魂。

草原和山谷，城市的街道，人山人海

它们混杂在二十层楼里

然后再次涌回街道、草原和

山谷。

正是这些全天涌进涌出的男女老少

赋予建筑物梦想、

思想和记忆的灵魂。

（如果被扔进海里或被安放在沙漠里，谁会关心

这座建筑物，说出它的名字，或者问警察

它的位置呢？）

BY day the skyscraper looms in the smoke and sun and
　　has a soul.

Prairie and valley, streets of the city, pour people into
　　it and they mingle among its twenty floors and are
　　poured out again back to the streets, prairies and
　　valleys.

It is the men and women, boys and girls so poured in and
　　out all day that give the building a soul of dreams
　　and thoughts and memories.

(Dumped in the sea or fixed in a desert, who would care
　　for the building or speak its name or ask a policeman
　　the way to it?)

　　对"摩天大楼"的隐喻-转喻用法显然是由情景语境（更准确地说，是物理-文化语境）所导致的。这首诗歌于 1916 年在芝加哥创作，彼时正值世纪之交，美国的主要城市包括芝加哥都在大规模地建造摩天大楼。

　　这里的摩天大楼形象是基于"社会是建筑物"这个隐喻，并且该概念隐喻属于图式层级体系的一部分。在意象图式层，我们将复杂抽象系统（如社会）概念化为复杂的物体。在域层，"社会"被概念化为"建筑物"，创造社会被概念化为建造建筑物，而后者是本诗中隐喻的主要焦点。在框架层，创造的概念被详述为建造，导致创造社会被概念化为（使用工具和材料）建造建筑物。最后，在心理空间层，创造新型美国社会被概念化为（使用锤子、撬棍、钉子和梁等工具）建造摩天大楼。

因此，我们在概念隐喻图式层级体系中得到了如下概念隐喻集合：

意象图式层：

复杂抽象系统是复杂物理对象

COMPLEX ABSTRACT SYSTEMS ARE COMPLEX PHYSICAL OBJECTS

域层：

社会是建筑物；创造社会是建造建筑物

SOCIETY IS A BUILDING; THE CREATION OF A SOCIETY IS THE PHYSICAL CREATION OF A BUILDING

框架层：

创造社会是（使用工具和材料）建造建筑物

THE CONSTRUCTION OF A SOCIETY IS THE BUILDING OF A BUILDING (WITH TOOLS AND INGREDIENTS)

心理空间层：

创造新型美国社会是（使用锤子、撬棍、钉子和梁等工具）建造摩天大楼

BUILDING A NEW AMERICAN SOCIETY IS BUILDING A SKYSCRAPER (WITH HAMMERS AND CROWBARS AND SPIKES AND GIRDERS)

当涉及社会的隐喻概念化时，意象图式和域这两个最高层级在各种文化中或许具有普遍性（或者至少广泛存在）。但是，框架层，尤其是最低的心理空间层，却格外具有文化特定性，甚至是个体特定性。Sandburg 利用建造摩天大楼的想法来表达建设新型美国社会的想法。在同样的层级（即使在更高层级使用相同的概念隐喻），其他诗人可能会使用不同的隐喻来表达，这取决于不同的语境因素（如物理环境）。换言之，根据这个例子可以得出这样的结论：对更高层级概念隐喻的详细阐述也可能导致诗歌中的隐喻形式发生变化。那些在更高图式层级上具有普遍性或广泛性的隐喻可能会变成某些特定的诗歌传统或诗人独具特色的东西。

该示例非常清楚地展示了图式层级体系和语境影响均在概念隐喻的创造中发挥着作用。

5.7 语境和视觉隐喻

本节拟讨论视觉隐喻研究中的一个问题（参见 Cienki and Müller 2008；Forceville 1996，2008；Forceville and Urios-Aparisi 2009）：关于语境和视觉隐喻之间的相互作用，什么样的隐喻才应该（或可以）被视为视觉隐喻？

这里所说的视觉隐喻是指 Forceville（2016）基于对静态图片和物体进行的研究所提出的"图像隐喻"（pictorial metaphors）。随后，El Refaie 对"图像隐喻"做了如下定义："……我将使用'图像隐喻'这个术语来指代具体的、可识别的用于代表其他事物的物体、场景和人物。"（El Refaie 2019：16）（El Refaie 还将空间和体裁隐喻纳入视觉隐喻的范畴中。）

我们先从视觉隐喻多种多样的形式入手（参见 Forceville 2016）。Forceville 概述了几种对图像隐喻进行分类的方式，用于解决视觉隐喻理论研究中出现的一些问题。第一，根据视觉隐喻的形成方式，他将视觉隐喻分为语境隐喻（contextual metaphors）、混合隐喻（hybrid metaphors）、明喻（simile）、词图隐喻（verbo-pictorial metaphors）和整合隐喻（integrated metaphors）。第二，根据始源域位于故事内部还是外部，将视觉隐喻分为叙事性隐喻（diegetic metaphors）和非叙事性隐喻（non-diegetic metaphors）。第三，视觉隐喻因体裁而异，它们可以是广告、卡通、漫画、歌剧、戏剧、电影、手势、交通标志、手绘、图片、彩绘、插图、雕塑等等。这是以体裁为基础对视觉体验进行的分类，因为视觉隐喻的不同形式按常规来说属于不同的体裁。其中大多数概念隐喻是基于隐喻性语言的，但也有一些属于特定体裁所独有（如 El Refaie 2019）。第四，视觉隐喻还可以根据规约化程度进行分类，如创造性的或结构性的（非规约性的或规约性的）。第五，也可以根据视觉隐喻采用单一模态还是多模态将其分为单一模态隐喻和多模态隐喻。

当然，视觉隐喻还存在其他分类方式。另一种可能的分类基础就是构成视觉隐喻的视觉体验的符号相似度。在我看来，视觉隐喻不仅可以由符号（即类似于符号的视觉体验）构成，如广告、卡通和雕塑等，还可以由通常不被认为是类似于符号的视觉体验组成，比如我们看到的建筑物和自然景色。

这种观点的基础是，构成视觉隐喻的非相似符号与相似符号的视觉体验使用了相同的加工机制。对这两类隐喻性视觉体验的阐释和创造都依赖于框架、映射、识别经验之间的相关性、发现经验之间的相似性、创造被新框架表征的新经验、被经验启动、借助长时记忆中已有的隐喻等等。换言之，以视觉形式实现的概念隐喻并不存在于人类有机体之外，而是人类通过一定的概念机制，在其内部以相似符号、非相似符号的方式对体验进行加工时出现的。

5.8 两种视觉隐喻

本节将讨论两种视觉隐喻：基于相关性的视觉隐喻（correlation-based visual metaphors）和基于相似性的视觉隐喻（resemblance-based visual metaphors）（有关相关隐喻和相似隐喻之间的区别，参见 Grady 1999）。我的目的是要表明非相似符号的视觉体验也可以产生视觉隐喻，因为这样的体验和相似符号的视觉体验一样可以成为视觉隐喻的始源域。

现实中基于相关性的视觉隐喻

我们先来看一个具有多种视觉表现形式的概念隐喻"控制为上"（CONTROL IS UP）（Lakoff and Johnson 1980）。这个隐喻通过多种语言表达形式来体现，包括"掌握全局""处于劣势""控制某人""爬向顶部"（图 5.3）。这是一个基本隐喻（见 Grady 1997a，1997b），常常以获胜者的领奖台作为其视觉体现（图 5.3）：

图 5.3　获胜者的领奖台（https://pixabay.com）

在图 5.3 中，比赛的最终获胜者在颁奖典礼上占据最高位置，因为他或她对其他竞争对手有社会控制力。也就是说，权力最大或控制力最强的人占据的位置最高。社会权力或控制力就体现为更高的物理位置。

在许多其他社会情景中也可以看到类似的概念隐喻。例如，国王坐得或站得比臣民高，众议院议长坐得比其他代表高，老师经常站在教室讲台上等等。总体而言，各种架高的平台除了其实际功能外，还用于表明一些人比其他人拥有更大的权力。

有时，"控制为上"这一隐喻可能并不会立刻显现，但它会隐喻性地构成现实的某些方面。举个例子，想象你在一座城市旅游时，遇到了下面的视觉图像（图 5.4）：

图 5.4　布达城堡（https://pixabay.com）

这张图片展示的是布达佩斯的布达城堡，即之前的皇宫。它坐落于多瑙河岸边布达地区的城堡山顶，多瑙河将城市分隔成老城区布达和新城区佩斯。上面看到的这张图片是游客（或其他任何人）在布达佩斯看到的"真实"的视觉图像。那么（游客看到的）真实图像和（图 5.4 所示的）图片之间会存在隐喻关系吗？或者说上面的图片是隐喻性的吗？更重要的是，我们怎么知道？

值得一提的是，这张图片中并没有出现具有明显权力关系的人。我们只看到一些建筑物、一座山丘、一条河流、些许船只等。但有趣的是，前往布达佩斯的外国游客却可以通过"控制为上"的隐喻来解读他们看到的景象。

在一项小型的非正式研究项目中，我调查了访问布达佩斯的外国游客如何使用隐喻来对他们的体验进行解读（参见 Kövecses 待出版的论文）。我也通过简单的谷歌搜索，找出了人们是如何描述对于布达佩斯的体验和印象的。我只收集了包含隐喻表达的一些描述性语句。如此，一个大约长达 130 页的数据库就被构建出来了。然后，去掉其中的重复数据及被重复使用的相同隐喻后，我最终得到了一个 83 页长的自然语境下关于布达佩斯的隐喻列表，其中大多描述来自最近几年访问该城市的游客。虽然英语不一定是他们的母语，但是他们用英语留下了对布达佩斯的评价。尽管大部分游客看起来都是以英语为母语的，但我并没有试图区分英语作为母语的游客与英语作为非母语的游客的评论。还有重要的一点需要指出，其中有一定比例的评论是来自旅游宣传（如旅行社），因此并不是人们对城市的自然感受。我也没有试图从我的数据库中筛选出这类材料。总之，可以说我没有进行正式的语料库语言学数据收集和分析。对于游客来说，布达城堡是布达佩斯的主要景点之一。在对这一体验所做出的评论中，外国游客经常使用以下描述：

● 布达城堡无疑是游客最喜欢的景点，它占据了最佳位置，高高耸立于城市上方。

Buda Castle is certainly a tourist favorite with it's [sic] mighty position, elevated high above the city.

● 布达高耸在山上，周围有很多高档社区；而佩斯则是年轻人居住和生活的地方。

Buda is high up on the hill and has a lot of upper class neighborhoods, while Pest is where the younger crowd tends to live and has a lot more to do.

似乎游客们在观赏这些景象时，会从权力的角度进行思考；他们似乎可以感知到景象背后的某种控制力。换言之，他们倾向于通过一些广为人知的基本隐喻来解释这些景象，如"权力为上"（POWER IS UP）和"控制为上"。在第一个评论中，城堡的位置高度与（以前实际来自）位于该物理位置上的建筑物所带来的权力密切相关。在第二个评论中，高山上的社区与社会控制力（"高档社区"）这个概念相关联，这似乎也是基于"控制为上"这个隐喻。

那么，这个隐喻联系是如何通过观察景象而建立呢？我认为，很可能是通过转喻思维实现的。一个常见的关于地理位置和在那个地理位置居住或工作的人之间的转喻案例是用位置代表在那里居住/工作的人。或者简单来说，用位置代表位于该位置的人。城堡不仅是一座建筑物，也是有权势的人所在的地方。因此，这座建筑物转喻性地用来表示拥有权力的人。此外，城市作为地理位置也转喻性地代表居住在此的人。这意味着"用位置代表该位置的人"这个转喻被应用了两次：一次用于城堡，另一次用于城市。城堡被转喻性地用来代表权力，而城市被转喻性地用来代表普通人。因此，原本不含（在权力关系中的）人的视觉景象被视为人与人之间的权力关系。"用位置代表该位置的人"这个转喻的双重应用将成为"权力/控制为上"这个隐喻的来源。这才导致游客从权力和控制的角度解读视觉景象，而不仅是从地理位置来解读。

同样地，多瑙河的景象也与隐喻概念化有关（图 5.5）。换言之，多瑙河不仅仅是将城市一分为二（布达和佩斯）的视觉实体。

图 5.5　多瑙河在布达佩斯的景象（https://pixabay.com）

游客的评论表明，人们"看到"的东西远不止一大片流动的水域。一位评论者说道：

● 这条河很**壮观**，激发诗人去创作、哲学家去深思。河水奔流着，太阳从水面反射它的光芒，船只在水中呼啸而过，优雅又有力。河岸的一侧是岩石形成的悬崖，坚固地立于高耸的城堡旁，我被迷住了。

● The river is *glorious*. It is a sight that inspires poets to writing and philosophers to contemplation. The water was coursing with momentum, the sun was reflecting its rays from the surface, and boats roared through the waters with grace and power. On the side you see a rocky cliff standing firmly by a mounted castle. I was mesmerized.

那么，是什么让一条河流如此"壮观"？是什么启发了诗人、哲学家甚至游客呢？我相信答案与人们在多瑙河旁欣赏时所产生的隐喻有关。"坚固地立于高耸的城堡旁"的表述引起了"权力/控制为上"的隐喻，其中城堡代表权力和控制。但此外，河流的景象本身也可以激活这样的隐喻，如"有力的行动是强劲的移动（POWERFUL ACTION IS FORCEFUL MOTION）"（船只在水中呼啸而过，优雅又有力）。这个隐喻源于基本隐喻"行动是移动"。最后，整个景象还涉及"美好是光或明亮"（GOOD IS LIGHT OR BRIGHT）这个隐喻，如"太阳从水面反射它的光芒"。

现实中基于相似性的视觉隐喻

在前面的例子中，现实世界的一些方面得到隐喻性、转喻性的解读。这些例子展现了现实世界中物理属性与社会属性相关联的一些情景，如获胜者（社会的）站在领奖台的顶端（物理的）。我们发现还有另一种情况：物理概念和抽象概念在更高的普遍性层面上具有某种相似之处，这时，真实物理世界的某一方面可能唤起与之共享轮廓结构的某些抽象概念。当视觉隐喻从这样的轮廓结构中浮现时，我们所唤起的便不再是基本隐喻，而是以相似性为基础的隐喻。

语境，包括物理情景，可以为概念化者提供构成视觉隐喻始源域的视觉图像。当概念化者在这些视觉图像和某些抽象的（非视觉的）概念之间找到某种轮廓结构的相似性时，视觉隐喻便由此而生。与视觉图像共享轮廓结构的抽象概念则成为目标域。

大概我们所有人都有过这样的经历：现实世界中的某个场景使我们识别到某个特定的抽象概念，因为我们觉得该场景和该概念在某种程度上有些相似。这也可能发生在诗歌中。我最喜欢的例子是 Matthew Arnold 的诗《多佛海滩》（"Dover Beach"）（见 Kövecses 2010b, 2015a）。在诗中，Arnold 描绘了他（看起来他是在场的）与另一个人在一起的场景：

今晚，海面无波，风平浪静。

潮水正满，皎洁的月光铺满了海峡

法兰西海岸，霓虹闪烁

英格兰峭壁，静谧高耸，

宁静的海湾，幅员辽阔，一望无际。

我走向窗前，这夜幕里的空气竟甘之如饴！

（https://baijiahao.baidu.com/s?id=1689750980939988750）

The sea is calm tonight.

The tide is full, the moon lies fair

Upon the straits — on the French coast, the light

Gleams and is gone; the cliffs of England stand,

Glimmering and vast, out in the tranquil bay.

Come to the window, sweet is the night-air!

（www.artofeurope.com/arnold/arn1.htm）

这多少是对他从海边房屋的窗户所看到的周围景象的真实描述（图 5.6）。但当潮水退去时，他（或他们）可能会看到下面这样的景色：

图 5.6　多佛海滩（https://pixabay.com）

该视觉场景展现了退潮时的多佛海滩，这使他产生了如下想法：

信念之海

曾几何时，波光闪耀，潮满于岸

流光飞舞，遍布整个世界。

而如今，我只能听到

它那忧郁绵长的悲鸣，

被遏制住呼吸的呜咽

夜风无情吹拂，让无垠的沙石裸露

广袤的世界昏暗无光。

（https://baijiahao.baidu.com/s?id=1689750980939988750）

The sea of Faith

Was once, too, at the full, and round earth's shore

Lay like the folds of a bright girdle furled.

But now I only hear

Its melancholy, long, withdrawing roar,

Retreating, to the breath

Of the night-wind, down the vast edges drear

And naked shingles of the world.

（www.artofeurope.com/arnold/arn1.htm）

这一小节可以这样来解读：覆盖海滩的大海保护着大地，但当潮水退去时，大地暴露在外。信仰也是如此，它对于人们的重要性可能会减弱，一旦它减弱了，就会让人失去保护。换言之，大海与信仰对应，大地与人对应，大海覆盖大地则对应着信仰保护人们。因此，退潮的视觉图像可以引发诗人内心的思考，这种思考是基于潮水退去和信仰减弱之间所共有的某种轮廓结构。

然而，对共享图式结构的识别也可能以相反的顺序发生。诗人很有可能在心中对基督教信仰已经产生了这些想法，然后才找到了合适的视觉形象来表达。事实上，这两者很有可能同时发生，但这不是关键。重要的是，那些创造性的、非规约性的相似隐喻可能产生于现实世界中的视觉图像，并与抽象概念相结合。

在本节中我曾提到，能够成为新隐喻的始源域的，不仅包括诸多隐喻的视觉方面（例如，在隐喻"理论是建筑"中出现的"建筑"），还包括隐喻概念化过程中在线的物理语境中的视觉图像（例如，在退潮时的布达城堡或多佛海滩的景象）。我提出可以将这种情况看作视觉图像启动了隐喻始源域的选择。

在第 4 章和本章中，我考察了能够唤起视觉隐喻的多种视觉体验。这些不同的体验类型从类似符号的视觉体验（如一幅画）到非类似符号的视觉体验（如人工制品、自然场景或城市景观的视觉图像），可以连成一个序列。从获胜者的领奖台，一直到城市景观和自然场景的图像，都能唤起视觉隐喻。特别是涉及城市景观和自然场景的非类似符号的隐喻，通常不会从 CMT 的角度进行研究。然而，它们却对我们进行视觉隐喻研究提出了新挑战，因为它们极大地扩展了可能产生视觉隐喻的视觉体验范围。

同时，值得注意的是，对所有这些类似符号和非类似符号的视觉体验的理解或解读，都利用了相同的隐喻加工机制。视觉体验所唤起的视觉隐喻要么基于相关性，要么基于相似性。这一点同样适用于非类似符号的视觉体验，如城市景观和自然场景。

5.9　结　　论

本章论证了隐喻概念化中"语境"的广义概念，它涵盖了我们与话语情景中各种元素及属性间的认知互动，还包括话语本身、概念认知背景，以及说话者和听话者的身体。这些与世界互动的维度分别被标记为情景语境、话语语境、概念认知语境和身体语境。所有这些语境类型和构成它们的特定语境因素都可以影响话语中隐喻的创造。

我觉得这种隐喻观点比认知语言学中其他的隐喻观点更为可取，原因是它在承认基于身体的隐喻具有核心地位的同时，又拓展了隐喻研究，使之超越了 CMT 中通常意义上以身体为基础的隐喻（即肌动体验和抽象概念之间的普遍相关性）。这使得基于情景语境、话语语境、概念认知语境及身体语境的隐喻数量（涉及个体身体的特征）远远超过普遍意义上基于相关性的隐喻。

这四种语境类型以及所包含的语境因素会启动概念化者在话语中（无意识地）选择特定的隐喻。进一步来说，只有当概念化者（包括说话者和听话者）能够在意向性目标意义和用于启动的特定体验内容之间建立特定的概念路径时，启动效应才会发生。而且，可能有多个语境类型和语境因素都与启动效应有关。

此外，该方法还说明，一个综合性的隐喻理论不能仅仅停留在对隐喻普遍性的阐释上，还需考虑到致使其他隐喻在文化间、文化内甚至个体间产生变体的成因。

要使最后一点成为可能，就需要沿着语境主义路线，对 CMT 进行扩展。第一，概念隐喻及其语言表达式不仅源自身体体验，许多概念隐喻及其语言体现形式都可以从不同语境类型和语境因素中浮现；也就是说，它们都是语境诱导的隐喻，不一定基于某些先前存在的普遍性身体经验。第二，就语境理论而言，如果上述建议有效，我们就能形成一种比传统所认为的情况更广泛的语境观。大多数语境理论都认为语境是使用特定隐喻的语言或情景环境。随着概念认知语境和身体语境的加入，我们可以得到一种更为扩展的语境观。第三，就一般认知而言，隐喻的语境主义观点超越了将具身经验看成人类唯一认知基础的想法。本章的观点说明，认知是以多种方式为基础的，包括情景的、语言的、身体的和认知概念的体验及知识。这些语境因素代表着我们与世界互动时的全部体验。该观点可以为我们在认知与文化中研究隐喻意义提供新框架。

最后，物理环境的视觉体验是物理语境的一个重要方面，这一点正如我们在城市景观和多佛海滩的例子中所看到的那样。在非类似符号的视觉体验中，物理环境的视觉体验启动概念化者在解释过程中唤起恰当的概念隐喻。

第6章　离线还是在线？

CMT 面临的最主要的批评是，该理论无法为真实话语中使用的隐喻性语言提供解释（参见 Cameron 2003；Deignan 2005；Goatly 1997；Semino 2008；Steen 2007 及其他）。若从本书概述的概念隐喻多层观来看，这种批评不无道理。在经典 CMT 中，研究者致力于研究意象图式、域及框架的层级性。这些都是长时记忆中去语境化的概念结构，能以最具普遍性的方式为隐喻意义提供解释。一方面，意象图式可以解释为什么一些隐喻意义产生于具身性；另一方面，存在于（意象图式、域及框架等）不同层级的概念隐喻可以通过构成概念隐喻的映射关系以及基于映射关系的推理来解释隐喻意义。然而，这两种概念机制（提供有意义性并且解释去语境化意义）都过于概括，体现不出隐喻意义在自然发生的话语中具有的丰富多变的语境信息。

如何能够既保留隐喻意义普遍性的一面，又抓住该意义因语境而丰富且具体的一面呢？在我看来，就是要将隐喻看成多层级现象，它也在心理空间层产生。我在前面章节中提到，在线的隐喻性活动必然会用到心理空间层的概念结构。我们产出和理解自然话语中的隐喻便发生于该层级。具体来讲，在该层级，说话者

- 在线地使用隐喻（即产出和理解隐喻）；
- 以充分语境化的方法使用隐喻；
- 基于特定的社会语用功能使用隐喻；
- 加入情感价值；
- 创造新的隐喻；
- 蓄意地使用隐喻；
- 受语境启动创造隐喻；

- 使用个性化的隐喻；
- 在框架中加入词汇性详述；
- 执行概念整合；
- 在相同话语中混合使用隐喻；
- 其他的可能。

本章的主要目标是对涉及心理空间的隐喻性语言最为重要的在线加工过程和功能进行调查，同时指出这种隐喻性语言和位于更高层级的概念隐喻之间的关联情况。

6.1 心理空间层隐喻的多种用法和功能

本节将对以上提到的一些用法进行简要讨论并举例说明。本节所用到的例子大多来自作为经验域的"愤怒"这一概念，该概念被认知语言学家广泛研究，而且为读者所熟知。在本章的后半部分，我还将更详细地分析混合隐喻和概念整合这两种用法。

自然话语中发生于心理空间层的隐喻

在实时交际中，说话者会在心理空间层调用静态性的意象图式、域及框架。下面的例子来自谷歌：

> "每当遇到一些我想说但又想不出怎样用法语说的事物时，我就**气炸了**，主要是气自己法语词汇量不足。"
>
> "Everything that I wanted to say I couldn't think how to say in French. I was **bursting with anger**, mostly at myself for my lack of French vocabulary." (my bolding, ZK) http://vagendamagazine.com/2014/10/harassment-on-the-streets-of-pairs-why-is-it worse-than-in-the-uk/

该例中的隐喻性表达"气炸了"，将说话者的愤怒隐喻性地概念化为作为容器的人（说话者）体内的物理高压。常规的隐喻表达形式为"说话者愤怒的高强度是说话者身体容器内物理压力的高程度”（THE HIGH INTENSITY OF THE SPEAKER'S ANGER IS THE HIGH DEGREE OF THE PHYSICAL PRESSURE INSIDE THE SPEAKER-CONTAINER）。这是一个非常具体的心理空间层概念隐喻，因为它赋予了愤怒的人这个角色以特定的值（说话者），而且是基于“愤怒”的一个特定方面，即愤怒的高强度。这个具体的隐喻是基于隐喻“愤怒的人是加压的容器”（THE ANGRY PERSON IS A PRESSURIZED CONTAINER），以及其中一种映射关系“一个人愤怒的强度是其身体内部压力的程度”（THE INTENSITY OF A PERSON'S ANGER IS THE DEGREE OF PRESSURE INSIDE A PERSON）。这也是对更为抽象的隐喻“情感是力量”，尤其是其映射“情绪强度是压力程度”（EMOTIONAL INTENSITY IS DEGREE OF PRESSURE）的进一步详述。其更高层级的意象图式隐喻为“强度是（效果的）力度”[INTENSITY IS STRENGTH (OF EFFECT)]。

因此，我们得到以下的图式层级关系：

意象图式层：
强度是（效果的）力度
INTENSITY IS STRENGTH (OF EFFECT)
域层：
情绪是有力的互动：情绪强度是压力程度
EMOTIONS ARE FORCEFUL INTERACTIONS: EMOTIONAL INTENSITY IS DEGREE OF PRESSURE
框架层：
愤怒的人是加压的容器：一个人愤怒的强度是其身体容器内部物理压力的程度
THE ANGRY PERSON IS A PRESSURIZED CONTAINER: THE INTENSITY OF A PERSON'S ANGER IS THE DEGREE OF PHYSICAL PRESSURE INSIDE A PERSON-CONTAINER
心理空间层：
说话者生气强度高是其身体容器内部物理压力的程度高
THE HIGH INTENSITY OF THE SPEAKER'S ANGER IS THE HIGH DEGREE OF PHYSICAL PRESSURE INSIDE THE SPEAKER-CONTAINER

这个例子只是为了说明，首先，“爆炸”这一隐喻在真实话语中的产出和理解发生在心理空间层;其次,直接发生作用的心理空间层与更高层的概念隐喻系统地关联起来,共同参与该隐喻性表达的产出和理解过程。

心理空间层的语境启动效应

我们可以认为,在前面的例子中,语境的启动效应是通过概念认知语境实现的。概念认知语境是隐喻性概念系统的一个方面,"气炸了"这一表达正是在此与规约性概念隐喻产生关联。但是,正如第 5 章所说的那样,启动效应也可以来自其他语境类型,比如话语语境、情景语境及身体语境。我们先来看第一种类型的一个例子,该例中出现的新奇隐喻"热火炉"(hot stove)是在话语语境的影响下产生的:

> 龙治忍不住冲着泰加大吼,以平息他的愤怒。尽管**他快要冻僵了**,但他体内的怒气却像一个**热火炉**。他盯着泰加,呼出一团一团的白雾,还不停地用冻僵的双手搓着脸。慢慢地,他的手有了血色。
>
> Ryuuji couldn't help but shout at Taiga to ease his anger. Even though *he was almost freezing*, his anger was like a *hot stove* inside him. Looking at Taiga, Ryuuji breathed out large clouds of white mist as he rubbed his numb hands against his cheeks, slowly easing some blood into his hands. (my italics, ZK, www.baka-tsuki.org/project/index.php?title=Toradora!:Volume10_Chapter1)

这段话将一个人物刻画得既愤怒又冰冷。我们可能会问,在该语篇中"热火炉"的隐喻是怎样被(无意识地)选中而隐喻性地表达人的愤怒呢?我们推测,在这一过程中,段落中提到的快要被冻僵的信息起着一定的作用。冻僵与身体热量的意义相反,而身体热量与愤怒有关,进而产生基于热量的愤怒的隐喻。"热火炉"这一意象在心理空间层被"冷的"(BEING COLD)和"身体热"(BODY HEAT)这两个框架的互动所唤起,因为"热火炉"可用来驱逐寒冷。"热火炉"既是"冷的"框架的一部分,也是"身体热"框架的一部分,后者正是"愤怒即热度"这一概念隐喻的基础。此外,火炉正像生气的人的身体一样也是一个容器。总之,在心理空间层,话语中的一个方面(即"冻僵")可以启动说话者,引入一个与已有概念隐喻"愤怒即热度"相匹配的非规约性隐喻表达。

心理空间层的整合过程

Fauconnier 和 Turner 曾数次指出（参见 Fauconnier and Turner 2002，2008），整合是在心理空间层进行的动态在线加工过程。他们使用下面的例子对此进行说明："他如此生气，以至耳朵冒烟。"（He was so mad, smoke was coming out of his ears.）（Fauconnier and Turner 2002；Turner and Fauconnier 2000）。这一隐喻性表达可以在各种类型的文本中找到，包括以下例子：

> 他看起来就像耳朵冒烟、血管即将崩裂的样子，他俊俏的脸庞也因生气而变得通红。
>
> He looked as if smoke was coming out of his ears, a vein about to pop, and his handsome face red from anger. （www.wattpad.com/336753058-the-luna%27s-alpha- meet-the-pmsing-alpha-and/page/2）

在隐喻性表达以各种形式变得规约化之前（比如"烟雾/蒸气/烟气冒出"），它必须通过整合的方式浮现于一些自然发生的话语中，比如上文例中，说话者将愤怒之人的头部的意象与冒着烟的火或者充满气体的容器的意象融合起来。事实上，最初的整合很可能发生在卡通或者绘画中，进而产生了这样的语言隐喻。即便如此，该整合的原创者肯定也是在线地使用心理空间作为动态过程的一部分来创造出这样的整合（在本章的后面部分，我将再次借用这个例子讨论概念整合）。

心理空间层隐喻被赋予语用-叙事功能

在意象图式、域和框架层，语言隐喻是对始源域概念内容中一个特定方面的表达。这些隐喻性表达的意义是基于始源域的类型及始源域到目标域的映射关系；它们的意义就是概念内容的表达（如火-热产生的缘由被映射到致使某人生气的原因）。但是在心理空间层（即真实话语中使用隐喻性语言表达的层级），就意义而言，还存在更多可能性，正如下例所示：

> "1 吉米：呃，此刻我快要气炸了，2 我真的很生康妮的气。3 于是我回到床上，躺着睡觉。"
>
> "1 Jimmy: Uh: I was (.) boiling at this stage and 2 I was real angry with Connie ( ). And 3 uh went up to bed 'n (.) I lay on the bed." (Edwards 1999: 274)

Edwards 提出，"怒火中烧"在此处的特殊用法在于为（说话者的）行动建立可解读性并提供合理性。上面这段话是一次心理咨询会谈的一部分，Jimmy 在谈论有天晚上他的妻子在一间小酒馆里的"挑衅"行为是如何导致他将妻子（以及那个和她纠缠不清的男人）留在酒馆而自己独自回家的。"怒火中烧"的使用展示了他生气的程度和"挑衅"相匹配，这样一来，他的妻子就得为他的生气负责。与此同时，这也揭示出他生气的剧烈程度能为他离开酒馆、回家，甚至后来殴打妻子提供合理的解释。"怒火中烧"呈现出他面对这一事件时的消极被动态度，因为他似乎相信这种极度的愤怒极为合理地导致了他后来的一系列行动。显然，这里"怒火中烧"的用法远远超出某些隐喻性内容的表达。它揭示的是一种极其重要的叙事-话语功能，这对特定语境中构成表达式的意义来说是另一种不可或缺的部分。

出于修辞目的之详述

更高层级的隐喻可以在心理空间层得到详述。在详述时，说话者能够即兴发挥，进行创作。正因如此，阐释的过程通常用于诗歌。CMT 中一个著名的例子来自 Adrienne Rich 的诗歌《愤怒现象学》（"Phenomenology of Anger"）（见 Gibbs 1994）：

> "白色乙炔/从我身上荡起涟漪/徒劳地释放着/完美地训练着/于真正的敌人//将他的尸体扒下/于生命的线。"
>
> "white acetylene / ripples from my body / effortlessly released / perfectly trained / on the true enemy // raking his body down to the thread / of existence."

这首诗歌是基于隐喻"愤怒是滚烫的液体"。诗人将（滚烫的）液体详细阐述成可以在身体上荡起涟漪的乙炔。乙炔是一种危险物质，可以对目标者造成严重伤害。诗人用一种无法预测的、创新的方法对规约性隐喻始源框架的一个方面进行了详述。该过程产生了符合作者修辞目的的新奇隐喻。

心理空间层的隐喻混用

以上五例仅为隐喻在心理空间层的使用范例。我们也看到，心理空间层的隐喻还有其他几种用法。但有一点我想在此强调一下。虽然到目前为止我一直试图将真实话语中出现的各种不同的隐喻用法进行区分，但实际上，在特定的使用中它们一般共同发生。来看下面这个之前章节中已经出现过的例子（见第 4 章），来自 Musolff（2001）：

> "他[科尔总理]在担任总理这么多年后，还要这个房子做什么？——很显然，他想成为看管人。"（《时代周报》，1997 年 5 月 16 日）
>
> "What does he [Chancellor Kohl] need this house for, after so many years as Chancellor? — Well, it's obvious, he wants to become the caretaker." (*Die Zeit*, May 16, 1997)

这里，"想"（want）的心理空间由两个框架构成："变成"（BECOME）框架（与这里的讨论无关）和"建筑物的功能"（FUNCTION OF THE BUILDING）框架。后者包含着一个潜在的框架元素"看管人"。第二个说话者是在在线加工的话语过程之中采用这个术语。而且，他（她）在使用"看管人"这个词的同时，也是在特定的语境中创造着一个新奇的或非规约性的隐喻。此外，起码在一种解读中，第二个说话者表达了对看管人这个角色的不认同。通过这个例子我要表达的观点是，在真实话语中使心理空间得以显化（也就是在图式化程度最低的概念结构中）的隐喻性语言表达，也可以不必借助用于显化更高层级结构的隐喻性语言表达而直接被使用。这是因为后一种语言表达存储于长时记忆中，通常表示某些概念性内容，它们也不会被用于工作记忆。在工作记忆中，除了表达某些概念内容，来自语境的各种隐喻的用法和功能都可能发生。

在本章以下部分，我将提供两个更详细的在线隐喻性活动的案例研究。一个研究关注的是自然话语中混合隐喻的现象，另一个则涉及相对于 CMT 的概念整合理论（Conceptual Integration Theory，CIT）的评估。

6.2 混 合 隐 喻

CMT 是怎样处理混合隐喻的呢？一些隐喻学者认为，混合隐喻是 CMT 无法处理的一种现象。他们的理由是，在 CMT 的框架内，混合隐喻根本不应该出现（Shen and Balaban 1999）。这是因为，一旦一个概念隐喻被话语中出现的语言隐喻激活，这个概念隐喻就会导致并且支持对同一概念隐喻扩展出的表达语例的进一步应用。然而，对于真实话语，该观点认为，绝大部分隐喻都是混合隐喻，这说明概念隐喻并未得到激活，也因此不会导致支持同一概念隐喻的其他语言隐喻出现。我将在本节论证，CMT 不一定意味着一致的和同质的语例的产生，事实上，情况正好相反：在 CMT 框架下，真实话语中出现混合隐喻才是自然而然的事[本节内容是基于 Gibbs（2016）的书中我所撰写的章节]。

Kimmel 的混合隐喻研究路径

大多自然话语中使用的隐喻属于混合类型。我在本章和第 4 章中都曾指出，这类隐喻发生在心理空间层。在考察自然话语中出现的隐喻时，我们发现话语中临近出现的隐喻产生于极为不同的始源域。但我们也发现，这种情况并没有给隐喻理解带来什么困难。在 CMT 框架下，Kimmel（2010）为我们提供了一种解释混合隐喻这种奇特现象的方式。Kimmel 认为，混合隐喻在话语中很容易理解，这在很大程度上是因为话语具有多种特性。

现在我们回到混合隐喻为什么在认知上能够成功这个具体问题上。在我看来，许多混合隐喻的加工都不存在问题，因为篇章的语法结构并没有给我们进行概念整合带来压力，我们只需简单地将其解读为不同本体层的指向。我认为，最直接影响隐喻群加工的是它们所在的句子单位之间的关系。所以，通过观察邻近隐喻如何在句子间分布，以及这些句子体现出的语法整合的程度，我们就能解决混合隐喻这个谜题中的主要部分。存在三种具有区别性的可能情况：在一些情况下，隐喻在同一个单句中相互指定；有时，它们则出现在高度关联的小句中；还有时它们从属于一个更庞大的松散关联着的修辞结构。（Kimmel 2010：110）

Kimmel 用以下例子来证明此观点：

托尼·布莱尔对于欧盟章程的批评[……]若非具有**两面性**（A），就一定会招来嘲讽。他口中**宣扬着亲商的福音**（B），行动上却没有采取任何措施来**阻止欧盟条例**（C）和**繁文缛节**（D）的洪流扼住英国的**喉咙**。（E）

Tony Blair's criticism of EU regulations [...] would be laughable if it were not so **two-faced** (A). While **preaching the pro-business gospel** (B), he has done nothing **to stop the tide of EU rules** (C) **and red tape** (D) **from choking Britain** (E). (words in boldface in the original)

Kimmel 认为，混合隐喻的问题，即概念性整合隐喻，只出现在不同的隐喻发生在同一简单句内的情况下，就像"阻止欧盟条例（C）和繁文缛节（D）的洪流扼住英国的喉咙（E）"所展示的这样。然而，在（A）与（BCDE）以及（B）与（CDE）的关系中，因其所具有的语法结构，意象不兼容的问题并不难解决；而（CDE）之间的关系是句子内部的问题。因此，如何解决"洪流""繁文缛节""扼住英国的喉咙"之间的意象不兼容问题具有一定的压力。Kimmel 基于一些这样的例子得出结论："同一单句内的两个隐喻的邻近句法整合可以迫使或催生两者之间作为意象的语义内容的邻近整合。当混合隐喻跨句发生时，一开始是觉察不到本体性冲突的，抵制冲突的次要机制此时可有可无。如果这种推理正确，那么，理解混合隐喻就成了原本句子加工的天然副产品。"（Kimmel 2010：110）

这很可能就解释了为什么绝大多数混合隐喻并未被当作意象不兼容，也因此不会影响隐喻理解。

这看起来颇为令人信服，但 Kimmel 的观点未能阐释几个与混合隐喻相关的问题，包括：

（1）为什么意象不兼容的隐喻会在话语的特定节点被选中？

（2）为什么混合隐喻如此普遍？

（3）为什么会存在完全同质的隐喻性话语？

（4）为什么话语中会插入差异性极大的始源域？

（5）混合隐喻是如何被理解的？

下面将逐一对这些问题进行讨论。

为什么意象不兼容的隐喻会在话语的特定节点被选中？

在话语中选定某个目标域或框架时，就意味着需要使用这个域包含的某些元素，并对这些元素进行语言表达。这些元素也就是说话者在生成话语的过程中想要表达的意义。在表达目标域意义时，说话者既可以直接使用目标域中的元素，也可以使用通过映射与目标域产生联系的始源域中的元素。在前一种情况下，说话者说的是字面意义，即直接表达，而后一种则是隐喻性表达，即间接表达。

目标域意义形成了目标域的部分方面，比如进步、功能、控制、结构稳定性等等。有一些规约性的始源域的主要功能就是隐喻性地表达目标概念中的这些方面。换言之，它们就是用于侧显目标域的这些方面的始源概念。例如，"旅程"的始源域通常侧显"过程"，"机械"的始源域侧显"功能"，"战争"和"斗争"的始源域侧显"控制"，"建筑物"的始源域侧显"结构稳定性"，"人体"的始源域侧显"（层级性）结构"及"（某结构的）适宜条件"等等。在我的一些文章中，我把它们统称为始源域的意义焦点（meaning foci）（参见 Kövecses 2000a, 2002/2010, 2005, 第 1 章和第 4 章）。有了这些意义焦点，我们便得到了一些类属隐喻，如"进步是旅途中（前进性）的移动"[PROGRESS IS (FORWARD) MOTION IN A JOURNEY]、"功能是机械的运转"（FUNCTIONING IS THE WORKING OF A MACHINE）、"控制是战争/斗争"（CONTROL IS WAR/FIGHTING）、"结构的稳定性是建筑物的强度"（STABILITY OF STRUCTURE IS THE STRENGTH OF A BUILDING），诸如此类。这些隐喻可以应用于许多目标概念，应用范围很广（Kövecses 2000a, 2002/2010）。

如此一来，我们就不该期待有关特定目标域的主题在话语中被同质性隐喻表达（即属于同一个始源域的表达）的庞大集合所表达。相反，基于特定的目标域及其各个方面，我们更应期待的是，话语中的隐喻性表达出现在能够捕捉并且是基于常规性地用于表达和捕捉目标域各个方面的典型始源域中。

用 Kimmel 的例子来说，上面这个段落的作者需要在话语的某个节点谈论"大多数人所不喜欢的毫无必要的文书工作"。他既可以使用引号中出现的短语，也可以使用其他短语，比如"令人恼火的、冗余的官僚体制"（irritatingly redundant bureaucracy）。但他却选择用一个隐喻性表达"繁文缛节"，以一种规约化的方式恰当地表达了这一意义（实际上，"繁文缛节"能否被当作隐喻，尚存争议，它也可能是一个转喻）。事实上，这个短语和同一小句中"洪流"的使用在表示"数量庞大的事物"时一样自然。总的来说，无论"洪流"和"繁文缛节"所唤起的意象有多么不兼容，它们被选中的原因是，在话语的某个节点上，它们可以间接地表达目标域的不同方面所需的元素。

为什么混合隐喻如此普遍？

Kimmel（2010）也曾发现，关于 2004/2005 年欧盟公投的新闻报道中所使用绝大多数隐喻是混合类型（76%）。即使在同一小句内，混合隐喻也很常见（见

Kimmel 2010）。这是因为，正如前面所看到的，我们在产出和理解隐喻性话语的过程中所形成的目标域或框架，其本身具有多个不同方面，而这些方面通常需要通过不同的始源域或框架来进行概念化。

譬如，假设我们要讨论的话题是家庭。"家庭"概念（域或框架）包含众多不同的（由概念元素构成的）方面，包括父母、子女、子女的养育、养育的开销、家庭作为团结的群体，以及其他许多方面。下面这个句子对其中一些方面进行了讨论，它由 David Brooks 在《国际先驱论坛报》（*International Herald Tribune*）（2012 年 11 月 17—18 日）上所引用："人与人之间最可靠的**捆绑方式**是家庭。"（The surest **way** people **bind** themselves is through the family.）这里的"方式"和"捆绑"有什么关联？"方式"一词属于"移动"（MOTION）框架，而"捆绑"则属于"物理连接"（PHYSICAL JOINING）框架（该框架内存在"一组实际连接着的实体"）。它们都是创造混合隐喻的非一致性意象或隐喻始源域。

为了解释为何诸如此类不协调的意象如此普遍，与前文观点一致，我提出构成话语主题的所有目标域概念都由诸多不同的方面组成，并且这些方面中的每一个都可以通过不同的始源域（即那些并列时可能产生不协调意象的域）来实现隐喻概念化。借助上面的例子，随着有关"家庭"域的讨论的展开，它的各个方面都被提及，例如，家庭提供了什么样的社会统一性问题，以及如何达到某种状态的问题（人与人之间最可靠的捆绑方式是家庭）。至于该句的第二处隐喻（捆绑），它是基于概念隐喻"团结的社会群体是物理上相连的实体所组成的群体"（COHESIVE SOCIAL GROUPS ARE GROUPS OF PHYSICALLY CONNECTED ENTITIES）。基于这个隐喻的一个映射，"实体的物理连接→社会群体的形成"就可解释"捆绑"在这里的使用。社会群体构成了彼此连接的实体相对稳固的状态。如何达到更稳固的状态？这个问题是家庭/社会群体域的另一方面。同时，由于某个特定状态一般如何实现这一问题被隐喻性地概念化为"（行动的）方式是（移动的）路径"[MANNER (OF ACTION) IS PATH (OF MOTION)]，而且这是"状态的（蓄意）改变是（迫使的）移动"[(DELIBERATE) CHANGE OF STATE IS (FORCED) MOTION]的一个子隐喻，我们就可以对上面句子中使用的"方式"进行解释。最终的意象并列出现时并不协调（方式——路径/移动 vs. 捆绑——物体的物理性连接/物理上相连的实体所组成的集合）（*way*—PATH/MOTION vs. *bind*—THE PHYSICAL JOINING OF ENTITIES/A GROUP OF PHYSICALLY CONNECTED ENTITIES）。但是正如意义焦点的概念所预测的那样，这种不协调也是合理的，因为我们用了不同的始源域来对目标域的不同方面进行概念化。Kimmel（2010）也曾指出，这种情况在自然话语中非常普遍；而且，比起例外的情况，这种规则性的用法似乎是主导模式。

为什么会存在完全同质的隐喻性话语？

如果上文对隐喻所做的解释成立的话，我们就几乎不可能找到完全同质的隐喻性话语。如果不同的目标域具有不同的方面，而不同的方面通过不同的始源域得以概念化。那么，正如我们前面看到的，关于特定目标域的话语将会通过大量不同的概念隐喻被表征。然而，很显然，隐喻性同质话语是存在的，尽管并不常见。我们来看这样一个文本例子：

> 表现指标和年度马匹秀上的越障能力测试是一样的。你知道的——跳高比赛，在比赛中可怜的、说不出话的马儿被带进赛场，被迫越过一堵巨大的红墙。为了奖励它的英勇，它将被迅速带回来，被迫从头再来，只不过这一次的挑战更高。
>
> 我对这些越过障碍的马儿除了钦佩还是钦佩，它们根本就没有那么蠢，并且迅速认识到这游戏的诡异之处。那么，它们究竟为什么要费尽心力，劳其筋骨，跳得比自己的头还要高呢？只是为了被允许跳得更高吗？然后可能还要再高。
>
> 那天晚上，聪明的马儿在马厩里一边咀嚼，一边思考，努力和心甘情愿显然只会招来惩罚。因此，下次当它被要求跳过大红墙时，它会将前脚扎进地里，并且摇着头，然后说，你把我当成什么了——白痴吗？
> （Melanie Reid，《泰晤士报》，星期一，2008 年 2 月 4 日）
>
> Performance targets are identical to the puissance at the Horse of the Year Show. You know the one — the high-jump competition, where the poor, dumb horse is brought into the ring, asked to clear a massive red wall, and as a reward for its heroic effort is promptly brought back and asked to do it all over again, only higher.
>
> I've never felt anything but admiration for those puissance horses which, not so dumb at all, swiftly realize that the game is a bogey. Why on earth should they bother straining heart, sinew and bone to leap higher than their own heads, only to be required to jump even higher? And then possibly higher still.
>
> Hard work and willingness, ponders the clever horse as he chomps in

the stable that night, clearly bring only punishment. And so next time he's asked to canter up to the big red wall, he plants his front feet in the ground and shakes his head. And says, what do you take me for — an idiot? (Melanie Reid, *The Times*, Monday, February 4, 2008)

在这种情况下，相同的概念隐喻 "生活是一场马匹秀"（LIFE IS A HORSE SHOW）为单一的话语提供了连贯性。构建文本的新奇概念隐喻通过几种映射被描述：越障测试中的马匹被比作人，骑手被比作管理者，红墙被比作实现目标的障碍，不得不越过障碍被比作受制于评价，清除障碍就是实现目标，增加障碍就是设定更困难的目标，马匹秀被比作生活等等。这个详尽的隐喻分析为文本提供了很多结构。

然而，作者通过同质性隐喻想要既强调又生动地表达出的观点，可能比连贯的话语组织更为重要。话语的这种表达功能常常可以解释话语中出现单一性连贯隐喻意象的情况。

除了组织功能和表达功能，隐喻性同质话语也具有教化功能。寓言故事一般就属于此类话语。来看看《圣经·新约》"马太福音 13" 中播种者的寓言故事（BibleGateway, www.biblegateway.com/passage/?search=Matthew+13&version=NIV）：

¹ 当日，耶稣从屋里出来坐在湖边。² 众人聚集，将他围得上船去坐下，众人立于岸上。³ 接着，耶稣向众人讲了许多寓言道理，他说："一个农夫去播种。⁴ 撒种的时候，种子有些落在路旁，飞鸟将其吃尽。⁵ 有些落于磐石，寸草不生。土很浅，种子长得快。⁶ 但是太阳出来，植株就晒蔫了；没有根，植株就枯萎了。⁷ 又有落在荆棘里的，荆棘长大，将植株缠死。⁸ 只有那些落在适宜土壤中的种子最终长大，有一百倍、六十倍、三十倍的种子那么大。⁹ 凡有耳者，皆该听懂。

¹ That same day Jesus went out of the house and sat by the lake. ² Such large crowds gathered around him that he got into a boat and sat in it, while all the people stood on the shore. ³ Then he told them many things in parables, saying: "A farmer went out to sow his seed. ⁴ As he was scattering the seed, some fell along the path, and the birds came and ate it up. ⁵ Some fell on rocky places, where it did not have much soil. It sprang up quickly, because the soil was shallow. ⁶ But when the sun came up, the plants were

scorched, and they withered because they had no root. [7] Other seed fell among thorns, which grew up and choked the plants. [8] Still other seed fell on good soil, where it produced a crop — a hundred, sixty or thirty times what was sown. [9] Whoever has ears, let them hear.

耶稣通过这则寓言故事教导人们关于天国的事。他使用了"上帝的话是种子"（GOD'S WORD ARE SEEDS）这个概念隐喻来进行说明。通过一致性的意象，他觉得自己可以更清楚地将信息传达给人们。

由"生活是一场马匹秀"和"上帝的话是种子"这两个隐喻构建出的话语具有概念同质性的特征。这一点是通过一致地使用同源意象（元素：观点、意义）来构建目标域的不同方面来实现的。在这种情况下，隐喻构建基于单一的源意象而具有一致性，因此话语中没有或很少有混合隐喻出现。这类话语表明，一些话语功能（生动地表明观点、教化人们）可能成为一致性地使用单一隐喻意象的强烈动机（这一点不同于典型隐喻中使用异化意象的情况，话语的修辞和语用功能没有这么显著）。

为什么话语中会插入差异性极大的始源域？

隐喻性同质话语由于其出乎意料的同质化特征，会让我们感到一定程度的惊讶，而与之相反的情况也会产生类似的效果。在此类话语中，我们可能会惊讶于差异性极大的隐喻被用于同一目标域。我认为，惊讶来自以下几方面：首先，并不是与目标域有关联的可预期的（规约化的）隐喻（参见前文"家庭"的例子）；其次，为目标域蓄意地选择同质性隐喻（参见前文"越障测试"的例子），以及将完全不同的隐喻用于目标域。问题是这样意想不到的差异化隐喻源自哪里。需要说明的是，这一部分子标题中出现的疑问词"为什么"与之前子标题的意思是不一样的，既不是指"是什么导致了混合隐喻的使用"，也不是指"我们是出于什么目的而使用混合隐喻"，而是指"是什么让我们得以使用混合隐喻"。

我在最近的一些文章中提出（参见 Kovecses 2005，2010b，2015a，以及第 5章），特定话语中隐喻的选择经常受到局部语境和整体语境的影响。正如我们所看到的，局部语境包括话语中当下文化的、社会的、物理的、语言的语境，但不限于此。举一个我自己曾首次分析过的例子（Kövecses 2010a，2010b）。在该例中，Bill Whalen 作为斯坦福大学的政治学教授及 Arnold Schwarzenegger 在竞选加利福尼亚州州长时的顾问，对 Schwarzenegger 做出了如下评价：

> "阿诺德·施瓦辛格不是第二个杰西·文图拉或第二个罗纳德·里根，而是第一个阿诺德·施瓦辛格。"作为一名胡佛研究所的学者，并于去年与施瓦辛格合作进行公投倡议取得成功，演员施瓦辛格竞选州长的支持者比尔·惠伦评价道。
>
> "他是一个独特的商品——除非碰巧出现一大群外来健美选手浩浩荡荡地都来竞选公职。这是'机器的崛起'，而非'克隆人的进攻'。"（《旧金山纪事报》A16 版，2003 年 8 月 17 日）。
>
> "Arnold Schwarzenegger is not the second Jesse Ventura or the second Ronald Reagan, but the first Arnold Schwarzenegger," said Bill Whalen, a Hoover Institution scholar who worked with Schwarzenegger on his successful ballot initiative last year and supports the actor's campaign for governor.
>
> "He's a unique commodity — unless there happens to be a whole sea of immigrant body builders who are coming here to run for office. This is 'Rise of the Machine', not 'Attack of the Clones.'" (*San Francisco Chronicle*, A16, August 17, 2003)

我们在第二段注意到 Whalen 所讨论的目标域是 Schwarzenegger 作为一个个体的独特性。"他是一个独特的商品"这一陈述清楚地表明了这一点。语言隐喻"独特的商品"是基于概念隐喻"人是商品"（PEOPLE ARE COMMODITIES）。接着，我们看到，在高度规约化的隐喻性表达"一大群外来健美选手"（a whole *sea* of immigrant body builders）中，"海洋"（sea）一词表明数量巨大，这里指健美运动员的数量巨大。这属于规约化的概念隐喻"大量的人是大块物质"（A LARGE NUMBER OF PEOPLE IS A LARGE MASS OF SUBSTANCE）的一个示例。与之同等规约化的是语言隐喻"竞选公职"（*run* for office），属于概念隐喻"总统选举是竞赛"（PRESIDENTIAL ELECTION IS A RACE）的一个示例。"商品"和"大块物质"的隐喻强调了 Schwarzenegger 的独特性。

在"海洋"这个高度规约化的隐喻性表达和概念隐喻的背景下，段落结尾处有两个表达非字面意义的短语脱颖而出："这是'机器的崛起'（Rise of the

Machine），而非'克隆人的进攻'（Attack of the Clones）"。它们是新奇的、非规约性的表达，因此显得与众不同。极有可能 Whalen 制造了这样的表达，而我们可以理解他的表达，因为 Schwarzenegger 参演了前一部电影[1]，于是我们和概念化者（即 Whalen）共享有关话语主题的知识（即 Schwarzenegger）。此外，这两个电影在 2003 年是加利福尼亚州甚至全美无人不知的；也就是说，它们是当下文化语境中不可或缺的部分。

电影名称《机器的崛起》是一个差异化隐喻（divergent metaphor），它并非来自一个现有的规约化的概念隐喻集合，因此无法直接用于表达目标域的一个方面。它来自产生隐喻的即时话语语境，并受其制约。此类隐喻常常为目标域提供一些规约上不适宜成为始源域的意象；它们能够借助语境的支持很容易地被理解。结合第 5 章讨论的语境启动的概念，我们就能解释自然话语中出现的这些具有显著差异化的隐喻示例。

混合隐喻是如何被理解的？

混合隐喻在很大程度上是隐喻加工的问题。对于隐喻的理解，我们可通过两种方法来进行：一种方法是，话语中的隐喻性表达（在心理空间层）激活了更高层级上用于表征与目标域相关的始源域的概念结构（框架、域或意象图式）。这种想法或多或少被拥护 CMT 的人们所接受（正如在第 4 章中所看到的，在图式层级体系中，三个更高层级的始源域结构彼此相连）。

另一种理解话语中隐喻性表达的方法是，在大多数情况下，始源域并没有被激活。相反，话语中使用的隐喻性表达与目标域中规约化的隐喻意义有关，并且该目标意义在加工隐喻话语的过程中被激活。

这两种观点对于研究混合隐喻有着不同的启示。遵循 CMT 的观点就意味着，每当我们遇到混合隐喻时，无论如何都要解决来自两个始源域的意象彼此不兼容的问题；而在非 CMT 的视角下，并不存在意象不兼容的问题，因为隐喻性语言是直接加工的，即根据它们的目标域意义进行加工。因此，如果我们在包含混合隐喻的话语理解上没有困难，要么是因为我们在加工过程中消除了不兼容性（基于概念隐喻观点），要么就是我们采用了"浅层加工"（Gibbs 1999a，1999b），即直接理解了目标意义（基于非 CMT 意义）。

---

[1] 即《终结者 3：机器的崛起》（Terminator 3: Rise of the Machines）——译者注。

　　对比上述两种隐喻理解方式，看起来非概念隐喻的观点似乎更能恰当地解释混合隐喻的加工问题：如果人们毫不费力就能对大部分混合隐喻进行加工，那正是由于浅层加工使得他们回避了不兼容的问题，从而直接达成对隐喻的理解。

　　然而，在理解混合隐喻的问题上，CMT 是否还有可取之处？我认为是有的。我的看法是，在隐喻理解的过程中，与目标域各个方面相关联的多个始源域（语法上彼此接近）不同程度地被激活。在理解混合隐喻时（自然话语中大部分的隐喻例子），各种邻近的始源域被激活的程度较低。这样的话，一个始源域的较低的激活水平就不会干扰另一个始源域的较低的激活水平。如果邻近域的激活水平较低，域和域之间就不会产生不兼容或者概念冲突的问题。但这里假定了一个阈值，一旦超过该阈值，激活就可能在两个邻近的始源域之间造成干扰或不兼容。如我们所观察到的，如果两个域之间没有出现不兼容，说明在自然话语中大部分混合隐喻的激活水平总是保持在阈值以下。同时，为了使这个理解模型发挥作用，低水平的始源域激活应该足以激活产生目标意义的始源域到目标域的映射。正是这种机制可以替代浅层加工中"直接目标意义"的观点。

　　换言之，我的解释依赖并假定了两个有效的命题。其一，在隐喻中，不同的始源域和将其显现的隐喻性语言表达被不同程度的规约化所描绘；其二，始源域和始源表达的不同规约化程度与不同的神经激活水平相关联。因此，较低层次的规约化及相应的激活水平不会在始源域与其隐喻表达之间产生可被意识识别到的不兼容性；但是，规约化程度高的就会产生不兼容性。在我看来，正如前面所讨论的，这就是我们在大多数的混合隐喻中所看到的情况。我所提出的不过是一种解释混合隐喻如何在话语中得到理解的常识性假设，当然还需得到实证检验。

　　来看另一种情况，其中的激活水平，起码在我看来，确实超过了阈值。下面混合隐喻的例子来自一个致力于该话题的网站（http://therussler.tripod.com/dpts/mixed_metaphors.html）：

　　如果他们要那样做的话，不妨采取门户开放政策，同时立刻把它扔出窗外！

　　If they do that, they might as well take the open door policy and throw it right out the window!

　　这个例子与制定政策有关，涉及所要执行的政策类型，以及正在实施的政策的成败、恰当与否的问题。短语"门户开放政策"是基于"容器"（CONTAINER）始源域"政府是容器"（A GOVERNMENT IS A CONTAINER），以及"看见"（SEEING）始源域"知道即看见"。短语"扔出窗外"暗含了"被抛弃的物体"（DISCARDED OBJECTS）的始源域，隐喻为"不必要的思想是被抛弃的物体"（UNNECESSARY IDEAS ARE DISCARDED OBJECTS）。我们怎么知道激活水平超过了阈值呢？这是因为，尽管我们很容易就理解了句子的目标域意义，但是句子仍然产生了幽默效果。众所周知，幽默的产生经常涉及两种意象间的不协调，如始源域和目标域之间，以及混合隐喻中两个邻近的始源域之间。幽默效果也只能通过对始源域（不仅是目标域）的高度激活来实现。如果没有两种始源域的高度激活，我们很容易就会忽视明显的不兼容性。在类似的情况下，混合隐喻产生的幽默效果可以帮助我们确定两个邻近始源域的激活水平。

　　一些CMT（部分观点）的反对者认为，只有隐喻性同质话语的广泛应用才能在概念隐喻的使用中证明始源域的激活作用。然而，由于这样的隐喻性同质话语很少，他们便对 CMT 的一个重要主张（即始源域和目标域的同步激活）提出了质疑。

　　为什么隐喻性同质话语如此稀少呢？这很可能如前文所讨论的那样（在本小节的前两个小标题中），是因为绝大多数隐喻始源域侧显了始源域的一个（或多个）具体方面。但如果这种情况确实发生了，就说明一个单一的始源域被用于表征整个目标域（或其中大部分）。在这种情况下，我们发现用于目标域的始源域被整个（或者说几乎整个）激活（参见马匹秀的例子）。如果用我所提出的激活模型来解释，这可能意味着对始源域的激活水平高于阈值，而且在话语中相关的部分维持在高水平。要实现这一点需要满足以下两个条件。

　　一方面，始源域在概念上要足够复杂，以至于能映射到目标域的几个不同的方面。譬如，"马匹秀"作为始源域，其概念的复杂性似乎足以展示"生活"的多个不同的方面，这些方面也可以通过几个包含恰当意义焦点的不同始源域来呈现。

　　另一方面，出于某种交际或文体方面的原因，对于说话者/概念化者来说，使用相同的始源域来概念化（或讨论）目标域更为有利。生动有力地表达一个观点（像马匹秀的例子一样）或者达成说教目的（像耶稣关于种子的寓言那样），都是出于这样的原因。显然，第二种条件是不可或缺的：绝大多数隐喻性同质话语都附加着交际或文体成分，比如说服、劝说、讽刺、幽默、审美效果,而这种情况却不会出现在符合隐喻性非同质话语的主导模式的那些话语中。

CMT 框架下的混合隐喻

在本节中,我提出 CMT 能自然而然地处理混合隐喻。这种自然而言得益于一个事实:许多较为普遍的目标域自身都拥有众多方面,而这些方面可能是,也经常是,通过各种各样用于心理空间层自然话语中的具有潜在差异性的始源域来实现概念化。使用这些不同的始源域,就自然导致了对混合隐喻的使用。照此,多数交际上和文体上中立的话语只能是由多种始源意象构成的隐喻性非同质话语,即混合隐喻。

我们处理这样的话语没有任何困难。我认为,这是因为在绝大多数情况下,始源域是在低水平上被激活的。对话语中特定域的低水平激活不会干扰邻近始源域的激活。但是,激活水平要到达足以激活始源域到目标域的映射的程度,才能带来理解和产出话语所需的意义。所有这些心理活动都发生在工作记忆中,也就是心理空间的场所。

显然,这个模型仅仅是理解混合隐喻的一种假说。它涉及对始源域不同程度的激活,不仅为理解混合隐喻提供了合理的框架,同时还能够与广义的 CMT 及本书的扩展内容相兼容。

6.3　概念隐喻与概念整合

概念隐喻和概念整合之间是什么关系呢?概念整合理论家明确地给出了如下答案:“当代对于隐喻和类比的解释一直都集中在从始源域(或底层)到目标域的结构映射上。这样的映射可以发掘域和域之间已有的普遍性图式结构,或者从始源域向目标域投射的新结构。关于概念整合的研究已经发现,除了这种映射,还能借助动态的整合加工建立新的‘整合性’心理空间。从这样的空间发展出的浮现结构,在意义在线构建中得到详述,并成为认知活动的重要场所。”(Turner and Fauconnier 2000:133)

基于这一观点,在 CMT 中,隐喻是从始源域到目标域的结构映射这一观点应该被整合性心理空间所补充。整合性心理空间是 CIT 所描述的动态在线整合加工的结果。CMT 的双域模型（two-domain model，参见 Kövecses 2002/2010；Lakoff 1993；Lakoff and Johnson 1980，1999）应该让位于网络模型（network model），后者由几个输入空间、一个类属空间和一个整合空间所组成。

最近，Fauconnier 和 Turner（2008：53）进一步推进了这种思想，论述如下："我们一直称为'概念隐喻'的东西，如'时间是金钱'或'时间是空间'，现在看来都是包含着多个空间和映射关系的心理构式，存在于由支配性通用原则（overarching general principles）所构建的精密的整合网络中。这些整合网络远比最近的隐喻理论所讨论的成对绑定的搭配要丰富得多。"

换言之，概念隐喻所谓典型的例子并不仅仅是"成对绑定"的，而是"精细的整合网络"的产物。事实上，所有的概念隐喻都是整合性的。

重要的是，CIT 认为隐喻和类比、框架、转喻等，都是浅层认知现象，是"用于双域整合的人类共有的基本能力的产物"（Fauconnier and Turner 2008：54）。换言之，隐喻是深层概念整合加工相对表面的产物。

对于上述这些观点，我大多是认同的。譬如，我很赞成 CMT 在多数情况下应该超越结构映射和推理迁移的范围。我也接受映射在许多情况下不应该只遵循从始源域到目标域的方向。显然，我也认为整合空间对于解释 CMT 无法单独解释的各种例子来说是必要的。

但是我在本节中也提出了关于 CMT 与 CIT 之间的关系的不同观点，这与我们在上文所看到的有些区别。我把这两者之间的关系归结为三个主题：其一，结构映射在 CMT 和 CIT 中的作用和重要性；其二，整合不管怎样都是比隐喻更基本、更深入的认知操作的观点；其三，整合是否真是比隐喻更加复杂的认知现象。我对这些问题的回答都是"部分是，部分不是"。

概念隐喻和类属空间

CIT 在处理"标准"CMT 中存在的始源域（输入空间 1）和目标域（输入空间 2）的情况时，会使用相似性概念进行操作。相似性是在类属空间中得到具化的。类属空间由始源域和目标域所共享的信息组成。例如，"这个外科医生是个屠夫"这个句子假设在类属空间中会出现一些潜在的概念相似性：两个输入空间中都有一个人为了某种目的而在另一生命体上使用锋利工具。图 6.1 展示了整个 CIT 网络，但现在我们只关注被输入空间共享的图式化信息这个概念。

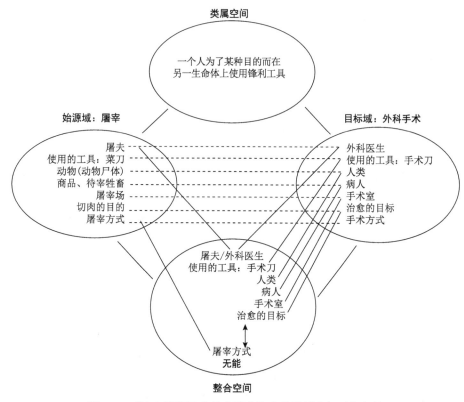

图 6.1 "这个外科医生是个屠夫"中的类属空间及相似性

可以说，CIT 在图式化层级上阐明了始源域和目标域之间的相似性。相似性是将网络中两个域联系起来的基础。根据 CIT，相似性使得概念化者/说话者在域之间的元素中建立对应关系，即映射。也就是说有了上面的类属空间，我们就可以将"屠夫"映射到"外科医生"上，将"菜刀"映射到"手术刀"上，等等。

然而，这样做带来的一个主要问题是：由于是类属空间使得输入空间得以在网络中出现，因此，CIT 似乎只能用于相似隐喻中（有关 CMT 方法中隐喻的分类问题，参见 Grady 1999）。这是因为作为 CMT 的另一种主要隐喻类型的相关隐喻并不是基于相似性，而是基于经验的相关性。尚不清楚 CIT 会如何解决 CMT 中所描述的基于相关性的隐喻。如果无法解决这一问题，似乎会削弱 CIT 研究者关于所有的概念隐喻都能通过整合得到分析的断言的可信度。事实上，Grady（2005）也注意到了这个问题，他提出，相关隐喻应该被视为整合网络中的输入空间。这也就意味着，基于相关性的隐喻不再是双域整合的产物，而是其中的基本成分。

网络中的抽象概念

正如我们所见，整合假定至少存在两个输入空间（如始源域和目标域那样联系起来）、一个类属空间（识别相似性）和一个整合空间。如果我们坚持认为这四个空间从最开始就在网络中同步出现，尤其是用于隐喻概念化的第二个输入空间（目标域），那么，我们在解释抽象概念首次浮现（initial emergence）时就会遇到困难。抽象概念是怎样在 CIT 的框架中浮现的？如果与抽象目标域相对应的第二个输入空间已经存在于网络中，就意味着我们是在假定它从一开始就存在，而不是在解释它的出现。请注意，不能认为抽象输入是来自先前的网络，以此来回避上述问题，因为先前的网络中也势必包含了已被抽象化的第二个输入空间。那么一开始它们又是如何产生的呢？

事实上，这也是 CMT 的一个问题。根据 CMT 的两域模型（A 是 B），典型的始源域是一个具体的概念，目标域则是一个抽象的概念。和上面一样，我们可以提出同样的问题：抽象概念最初是如何浮现的？"A 是 B"公式本身就有误导性，因为它假设了 A 这个抽象概念已经存在。有了 A，我们就可以合理地认为新的始源域创造了抽象的目标域的新方面。但是一开始它们是如何产生的？CIT 和 CMT 面临的挑战都是怎样解释抽象的目标概念是如何从无到有的。

我们来考虑一下"A 是 B"的结构怎样能为概念隐喻的产生提供可能的解释。在这一结构中，A 是抽象的，B 是具体的。可能性之一便是两者的相似性。在相似隐喻中，隐喻的产生是基于 A 和 B 之间的某些相似性。相似性多种多样（参见 Kövecses 2002/2010；Lakoff and Johnson 1980）。严格来说，用相似性来解释这个问题着实不太可行，因为只有当这两个概念必须已经存在时，我们才能看到两者之间存在的任何相似性（参见上文）。

相比之下，经验相关性显得更具希望。在"目标是目的地"这样的基本隐喻中，目的地可以被概括进目标的概念中：到达物理位置的愿望可以导致目标概念的出现，这里的目标概念不仅限于到达一个位置，而是更具普遍性（关于这个过程，参见 Kövecses 2013 和第 3 章）。

抽象概念出现的另一种方式是图式化，虽然这一方式没那么被认可。在一些文章中（见 Kövecses 2011c，2015c），我提出，如"天堂是理想的实体场所"（HEAVEN IS AN IDEAL PHYSICAL PLACE）、"因果关系是繁殖"（CAUSATION IS PROGENERATION）、"天意是养育"（PROVIDENCE IS NURTURANCE）等隐喻都是基于始源域的图式化而成为目标域。这都是通过转喻加工得来的。始源域包含的具体而丰富的意象被"漂白"，从而产生诸如"天堂""因果""天意"等抽象的（目标）域。

隐喻整合何时发生？

根据 CIT，所有的概念隐喻都属于整合型。我们先来看一个例子。例如，隐喻"情感是对手"（EMOTION IS AN OPPONENT）可以被例示为"他在与自己的情感做斗争"（He was *struggling* with his emotions）和"她被情感所控制"（She was *overpowered* by emotion）。这里有两个框架："对手"（OPPONENT）框架和"情感"（EMOTION）框架。"对手"框架中有两个参与者，即对手 1 和对手 2，他们相互斗争，都想打败对方。一方赢，则另一方输。在"情感"框架中，存在自我和情感，自我试图控制他/她的情感。要么自我控制了情感，要么情感控制了自我。这样我们就有了如下映射：

> 对手 1→自我
>
> 对手 2→情感
>
> 斗争→试图控制
>
> 胜利→获得控制
>
> 失败→失去控制
>
> opponent 1 → self
>
> opponent 2 → emotion
>
> struggle → attempt at control
>
> winning → gaining control
>
> losing → losing control

两个框架中的这些成分是相互兼容的，因此，"对手"框架中的元素直接映射到了"情感"框架中的成分上。

按照 CIT 路径，可以认为是由两个输入空间构成了"双域"网络的一部分，其中两个空间或者框架中的匹配成分将在概念上整合到整合空间中，如下所示：

> 对手 1 / 自我
>
> 对手 2 / 情感
>
> 斗争 / 试图控制

等等。

opponent 1 / self

opponent 2 / emotion

struggle / attempt at control

etc.

　　然而，我认为这样做本质上并不会产生与 CMT 不同的结果。在这些情况中，两个框架在元素之间具有相同的图式结构关系，因此，框架中的元素以一种直接的方式相互兼容。在 CIT 的解释中，从始源域到目标域的映射只不过在整合模式下被简单地重命名为所整合的对应物。也不清楚在这些情况下"映射到"和"混合/整合/融合"的概念是否有所不同。因此可以认为，这两种说法只是术语上的变体形式。

　　真正的整合出现在两个框架之间除了兼容还有一些不兼容的情况时。想想 Turner 和 Fauconnier（2000）提出的广为人知的例子（该例子在本章前面部分简要讨论过）："他如此生气，以至耳朵冒烟。"

　　这句话是基于"愤怒即热度"的概念隐喻（它有两个版本：容器中滚烫的液体或火）。愤怒的人和热量（沸腾的锅或火）之间存在几种映射，这些映射取自这两个域之间的可兼容性成分：

容器→愤怒者的身体

热量→愤怒

（液体的）热度→（愤怒的）强度

热的原因→愤怒的原因

等等。

the container　→　the angry person's body

the heat　→　the anger

the degree of the heat (of fluid)　→　the intensity (of anger)

the cause of the heat　→　the cause of anger

etc.

　　两个框架中的这些元素构成了一个结构化的整体。就像上文中的隐喻"情感是对手"所展示的，这两个结构相互兼容。然而，在上文"他的耳朵冒烟"的例子中，却出现了一个主要的不兼容之处。始源域和目标域中不兼容的元素汇集在一起，形成了一个既不属于始源域也不属于目标域的概念成分：表示"强度高"

的成分（烟、烟雾或蒸气）在概念上与目标域的一个成分——愤怒者的身体（具体地说，是头部）进行整合，结果呈现出一个（愤怒者）冒着烟、烟雾或蒸气的头部。这句话创造了一个新的框架（一个整合空间），其中烟雾或蒸气从人的耳朵里冒出来。新的框架产生自始源框架和目标框架中两个原本不兼容的成分的整合。

我们还可以用整合概念来解释更为复杂的始源域和目标域之间的元素不兼容的情况。以前面的"这个外科医生是个屠夫"的隐喻整合为例。前面说到这个例子中涉及的多数概念化非常像一组直接的隐喻映射集：始源域的某些元素对应于目标域中的某些元素。在该映射集中，系统性地组织起来的框架所包含的成分"屠夫"映射到另一个系统性地组织起来的框架所包含的成分"外科医生"之上。

如图 6.1 所示，在整合观点中，除了有"屠夫"和"外科医生"这两个被一组映射集或对应关系所连接起来（最后一个对应关系除外）的输入空间之外，还有一个类属空间，即一个人为了某种目的而在另一生命体上使用锋利工具。此外还有一个整合空间，这个空间从始源输入空间中获取"屠夫"及"屠宰方式"，从目标输入空间中获取"外科医生""病人""使用的工具""手术室""治愈的目标"。因此，在整合中，外科医生就是屠夫的角色，他使用"屠宰工具"和"屠宰方式"来达成治愈病人的目标。当然，外科医生使用"屠宰方式"企图治愈病人是不太可能成功的。以这种方式建立的整合会使我们将外科医生理解为无效的、不专业的、马虎的、粗心的等等，总之是无能的。

Kövecses（2011b）使用了"意义焦点"的概念来分析"这个外科医生是个屠夫"的例子。使用"意义焦点"的概念（参见 Kövecses 2000a，2002/2010）可以消除与"标准"CMT 相关的问题：该分析没有解释为什么"马虎或粗心（或无能）"等特征会被映射到外科医生的身上。基于始源域的意义焦点，这一观点认为，之所以该特征会被映射到目标域，是因为它是与"屠夫"相关的意义焦点之一。正如韦氏词典对"屠夫"这个词的各种含义的定义：

1: a: a person who slaughters animals or dresses their flesh
   b: a dealer in meat
2: one that kills ruthlessly or brutally
3: one that bungles or botches
4: a vendor especially on trains or in theaters

第三个含义清楚地表明，屠夫被认为天生就是无能的。考虑到这个词的规约化意义，以及始源域会将其主要意义焦点（从几个潜在的焦点中进行选择可能取决于语境）映射到目标域，我们就可以理解为什么隐喻性陈述会表达出这样的意思了。

此外，要解释句子的意思，我们还需要一些转喻。作为整体的"范畴"和作为部分的"特征"之间存在一种转喻关系，产生了"范畴代表特征"的转喻（参见 Kövecses and Radden 1998）。也就是说，"屠夫"一词在句中的使用转喻性地表明了其无能。

让我们回到屠夫"粗心、马虎、不精细"即无能的问题上。屠夫并非天生无能，但有时我们认为他们就是这样。为什么？原因可能是，与外科医生相比，屠夫的行为显得粗枝大叶。我们会将屠夫的行为与外科医生"精确"和"细致"的行为进行比较（如短语"外科手术般的精确"）。也就是说，我们参照外科医生的工作，即在外科手术的框架背景下来解读屠夫如何工作。因此，我们将"屠夫"这个词的基本意义（屠宰并切割动物的人）扩展为"无能"。这个新衍生出来的意义也会被投射到外科医生身上，并用来表征外科医生的特征。我们可以把这种投射看作一种概念整合。只是这种投射进入了一个新的空间，在这个新的整合空间里，屠夫"粗心、马虎的工作"取代了外科医生"精细的工作"。这样一来，整合空间中便包含了大多"外科医生"框架所包含的信息，除了特定的外科医生会在这一空间中被看成是在做"粗心、马虎的工作"，因此是"无能"的情况之外。整合空间中的外科医生将屠夫假定为语境规定的新的意义焦点，如图 6.2 所示：

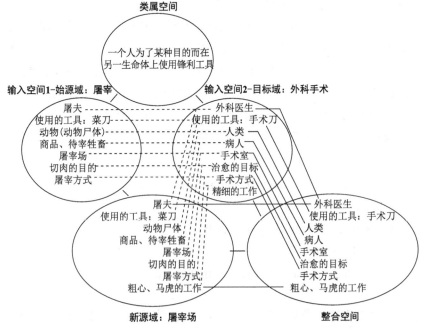

图 6.2　"意义焦点"观点中"这个外科医生是个屠夫"的整合空间

上述对于句子意义如何产生的问题给出的解决方案与 Grady 等（1999）提出的 CIT 视角下的解决方案有所不同。在 CIT 中，整合空间的基本成分包括屠宰方式和手术的目标，以及两者之间的冲突，从而产生了"无能"的特质。而在上述提议中，"无能"的特征从屠夫的输入空间被投射到整合空间。"无能"的特征在"屠宰"的概念中，借助外科手术的背景而浮现，然后被投射进整合空间，从而用来为外科医生提供表征。也就是说，整合空间中的关键概念性材料取自始源域。因此，如果语境规定的屠夫的始源域的意义焦点是他的工作粗心又马虎（相对于外科医生）的话，它就会把这个属性传递给目标域（以及整合空间，如上所述）。

现在来看故事与故事之间不兼容的例子，如寓言。在一些寓言中，当说话者提出一个新的教化意义时，寓言涉及的两个故事之间互不兼容。尽管始源故事和目标故事之间存在几个系统性映射，但在某些方面并不匹配。这可能会在解读时制造惊讶或者带来困难（见"混合隐喻"小节）。《圣经·新约》中关于葡萄园里的工人的比喻就是一个很好的例子：

20 "因为天国就像葡萄园的主人，清早出去为他的葡萄园雇用工人。² 商定好一天付给他们一个便士之后，就派他们进了园子。

³ "约在清晨九时，他出去看见集市上还有人站着，什么也不做。⁴ 就对他们说：'你们也到我的葡萄园去工作吧，所当给的我必给你们。' ⁵ 他们就去了。

"约在中午和下午三时又出去，做了同样的事情。

⁶ "约在下午五点出去，他发现仍然有人闲立四周，就问他们：'你们为何整日闲立于此？'

⁷ "'因为没有人雇我们，'他们答道。

"他告诉他们：'你们也去我的葡萄园工作吧。'

⁸ "傍晚来临，葡萄园的主人对工长说：'把工人叫来领报酬了，从最后一个雇用的人开始排到第一个人。'

⁹ "大约下午五点雇用的工人过来了，每个人收到一便士。¹⁰ 因此那些最早被雇用的人来了，期待着领受更多。¹¹ 但他们每个人也是一便士，于是开始抱怨葡萄园主人。¹² '那些最晚被雇的人只工作了一小时，'他们说，'而我们劳苦受热了一天，你竟对他们和对我们一样。'

¹³ "葡萄园主人对其中一人说：'朋友，我没有对你不公平，你不是同意了工作一天一个便士吗？¹⁴ 拿着你的工钱离开吧。我要把我赐给你的，也赐给最后一个。¹⁵ 难道我无权用我的钱做我想做的事吗？还是

说你因为我的慷慨而嫉妒我？'

¹⁶ "像这样，后面的会成为前面的，前面的也将成为后面的。"（马太福音 20：1-16）

20 "For the kingdom of heaven is like a landowner who went out early in the morning to hire workers for his vineyard. ² He agreed to pay them a denarius for the day and sent them into his vineyard.

³ "About nine in the morning he went out and saw others standing in the marketplace doing nothing. ⁴ He told them, 'You also go and work in my vineyard, and I will pay you whatever is right.' ⁵ So they went.

"He went out again about noon and about three in the afternoon and did the same thing.

⁶ "About five in the afternoon he went out and found still others standing around. He asked them, 'Why have you been standing here all day long doing nothing?'

⁷ "'Because no one has hired us,' they answered.

"He said to them, 'You also go and work in my vineyard.'

⁸ "When evening came, the owner of the vineyard said to his foreman, 'Call the workers and pay them their wages, beginning with the last ones hired and going on to the first.'

⁹ "The workers who were hired about five in the afternoon came and each received a denarius. ¹⁰ So when those came who were hired first, they expected to receive more. But each one of them also received a denarius. ¹¹ When they received it, they began to grumble against the landowner. ¹² 'These who were hired last worked only one hour,' they said, 'and you have made them equal to us who have borne the burden of the work and the heat of the day.'

¹³ "But he answered one of them, 'I am not being unfair to you, friend. Didn't you agree to work for a denarius? ¹⁴ Take your pay and go. I want to give the one who was hired last the same as I gave you. ¹⁵ Don't I have the right to do what I want with my own money? Or are you envious because I am generous?'

¹⁶ "So the last will be first, and the first will be last." (Matthew 20:1-16, New International Version)

　　无论是在耶稣的时代还是在今天，绝大多数人都会感到惊讶，甚至会感受到不公平，因为耶稣给了工作一整天和工作一小时的人们同样的酬劳。之所以会这样，是因为耶稣根据目标域故事改变了始源域故事。目标域故事是关于天国的，在那里所有的人都受到邀请（就像葡萄园主人邀请工人一样），而且得到相同的"酬劳"。只不过在那里，酬劳不是物质奖励，而是宽恕和仁慈，所有想得到的人都能同等地得到。换言之，天国仅仅和我们的世界有部分相似，耶稣根据天国是怎样运行的，即目标域故事，来调整始源域故事。

　　我认为，产生这种解读的认知过程是概念整合（参见 Turner 1996）。整合空间不是采用始源域简单地构建目标域，而是将两个部分性相似且基本兼容的域进行整合。在我看来，当始源域和目标域之间有某种不兼容（而非相似）时，整合就成为可能并且得以发生。目标域中不兼容的成分（即与始源域相应的成分不相匹配的成分）在对寓言进行有意地解读时会格外显著。进一步来讲，这意味着说话者会使用始源域中与其他成分不一致但更契合目标域的成分。从策略上来说，这是通过说话者将与目标域兼容（但是与始源域不兼容）的成分投射到一个整合概念空间，在这个空间里，这些与目标域兼容的成分（每人得到等量的宽恕和仁慈）以及与始源域不兼容的成分（每人得到等量的报酬，不管工作了多少个小时）得到整合。因此，在整合空间中，所有工人都得到了等量的宽恕和仁慈，无论他们为此工作了多长时间（像他们要求的那样）。

　　总之，在意义构建时，要使用两个本来部分性兼容的域之间不兼容的成分，就离不开整合的过程。

语境中的隐喻和整合

　　隐喻的创造深受语境因素的影响，这在现在已成为不争的事实（最近对于这个问题的探讨，参见 Kövecses 2010b，2015a，以及本书第 5 章）。一个有趣的问题是，概念整合的加工过程是否会像隐喻那样经历同样的语境影响。之所以有趣，是因为概念整合被认为是比概念隐喻"更基础""更详尽""更深入""更潜在"的认知操作（参见 Fauconnier and Turner 2002，2008）。事实的确如此吗？具体来说，"更深入"的整合过程是不是像"浅层"现象的隐喻一样受制于语境影响呢？这是我在 2015 年出版的《隐喻从哪里来？》一书中所提出的问题，在此将借用那本书中的一些讨论。

　　为什么特定的网络（类属空间、几个输入空间和一个整合空间）会形成，而且通过特定的方式得以表达？为什么它们具有输入空间和特定的修辞性语言表达？下面我将讨论几个整合的例子，从而说明语境因素对输入空间的选择及语言表达的实现常常起着重要作用。

第一，我们来看 Coulson 和 Oakley（2000）分析过的一个例子，这是一则报纸新闻的标题："田纳西踏碎肯塔基"（Tennessee Tramples Kentucky）。Coulson 和 Oakley 准确地指出，这个句子创造出的整合空间具有可解读性，是因为整合空间的成分和输入空间的成分之间存在着转喻关系。具体的转喻是"州代表州立大学以及该州立大学的足球队"（A STATE FOR A UNIVERSITY IN THAT STATE and FOR THE FOOTBALL TEAM OF THAT UNIVERSITY）。此外，概念隐喻"运动是战斗"（SPORT IS COMBAT）也是该网络的一部分（作为始源空间和目标空间）。但它并没有解释在众多具有潜在可能性的可选词汇中（如"击败""打赢""制服"），为什么使用的是"踏碎"一词。即时语境的影响的确看起来为该词的使用提供了合理的解释或动机："田纳西"（Tennessee）与"踏碎"（Tramples）押头韵。这种语境影响极其浅显，涉及音位形式，但在这个隐喻性整合中，它看起来足以激发人们在众多潜在的词汇中选择"踏碎"一词。

第二，与上述"踏碎"的例子相似，Aitchison（1987）提到了关于一支球队战胜另一支球队的新闻的数个标题："牛仔队围猎水牛队"（Cowboys Corral Buffalos）、"克莱姆森队烹煮赖斯队"（Clemson Cooks Rice）、"空军队摧毁海军队"（Air Force Torpedoes the Navy）和"美洲狮队溺亡海狸队"（Cougars Drown Beavers）。这里的问题是：为什么在第一个标题中表示击败的动词是"踏碎"，在第二个标题中是"围猎"，在第三个标题中是"烹煮"，在第四个标题中是"溺亡"？答案也与语境有关。以"牛仔队围猎水牛队"为例，根据 CIT 的分析方式，在整合空间中，一支大学球队与对手和牛仔整合，另一支大学球队与另一个对手和水牛整合，最后，"击败"的行动与"围猎"整合。但还是那个问题：为什么要在众多选项中选择"围猎"这个词呢？原因似乎是，即时语言语境的语义内容或意义（而不是它的语音形式，如上一个例子）促进了隐喻性表达的选择：在"狂野的西部"框架中，牛仔从事的工作是把动物关进畜栏。同样的解释也适用于上面列出的其他情况。

第三，Coulson 和 Oakley（2003）考察了《今日美国》中出现的另一个标题："可乐流量超预期：软饮公司公布收益"（Coke Flows Past Forecasts: Soft Drink Company Posts Gains）。他们提出，可口可乐饮料的字面述谓结构（即 it flows）和可口可乐公司的利润流（flow of profit）的隐喻述谓结构在整合空间中得到整合。在这种情况下，我们在网络中使用 flow 一词似乎有着双重动机。一个当然是"可口可乐"这个词的直接语言语境,它具有流动的属性;另一个是作为话语的一般性主题的可口可乐是一种液体。因此,这里既有即时语言语境,也有话语的主题(一种液体),它们共同起作用,激发了特定的整合被创造出来。

第四,我们来看其中一个最著名的整合例子:"如果克林顿是泰坦尼克号,冰山将沉没。"(If Clinton Were the Titanic, the Iceberg Would Sink)(Turner and Fauconnier 2000)这个例子很复杂,Turner 和 Fauconnier 的分析完全显示了 CIT 的解释力。但他们的分析中没有明确且系统进行说明的是,为什么我们的空间网络中包含特定的输入空间。要解释这一点,就需要一种意义建构模型——既用于隐喻也用于整合,能够严谨对待并能反映语境对意义构建的影响的理论(见 Kövecses 2015a)。事实上,Turner 和 Fauconnier 确实提到,如果没有泰坦尼克号灾难,也就没有克林顿总统任期内这部电影在华盛顿环城公路上的广泛传播,这种特殊的整合就不可能在 1992 年出现。然而,这种略带轶闻性质的评论并不能取代反映语境对意义构建的影响的完整理论。因此,我想对 Turner 和 Fauconnier 的评论进行补充:人们经常凭借"语境模型"(关于这一点,参见 Van Dijk 2009)来制造隐喻整合,"语境模型"可以帮助激活语境的各个方面(即语境因素),从而将输入空间(通常是始源概念)引入网络(参见 Kövecses 2015a)。

总之,我们除了要为整合与概念隐喻提供深层概念分析之外,还要能够解释为什么在网络和概念隐喻中要使用特定的输入空间、始源域和语言表达。对以上四个例子的简要研究表明,这在许多情况下是可以做到的,而且这样做还能为我们的分析增加一个新的系统性维度。从某种意义上说,整合的认知过程可能是比隐喻更基本、更深刻的,但这并不意味着它的产物,即整合,不会受到语境的影响。整合似乎和隐喻一样,在创造输入空间和基于空间的语言表达中易被各种语境效应影响。

CMT 多层观视角下的整合

CIT 的研究者们强调,整合是一种动态的、在线的过程,发生于特定交际情境下的真实话语中,通过说话者在线创造的心理空间运作。说话者将网络中来自各个输入空间的成分投射到整合空间,也将整合空间中的成分投射到各个输入空间。该过程的发生得益于人类概念系统的可塑性和思维的动态性。

本书所提出的隐喻的多层观本质上认为,隐喻作为一种概念现象,可以在图式化的四个不同层级上得以识别,分别是意象图式、域、框架及心理空间层。前三种空间为我们提供了概念系统的基本模式，因为它们来自我们对世界的经验，而且它们存在于长时记忆中，为意义提供基础的内容性成分。意象图式、域和框架共同构成了概念系统的概念内容，重要的是，它们是去语境化的概念结构。

然而，说话者在特定的交际环境中参与真实对话时，就会调动、利用和操控这些海量的隐性知识。这些是他们可以用得上的概念性材料（即属于说话者可支配的东西）。他们根据眼前的具体目标和来自情境的限制，利用和操控这些材料。这一复杂的认知任务是借助心理空间达成的。

当然，与本章内容最为相关的是，说话者有时感到需要使用特定的隐喻整合，才能最好地实现在线交流过程中的交际目标。这也就解释了为什么整合（和隐喻）都受制于语境影响，我们在之前章节中已对此做了讨论。语境影响十分自然地作用于部分由更高层级的概念单位所构成的心理空间层。

几个相关问题

在 CMT 和 CIT 之间似乎存在一些竞争。许多学者相信其中必定有一种好过另一种，而他们必须选择其中一种作为研究工具。但我相信，前面的分析所得出的结论足以缓解这种紧张局面：绝对没有理由让我们认定是 CMT 更好还是 CIT 更好。两者在很大程度上彼此依赖、互相补充，缺一不可。Grady 等（1999：120）对此也分享过相似的看法，他们表示："……我们认为，这两种理论框架处理的是隐喻概念化不同方面的问题，因此两者在很大程度上是互补的。CMT 框架下所研究的规约性概念配对和单向映射，就是整合理论框架所设定的动态概念网络的输入空间和对特定网络类型的约束。"

然而，对于这两种理论之间产生互补关系的原因，我在本节中或多或少表达了与他们不同的看法。我更加侧重在隐喻概念化更庞大的多层和语境视角下讨论这种互补关系的不同方面。

兼容性　我们先从 CMT 和 CIT 中结构映射的作用和重要性方面入手。尽管 CIT 研究者敦促 CMT 研究者摆脱对两个域之间成对的映射关系进行的简单研究，但很显然，CMT 所关注的结构映射对于 CIT 及 CMT 都同样重要。我们在上面众多的例子中看到，共享结构不仅对（从 B 到 A 的）隐喻映射来说必不可少，而且对于 CIT 中用于表征隐喻整合的其他类型的各种映射和投射也至关重要。双域网络中的心理空间不仅允许从始源域到目标域的映射，还允许从两个（或更多）输入空间到整合空间甚至从整合空间到输入空间的映射。所有这些作为标准隐喻映射（即从目标域到始源域）的补充的映射（或投射），都假设输入空间具有兼容性，因为补充性映射或投射就是不兼容性的产物，而这种不兼容性本身则源自系统性兼容（如始源域到目标域的系统性映射所展示的）。这意味着如果不同时关注这两个域之间的兼容性，就没有办法关注其中的不兼容之处。要看见不兼容性，必须先看见兼容性。不识别出整合所建立的兼容性成分，就无法找出用于整合的不兼容成分。以这种方式来思考，我们可以认为，整个 CMT 都是关于兼容性的研究，而 CIT 研究的都是兼容性（如始源域—目标域映射中所展现的）所带来的不兼容性。只有接受了始源域和目标域之间的兼容性，才能想得到隐喻整合的发生。不兼容性自身不能构成隐喻整合（人头马是整合的产物，但不是隐喻性整合）。

基础性　第二个要探讨的问题是基础性：整合是否真的是一种比概念隐喻更基础、更深层因此也更普遍的认知机制？这是一个视角问题。要回答该问题，一方面可以从心理空间层入手，另一方面也可以从意象图式、域和框架层入手。接受 CIT 的所有观点并从心理空间的角度来探讨，可以认为，心理空间层及其所包含的网络模型确实是许多不同的概念结构（隐喻、类比、转喻、框架等）的基础，因此，可以被看作表层认知现象。但是这个问题也可以从不同角度来看待。我们可以认为，正是大量诸如意象图式、域和框架这样的概念结构构成了概念系统的支柱。这个支柱是基于一致的人类经验结构的图式层次关系——网络模型所假定（当然在其运作过程中也会改变、改动和修改）的（这些结构之间）大量的兼容性。正如在前一个小标题下提到的，整合所解决的不兼容性和冲突问题都是借助兼容性实现的（意象图式、域和框架之间的垂直图式相似性）。最终的问题是：哪个更基本——发现图式相似性还是创造不同？兼容性还是不兼容性？有序还是混乱？哲学家们可能会说两者皆可。但在我看来，基于相似性和类比的概念结构对人类认知而言可能更为基础。然而，真正让我们成为人的是，我们可以基于这些相似性和类比创造出不兼容之处，从而更容易地理解相似性。就这一点而言，我更认同 CIT 的观点。

也有一些证据支持概念隐喻在某种意义上比概念整合更加基础：概念隐喻被证明与计算模拟的神经元连接具有兼容性，尤其是"映射回路"可以将两组节点（始源和目标）相互连接（Gallese and Lakoff 2005；关于兼容证据，参见 Bambini et al. 2011）。一组节点的成分以系统性、可预测的方式与另一组节点的成分相关联（这就是我们所说的"映射"）。至今还没有明确的神经计算证据支持整合。我们并不清楚什么样的路径及神经回路能预测出在网络模型中空间的哪个成分会被映射到另一空间中的哪个成分上。但整合的意义就在于允许映射以不可预测和创造性的方式发生。整合过程就是在线地、动态地、创造性地发生，并受到各种语境因素的管辖，包括但不限于本章所提到的语境因素。

复杂性 我想谈论的第三个问题是 CMT 和 CIT 中认知的复杂性。再次引用 Fauconnier 和 Turner（2008：53）的说法："我们一直称为'概念隐喻'的东西，如'时间是金钱'或'时间是空间'，现在看来都是包含着多个空间和映射关系的心理构式，存在于由支配性通用原则所构建的精密的整合网络中。这些整合网络远比最近的隐喻理论所讨论的成对绑定的搭配要丰富得多。"

对 CIT 研究者来说，很难不同意这种观点。CIT 相关文献中对具体的隐喻整合的分析揭示了在隐喻意义构建过程中涉及大量的认知复杂性。相比而言，一般的 CMT 分析有些简单，有时甚至显得过于简单化。但问题是我们能否用整合的复杂性对应和对比隐喻的复杂性？我认为不行。原因在于，隐喻的认知复杂性与整合的认知复杂性不可相提并论。

"成对捆绑"，或者说两个结构化概念组织之间的映射或对应关系，意在捕捉概念隐喻在意象图式、域和框架层级上的结构组织。以这种格式（如映射集）呈现的概念隐喻显示了两个意象图式、两个域或两个框架之间系统的和一致的兼容性。这些关联起来的概念结构以去语境化及规约化的形式保存在长时记忆中。它们是基于我们的身体-文化（或文化-身体）体验的。而且，它们根据图式化程度分层垂直排列。这是一个庞大的概念系统，需要激活才能在线运行。我们也可能倾向于在中性语境中使用这个系统（Kövecses 2015a 和本书第 5 章的"概念认知语境"部分将其称为隐喻性概念）。然而，在心理空间层，也就是在真实交际情境下的在线隐喻概念化过程中，网络模型占据了主导地位。在这个充分语境化的层级中，我们沉浸于，有时甚至陶醉于 CIT 所讨论的各种认知复杂性，重要的是其中还包括对大型的潜在性隐喻系统的大规模开发和调用的讨论。

但是，出于理论需要，我们还是应该将这两个主要层级（一个是意象图式、域和框架的"总和"层，另一个是心理空间层）进行区分，因为它们用于执行完全不同的认知任务。正因如此，我们不能期待这个大型的潜在性系统可以用来执行其他十分具体且充分语境化的系统可以完成的那些复杂的认知任务。我料想这个大型系统的简单性是经过设计的：为了确保我们可以将其保留在工作记忆中，以备在工作记忆中运行复杂的双域网络时即时调用。

总之，这种竞争是不可取的，也没有必要。我们在一个统一的、多层级的隐喻概念化系统中做着相异却互补的事。如果没有新的 ECMT 所带来的新发现，CIT 的研究者们就无法在心理空间层取得进展；如果没有 CIT 的贡献，CMT 在意象图式、域和框架层的研究也不完整。

6.4 结　　论

概念隐喻现象是离线和在线同时发生的。在使用概念隐喻的过程中，长时记忆中离线的概念结构（意象图式、域和框架）被激活，而进入工作记忆的心理空间层进行在线的认知加工。

这种视角使我们能够考虑到说话者在该层级所参与的各种与隐喻相关的心理活动，包括被语境启动后准备使用特定的隐喻、赋予隐喻表达特殊的社会语用功能、创造新的隐喻、蓄意地使用隐喻等等。

本章详细讨论了两种典型的在线隐喻现象：混合隐喻和概念整合。我提出这两种隐喻现象均假定且受制于"更高"层级的意象图式、域和框架隐喻的强烈影响。对混合隐喻和概念整合的分析表明，尽管在这两种情况中，绝大多数的心理活动都发生在心理空间层，但如果不考虑相应的离线概念结构，便无法解释它们的使用。在 ECMT 视角下，要达成对概念隐喻在自然话语中的运作的（几乎）完整性理解，离线的和在线的隐喻结构缺一不可。

第 7 章　扩展视角下的 CMT 框架

在第 7 章，我尝试确定扩展视角下的 CMT 的主要成分，描述其涉及的重要区分，勾勒出新视角下的基本框架及对隐喻理解的大致影响。在最后一章，我将再次提及前文所述的五个问题，这些问题呈现了扩展视角下的 CMT 框架的内容和结构。

7.1　CMT 的两个主要问题

为了更好地理解和解决困扰 CMT 已久的一些问题，我们借用前文讨论过的两个例子（山地赛段和窃窃私语）进行阐释并回答两个问题：

问题 1：说话者在给定语境中为何（无意识地）选择特定的隐喻？

问题 2：说话者如何创造（听话者如何理解）隐喻所表达的特定意义？

说话者在给定语境中为何（无意识地）选择特定的隐喻？

第一个例子是与"Armstrong 兴奋剂丑闻"案例有关的隐喻性表达"山地赛段"。为什么危机管理专家会使用这个特定隐喻？正如第 4 章所示，专家对与 Armstrong 兴奋剂丑闻相关的话语主题有广泛的了解，如 Armstrong 参加了几项环法自行车比赛，比赛里有几个"山地赛段"。换言之，是话语的主题启动说话者选择隐喻来表达特定想法，即如果 Armstrong 想彻底坦白一切，道阻且长。

第二个例子是第 5 章出现的隐喻性表达"窃窃私语"，浮现于其产生的物理（感知）语境。Kumi Naidoo 博士创造这个隐喻的背景是有一场非常喧闹的摇滚音乐会和一场相对安静的峰会。前者的吵闹和后者的相对安静都属于人类对事件的感知特征。基于此，最初的概念化者（Naidoo 博士）被促使从自身获得的大量经验性内容中使用物理语境的感知特性。

说话者如何创造（听话者如何理解）隐喻所表达的特定意义？

接下来是关于说话者如何创造（听话者如何理解）这些隐喻性表达的意义。就隐喻性表达"山地赛段"而言，这一隐喻表达的是"道阻且长"的概念（即 Armstrong 的坦白）。这一意义与概念隐喻"行动是移动"存在着巨大的概念鸿沟，而第 4 章提出的图式层级关系可弥合这一鸿沟。

意象图式层：
行动是移动
ACTIVITYIS MOTION
域层：
交流是自我推进（向前）的运动
COMMUNICATION IS SELF-PROPELLED (FORWARD) MOTION
框架层：
坦白是竞赛
CONFESSIONS ARE RACES
心理空间层：
坦白是自行车竞赛：坦白违法行为的时限和难度是参加环法自行车赛山地赛段的路长和难度

CONFESSIONS ARE BICYCLE RACES: THE LENGTH AND DIFFICULTY OF CONFESSING WRONGDOINGS IS THE LENGTH AND DIFFICULTY OF BEING IN THE MOUNTAIN STAGE OF THE TOUR DE FRANCE

换言之，图式层级是一条从心理空间层一直到意象图式层的概念路径（conceptual pathway）。

让我们再次回到"窃窃私语"的案例。"缺乏决心且效率低下"（即决心）似乎与"窃窃私语"的概念含义相差甚远。在我的专著《隐喻从哪里来？》（Kövecses

2015a：58）中，我建议通过一系列概念转喻和一个概念隐喻来弥合概念鸿沟。

隐喻：

强度是效应力度

INTENSITY IS STRENGTH OF EFFECT

转喻：

情感反应代表情感

EMOTIONAL RESPONSES FOR THE EMOTIONS

情感代表行动的决心

EMOTION FOR DETERMINATION TO ACT

生气行为代表愤怒/争论

ANGRY BEHAVIOR FOR ANGER/ARGUMENT

情感代表行动的决心

EMOTION FOR DETERMINATION TO ACT

显然，这不是本书所讨论的隐喻图式层级，这里只提到了一个概念隐喻，与我在先前几章中提出的概念路径迥然不同。我们称之为非系统性的、临时的或特别的概念路径。如果正确，这一观察则表明，并不是所有的隐喻概念路径都由本书提出的图式层级种类组成。

现在，我建议重新考虑此方案，并考虑这样一种可能性，即确实存在一个系统性的图式层级，将"缺乏决心"的意义与意象图式隐喻"强度是效应力度"联系起来。这个新提议是基于一个观点，即"窃窃私语"是域层概念隐喻，包含两个类属层概念："政治行动"（POLITICAL ACTION）和"语言行动"（LINGUISTIC ACTION）。政治行动通常被概念化为语言行动，如"政治演讲"（political *speeches*）、"两国谈判"（*negotiations* between two countries）、"示威游行开场白"（the opening *talk* of the demonstration）、"政客们继续交谈"（the politicians continuing their *conversation*）、"两国冷战"（the two countries not *talking* again）、"领土争端"（the *haggling over* territories）、"政客协商"（a politician *bargaining for* something）等。这些例子不仅与参与某种谈话（即语言行为）有关，也与政治行为有关。倘若这样，我们正在处理的是域层面的概念隐喻"政治行动是语言行动"（POLITICAL ACTION IS LINGUISTIC ACTION），它的（相关）映射之一是："政治行动的强度是语言行动效应的强度"（THE INTENSITY OF POLITICAL ACTION IS THE STRENGTH OF EFFECT OF THE LINGUISTIC ACTION）。一个比较具体的框架层隐喻为"从政是说话"（DOING POLITICS IS SPEAKING）。在这个框架内，其中一个映射涉及"做出改变的决心"。这进一步细化了域层的隐喻"做出改变的政治决心的强度是说话的响度"（THE INTENSITY OF POLITICAL DETERMINATION TO MAKE CHANGES IS THE DEGREE OF THE VOLUME OF SPEAKING），或者简单地说，"政治决心是说话的响度"（POLITICAL DETERMINATION IS LOUDNESS OF SPEAKING）。最后这个框架层概念隐喻在心理空间层得到了进一步阐述，始源域和目标域的强度设置都为"低"。换句话说，这些概念隐喻构成了如下图式层级：

意象图式层：
强度是效应力度
INTENSITY IS STRENGTH OF EFFECT

域层：
政治行动是语言行动：政治行动的强度是语言行动效应的强度
POLITICAL ACTION IS LINGUISTIC ACTION: THE INTENSITY OF POLITICAL ACTION IS THE STRENGTH OF EFFECT OF THE LINGUISTIC ACTION

框架层：
从政是（对/和别人）说话：做出改变的政治决心的强度是说话的响度
DOING POLITICS IS SPEAKING (TO/WITH OTHERS): THE INTENSITY OF POLITICAL DETERMINATION TO MAKE CHANGES IS THE DEGREE OF THE VOLUME OF SPEAKING

心理空间层：
做出改变的政治决心低是低声说话
THE LOW LEVEL OF POLITICAL DETERMINATION TO MAKE CHANGE IS THE LOW LEVEL IN THE VOLUME OF SPEAKING

我们决定如何分析"窃窃私语"的潜在理论意义在于我们是否只有一种或两种概念隐喻路径。上述对"窃窃私语"的第二种分析支持只有一种概念路径的存在，即图式层级。

然而，如果我们接受上述第一种对"窃窃私语"的分析，可能会有两种可以区分的概念路径。

图式层级路径（schematicity hierarchies pathways）（如"山地赛段"的第二种分析路径）

即兴混合路径（spontaneous mixed pathways）（如"窃窃私语"的第一种分析路径）

因此，我们将这两种概念路径视为产生了两类隐喻：

系统隐喻（systematic metaphors）（基于图式层级）

非系统（孤立）隐喻（non-systematic (isolated) metaphors）（基于即兴混合路径）

换言之，基于图式层级的隐喻实例在多个层级（心理空间、框架等）上形成了概念隐喻和隐喻性表达的系统，而不具有图式层级特征的隐喻实例则是孤立隐喻性语言表达式。然而，后一种可能性并不意味着孤立隐喻，如"窃窃私语"的创造（和理解）没有一个合适的概念路径。孤立隐喻确实需要一个概念路径，但这条路径将会是临时的或特别的，并且可能是混合类型。

除了这两种概念路径，还有第三种路径，即两个域共享一个意象图式，不是基于两种不同框架的意象图式隐喻，而是一种隐喻性类比（metaphorical analogy）意象图式，或简单来说，是相似隐喻。共享意象图式可以是规约化（容器、运动、链接等）类型，也可以是非规约性的、新奇性的。

以后者为例，参考我之前作品中提到的一个隐喻性概念化案例（Kövecses 2015a：104-105）。Frank Jump 是纽约的一名摄影师，患有艾滋病，负责拍摄纽约市的旧壁画广告。在一次和导师的见面中，他和导师谈论起了自己的艺术。下面是他报道的谈话内容：

> 一开始，我并没有将拍摄主题和我自身的血清阳性这两件事联系到一起。几年前，我受邀参加"无艺术日"展览，但是我觉得我配不上，因为其他艺术家的作品更针对艾滋病病毒……但是导师却说："你看不出其中的联系吗？你记录的东西也从没打算存在这么久，你也从没想过能活这么久。"

Jump 的导师让他注意到了他的病和艺术之间的隐喻性关系。我们可以用以下类比隐喻来说明这一点："与预测相反，从艾滋病中幸存下来是旧壁画广告存在的时间比预期长"（SURVIVING AIDS DESPITE PREDICTIONS TO THE CONTRARY IS FOR THE OLD MURAL ADVERTISEMENTS TO SURVIVE THEIR EXPECTED "LIFE SPAN"）。这两个域共享一个新奇性的、非规约性的意象图式，也就是说，一个实体存在的时间比预期长。

如果这条路径行得通，我们就可以有三条（而不是两条）概念路径来创造和理解概念隐喻，包括类比隐喻：

图式层级路径（schematicity hierarchy pathways）
临时路径（ad hoc pathways）
共享意象图式路径（shared image schema pathways）

第三条路径可以作为概念隐喻的基础，通常被认为是类比隐喻。CMT 研究通常强调基于图式层级结构的隐喻类型，但似乎还存在大量需要临时路径和共享意象图式路径的情况。此外，在本章中，关于隐喻种类，我还提出了另一种概念路径——特征相似性。未来的研究可以量化不同隐喻类型的确切比例。

7.2　体验性隐喻与话语隐喻

Gibbs（2017c）在最近一篇论文中区分了"体验性隐喻"（embodied metaphor）和"话语隐喻"（discourse metaphor）。他同样也区分了解释这两种隐喻的理论，即认知语言学中使用的体验性隐喻观和以社会为导向的隐喻研究者所倡导的话语隐喻观。有几种隐喻理论试图解释隐喻在话语中的使用，如"山地赛段"和"窃窃私语"。Gibbs（2017c）在论文中讨论了四种隐喻理论：话语隐喻观（Zinken et al. 2008）、反映表面文化模式的隐喻观（Quinn 1991）、隐喻的话语动态观（Cameron 2008，2011）和蓄意隐喻理论（Steen 2008，2011）。这些理论的共同之处在于：它们都淡化甚至拒绝 CMT 文献中所讨论的概念隐喻种类（比如"生活是旅程"，以及赋予它们体验性特征的基本隐喻），同时，它们强调语境在隐喻的创造和使用中所扮演的角色。

Gibbs 在论文里对四种话语隐喻理论进行了批判，并在"隐喻行为"（metaphor

performance）整合模型中提出了话语隐喻和具身性隐喻的假设，即隐喻动态系统观（如 Gibbs and Cameron 2007；Gibbs 2017c）。我认为，隐喻动态系统观与本书主张的隐喻语境观和多层观有相似之处。我们的共同目标是描述隐喻行为（如话语隐喻观），但它们（四种话语隐喻理论）是通过不同程度地利用（而不是拒绝）具身性概念隐喻来做到这一点的。在本章剩余章节中，我将简要概述扩展视角下的 CMT 如何对其进行阐释。为了证明这一点，除了"山地赛段"和"窃窃私语"隐喻之外，我还使用了之前所分析的 2007 年的一篇自然话语报道中的隐喻"倾覆"（capsize）（Kövecses 2015a）。

2005 年卡特里娜飓风摧毁美国新奥尔良地区后，一名记者采访了住在新奥尔良附近的美国摇滚音乐家 Fats Domino。记者写道：

> 2005 年的飓风**倾覆**了 Domino 的生活，尽管他不愿意承认除了失去社交圈之外的任何不便或痛苦……（《今日美国》，2007 年 9 月 21 日，6B 版）（Kövecses 2015a：103）
>
> The 2005 hurricane **capsized** Domino's life, though he's loath to confess any inconvenience or misery outside of missing his social circle...（*USA TODAY*, 2007, September 21, Section 6B）（taken from Kövecses 2015a: 103）.

这次采访主要是关于 Domino 的生活因飓风受到了什么影响。非规约性语言隐喻"倾覆"表达了飓风的负面影响，这是概念隐喻"人生是一段（海上）旅程"[LIFE IS A (SEA) JOURNEY]的一个示例。在接受采访时，正如报纸上关于 Domino 的文章所指出的那样，新奥尔良地区仍然有许多明显的破坏迹象。记者继续引用上面的话如下："……在下九区，尽管有一些重建的迹象，但仍然满目疮痍。"

我认为，这种对物理环境的显著感知特性在 Domino 的生活的隐喻性概念化中起着重要作用（但可能不是唯一的作用，正如 2019 年 3 月 15 日我与 Michele Feist 的个人交流中他向我建议的那样）：飓风造成的破坏仍然历历在目（情景语境）、翻船的记忆（概念认知语境）、与 Domino 交流的主题（话语语境）、摔倒不能正常运作的普遍经验（身体语境）启动概念化者（记者）使用动词"倾覆"，假设（并唤起）基本隐喻"行动是自我推进的运动"以及"坚持或功能是保持直立"（PERSISTING OR FUNCTIONALITY IS REMAINING ERECT）。

同时，由于采访主题是 Domino 的生活，所以唤起了生活和旅行域，产生了概念隐喻"生活是旅程"。这个隐喻的一个方面是人生和旅行的对应关系，即隐喻"过人生是去旅行"（LIVING A LIFE IS JOURNEYING）（正如 Framenet 所注意到的，旅行是旅程的活动方面，旅程包含旅行）。由于记者当时交流的想法是关于 Domino 的生活如何突然变得糟糕，于是就由下面隐喻中的动词"倾覆"唤起了一个非常具体的隐喻，即"Domino 的生活突然地、出乎意料地变糟糕是 Domino 的船在航海途中倾覆"（A SUDDEN, UNEXPECTED TURN OF EVENTS FOR THE WORSE IN DOMINO'S LIFE IS THE CAPSIZING OF DOMINO'S BOAT IN THE COURSE OF HIS SEA JOURNEY）。

换言之，受语境启动，一个在线构建的图式层级可表示如下：

意象图式：

行动是自我推进的运动 + 坚持或功能是保持直立

ACTION IS SELF-PROPELLED MOTION + PERSISTIGN / FUNCTIONALITY IS REMAINING ERECT

域：

生活是旅程

LIFE IS TRAVEL

框架：

过人生是去旅行

LIVING A LIFE IS JOURNEYING

心理空间：

Domino 的生活突然地、出乎意料地变糟糕是 Domino 的船在航海途中倾覆

A SUDDEN, UNEXPECTED TURN OF EVENTS FOR THE WORSE IN DOMINO'S LIFE IS THE CAPSIZING OF DOMINO'S BOAT IN THE COURSE OF HIS SEA JOURNEY

心理空间层的概念隐喻详细、丰富且具体，本质上是解释"倾覆"发生在话语中的隐喻意义。用传统的语义学术语来说，这既是外延意义也是内涵意义（接下来我会解释这种区别的相关性）。

总之，"倾覆 Domino 的生活"这个短语所表达的隐喻性概念化源于一个或几个语境因素的启动效应，这些因素触发了话语情境中图式层级的在线建立。本书提出的 ECMT 成功地结合了具身性隐喻和话语隐喻的主要特征：基于经验相关性的具身性和语境。当然，这只适用于那些在经典 CMT 观下的具身性隐喻（只

有它们与图式层级相关联）。那些被研究人员视为基于相似性而不是相关性的"话语"隐喻如何呢？下一节将回答这一问题。

7.3　隐喻意义的种类

就目前考虑的隐喻性表达而言，我们似乎可以将隐喻意义分为三种：有意义（meaningfulness）、去语境化意义（decontextualized meaning）和语境化意义（contextualized meaning）。这是基于图式层级和我之前对隐喻的次个体层、超个体层及个体层的区分（见 Kövecses 2002/2010）。

有意义是基于意象图式层，意象图式隐喻为隐喻性概念化的特定情况提供了自然性和身体动因。这是通过高度图式化的隐喻而实现的——通常是基本隐喻，尽管正如 Grady（1997a）所说，并不是所有的意象图式隐喻都是基本隐喻（但很多都是），如"状态是容器""多即上升""行动是移动"，也并非所有的基本隐喻都是意象图式隐喻，如"目标是目的地"。有些基本隐喻是基于域或框架层，如"理解即看见""目标是目的地"。意象图式构成了我在之前著作中称为"次个体层"的意义层面（Kövecses 2002/2010）。但重点是，意象图式隐喻使特定隐喻层级具有体验性，从而赋予它们一种自然感。换言之，意象图式让特定隐喻具有了意义。

去语境化意义是基于域层和框架层。在这里，意义是基于更具体的概念隐喻（而不是意象图式隐喻）和构成它们的映射。两个域或框架的元素处于一种规约化关系中。这些映射或对应关系定义了隐喻性表达的规约化意义（例如，"热量→剧烈的愤怒"将"剧烈的愤怒"定义为"怒火中烧"的意义）。通常，这种规约化的意义是始源域中术语的词汇化，如"燃烧"。因此，去语境化意义属于"超个体层"，并且在言语社区中的个体之间很大程度上是共享的（Kövecses 2002/2010）。去语境化意义对应于我上面所说的外延意义。

语境化意义，或者更确切地说，语境意义位于"个体层"（Kövecses 2002/2010）。个体层对应隐喻图式层级中的心理空间层。在这个层级上，去语境化结构和意义变得完全个体化、具体、详细，并具有丰富的概念性内容。这在很大程度上是由于将成熟的域层和框架层结构缩小到它们的一个或几个方面，再通过几种方式对这些方面进行扩展。上述"倾覆"例子就是如此。"倾覆"只是"海上旅程"框架的一小部分。它的语境化意义是"变得更糟"。但它（倾覆）有其自身的概念潜力，通过引出其含义进行扩展，比如一个人的生活在发生变化之前是正常的，变化是突然的和意想不到的，变化之后对未来的不确定性，以及变糟糕后引起同情和怜悯等含义。在某种程度上，可以认为，特定的语境化意义是为了实现各种社会、语用、情感、修辞等功能和效果。在传统术语中，这被称为内涵意义。因此，语境化意义对应于上文提到的内涵意义。

这种类型的意义构建才是概念整合的真正"成分"；概念整合可以打破常规的概念结构并进行重组，以构建新的意义。这同样适用于基于概念隐喻和图式层级的蓄意隐喻。然而，这当然并不意味着混合隐喻或蓄意隐喻只能依赖于概念隐喻（基于经验相关性的隐喻），但在基于经验相关性的概念隐喻中，这三种意义在每个隐喻性表达的使用中都共同存在。

7.4　隐　喻　类　型

一些研究者指出，CMT 学者最常研究的隐喻类型（即基于经验相关性的概念隐喻）并不是唯一的（如 Evans 2013；Grady 1999）。例如，Grady 认为，隐喻本质上有两种类型：基于经验相关性的隐喻（概念隐喻"本体"），以及基于某种相似性的隐喻（相似隐喻）。Evans（2013）对概念隐喻和他所说的"话语隐喻"进行了区分。后者包括意象隐喻[如 Andre Breton 的诗歌隐喻"我妻子的……腰是沙漏"（My wife whose…waist is an *hourglass*）（Lakoff and Turner 1989）]、谓语主格形式的隐喻[如"我的工作是监狱"（My job is a *jail*）]，以及"信用卡馅饼"（credit card tart）之类的例子。这种分类与 Gibbs 的话语隐喻分类有部分重叠；也就是说，两者都包含了 Zinken（2007）所说的话语隐喻。Evans 用"信用卡馅饼"的例子来说明 Zinken 的"话语隐喻"的狭义概念。这个隐喻是英式英语最新发展的产物（Evans 2013）。这里"馅饼"指的是"在任何领域都不可靠的人"，包括储蓄习惯，它是从"妓女"一词早期的含义发展而来的。话语隐喻的共同之处在于它们都是基于某种相似性。此外，它们通常一开始都是新奇隐喻，这些隐喻要么不再使用，要么以词汇化单元的形式留在语言中。如果是后者，它们通常具有一般意义，比如"馅饼"的例子，这符合 Bowdle 和 Genter 的隐喻生涯假说（Bowdle and Gentner 2005）。

Grady 和 Evans 对隐喻的分类基本上可以归结为一种双向区分：基于经验相关性的概念隐喻和基于某种相似性的话语隐喻。现在的问题是隐喻多层观和语境观对隐喻的分类有何帮助。为了弄清这一点，让我们再次回到隐喻"窃窃私语"的例子上。

本质上，如果我们认为上述对"窃窃私语"隐喻的第二种新的分析是有效的（基于图式层级关系），那么 ECMT 就证实了双向分类。但是，如果我们接受 2015 年的解释（如上所述）是有效的（其中"窃窃私语"的意义是基于一种临时的概念路径），那么，我们目前的分类就会有所不同。让我们来看看后一种观点。

我们可以说，与话语隐喻不同，"窃窃私语"不是基于相似性，因为很难看出"窃窃私语"和"缺乏决心"之间有什么共同的特征或结构。但是，我们也可以继续主张，与概念隐喻本体（的实例化）不同，"窃窃私语"也并不是基于经验的相关性。虽然它的概念路径中有"强度是效应力度"这一隐喻，但不论是在域层还是框架层，似乎都不存在能够匹配"窃窃私语"，并将其隐喻意义作为语言例子的概念隐喻。如果这一观察有效，那么，概念化者就不可能（无意识地）为了创造或理解话语中的单词而建立图式层级。

但是，如果没有图式层级，也没有相似性作为意义的基础，人们怎么能自然地生产和理解隐喻？答案就是，他们可以建立一个临时的混合概念路径来理解词语在语境中的意义。就"窃窃私语"这个例子而言，这一路径包括一个通用的意象图式隐喻和一些引发预期的语境化意义的转喻。如果这一分析正确，那么，除了基于相关性和相似性的隐喻之外，还存在第三种隐喻：一种通过临时概念路径被创造和理解的隐喻，比如"窃窃私语"。

以上对"窃窃私语"的分析创造了一个临时（混合）的概念路径，从而产生了语境化意义。我们可以将这种情况（对于像"窃窃私语"这样的隐喻）描述如下：

心理空间层隐喻
↑
临时概念路径（包括转喻）
意象图式层隐喻
↑
经验相关性

换言之，这是一类孤立的相关隐喻（"强度是效应力度"），它们没有对应且匹配的域层和框架层隐喻。这表明相关性的存在并不能保证图式层级的出现。

但是，如果（上述）对"窃窃私语"的新分析有效，那么，我们就会有以下（相关性）概念隐喻的总体情况，当中使用了整个图式层级：

心理空间层隐喻
↑
框架层隐喻
域层隐喻
意象图式层隐喻
↑
经验相关性

这里的图式、域和框架层存在多种映射。例如，始源框架、域和图式中的成分 A 映射到目标框架、域和图式中的成分 A 上，始源框架、域和图式中的成分 B 映射到目标框架、域和图式中的成分 B 上，成分 C、D、E 等在所有三个层级上都是如此。第四个层级，即心理空间层，致力于单一映射，以表达隐喻的语境化意义。

对于相似隐喻，从始源实体到目标实体存在一种单一映射：

心理空间层隐喻
↑
实体 1：特征 A—实体 2：特征 A
↑
特征相似性

一个此类情况的例子为"约翰是猪"（John is a *pig*），猪的一个假定特征（脏、乱）通过转喻过程"整个实体代指该实体的特征"（THE WHOLE ENTITY FOR A FEATURE THAT CHARACTERIZES THAT ENTITY）被赋予约翰。这本质上是两个不同实体的特征之间的（假定）类比（相似性）。而且，这两个实体之间的假定类比是基于猪的先人格化，即"猪（动物）是人"[PIGS (ANIMALS) ARE PEOPLE]的隐喻。"特征相似性"可以看作是图式层级路径、临时路径和共享意象图式路径之外的另一种概念路径，产生了非系统性的（孤立的）语言隐喻，比如上面例子中的"猪"。

但类比通常被视为两个框架或域之间的多重映射。看看下面例子中使用的表达"掏空建筑物"（gut the building）：

斯特罗洛建筑事务所的副总裁 Kirk E. Kreuzwieser 说，威尔斯大厦已经有 96 年的历史了，里面大部分都需要掏空。他和公司总裁 Gregg Strollo 认为等解决了财务问题后，这项耗资 400 多万美元的修复项目可以在不到 9 个月的时间内完成。

Kirk E. Kreuzwieser, vice president of Strollo Architects, says much of the interior of the 96-year-old Wells Building needs to be gutted. He and Gregg Strollo, company president, believe the $4 million-plus rehabilitation project could be completed in less than nine months after financial issues are resolved. (www.vindy.com/photos/2013/jun/ 17/68965/)

这是一个由多重映射构成的域层或框架层的隐喻性类比。映射关系如下：

取出死去动物的内脏的人→拆除建筑物内部的人
动物的身体→建筑物
内脏→内部
取出内脏的动作→拆除内部的动作

这些映射是基于两个框架或域之间的结构类比，意味着这两个框架或域（这里是"动物"和"建筑物"）之间的命题分析映射共享一个意象图式结构。此类隐喻可表征如下（图 7.1）：

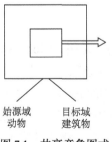

始源域　　目标域
动物　　　建筑物

图 7.1　共享意象图式

因此，结构类比（或相似性）意味着始源域和目标域共享某种意象图式[内部容器（或物体）被移出外部容器]。在以上四种映射中，最后一种出现在心理空间层。这种隐喻可以表示为：

心理空间层隐喻

↑

框架层隐喻

或

域层隐喻

↑

成分 A—成分 A

成分 B—成分 B

成分 C—成分 C

等

↑

结构相似性（共享意象图式）

与相关隐喻不同的是，这类隐喻存在一个共享意象图式（不是意象图式隐喻），成分之间只有一组映射——要么在框架层，要么在域层（而不是在意象图式层、域层和框架层上的三组映射）。心理空间层的映射仅传递预期的语境化意义。本章上述讨论的"掏空建筑物"和 Frank Jump 的例子即是如此。

如果我们将概念隐喻的宽泛定义视为从始源域到目标域的任何多重映射（而不仅仅是基于相关性的映射），那么，许多基于相似性的隐喻（那些映射整个结构而不仅仅是单个特征的隐喻）也可以作为概念隐喻，如上面的隐喻或"原子是太阳系"（AN ATOM IS THE SOLAR SYSTEM）。这些通常被称为隐喻性类比。但是，当认知语言学家谈论概念隐喻时，他们通常指的是基于相关性的隐喻，而且正如我们所看到的，这些隐喻有四个层次的图式层级（如上所述）。

论"文化隐喻"

相关隐喻和相似隐喻的区别有一个重要的作用，即这种区别可以帮助我们避免关于概念隐喻的普遍性和文化特异性程度的争论。甚至在 CMT 框架内，也有一些学者注意到了这一点（如 Gibbs 1999a，1999b；Kövecses 2005），特别是在 CMT 研究的前 20 年，研究者更多强调的是概念隐喻的普遍性，而不是其文化特异性方面。最近，Musolff（2016）也观察到，在 CMT 中"……基本隐喻"，即基于经验的和神经生理上表现出的隐喻构成"意象图式"被视为"具身概念的普遍性"（Gallese and Lakoff 2005；Lakoff 1993，2008，Lakoff and Johnson 1980，1999）。Musolff 反对从文化语言学视角研究隐喻（见 Sharifian 2011，2015，2017a，2017b），即隐喻源于文化概念化。为了证明这一点，Musolff 引用了他自己的研究，即不同语言/文化背景下的人是否以相同的方式（即普遍的方式）构想"政体"概念（一个国家的成员将其国家概念化为人体的想法）。研究结果表明，情况并非如此，不同民族的人对于人体在"民族"概念中的作用有系统性的不同看法。他发现，该研究的参与者用不同的（即非普遍性的）方式阐释国家作为人体的隐喻，包括最基本的区分，即国家作为一个基于解剖/功能的实体（主要针对西方人）和基于地理的实体（主要针对中国参与者）。Musolff 认为，这些（以及其他）阐释可以归因于不同的特定文化传统（如中西方传统差异）。换言之，概念隐喻的阐释中不存在自动的、普遍的反应。

这个问题与相关隐喻和相似隐喻的区别有什么关系？我相信，CMT 的主要代表人物（如 Lakoff 和 Johnson）谈论的概念隐喻主要指的是基于相关性的隐喻——正如本书所描述的有图式层级的概念隐喻。这种概念隐喻（由于其意象图式是基于经验的相关性）往往是普遍的。相比之下，我并不认为"国家作为人体"的概念隐喻是一种相关隐喻，而是一种相似隐喻。人体与国家没有任何关联，但两者具有一些通用特征。参与调查的对象可能会将国家与人体的层级性功能组织（如头部支配手臂和腿）或身体器官的排列（如嘴和鼻子对应国家的特定地理位置）进行比较。换言之，我们不必声称这两种隐喻类型都会产生普遍性（只有相关隐喻产生普遍性），或者相关隐喻不能产生非普遍性（尽管主要是相似隐喻产生非普遍性）。

用"主要"一词是因为在某种程度上图式层级（如上述所示）也可以产生非普遍性。非普遍性的程度随着层级的下降而上升（从意象图式隐喻到心理空间隐喻），随着层级的上升而下降。换言之，意象图式层级的普遍性最强，心理空间层级的普遍性最弱。这是因为心理空间层的隐喻概念化深深嵌于语境中，并受到语境的影响。这才是真正的"文化概念化"。语境同样影响相关隐喻（图式层级）和相似隐喻（具有共享的意象图式）。

7.5　CMT 的语境观和多层观框架

我在这里描述的 CMT 的构想建立在意义、概念结构、记忆、本体论层面和语境之上。我在本节将对其简要进行回顾，然后提出它们之间如何相互关联的总体轮廓。

一是意义。我提出了三种隐喻意义：有意义、去语境化意义和语境化意义。概念隐喻本体的使用中包含以上三种意义。

二是构成概念隐喻的概念结构（意象图式、域、框架、心理空间，见第 4 章和本章），它们都是构成部分：一个概念隐喻包括意象图式隐喻、域隐喻、框架隐喻和心理空间隐喻。它们以图式性的递减（或递增）程度为基础，以意象图式和心理空间隐喻为终点，形成了一个相关联的层级结构。意象图式层隐喻（包括基本隐喻）定义了概念隐喻的类属层意义。域和框架层隐喻（及其映射）负责与其有关并基于它们的去语境化意义。心理空间层隐喻考虑并描述正在进行的话语的语境化意义。

三是记忆。记忆与隐喻紧密相关，因为不同的隐喻位于不同类型的记忆中，包括长时记忆和工作记忆。长时记忆中存储意象图式、域和框架层隐喻，工作记忆则是心理空间层隐喻发生的地方。此外，意象图式隐喻以类比结构的形式储存在长时记忆中，而其他三种隐喻（域、框架、心理空间）则以命题形式储存。最后，只有工作记忆才能产生有意识的隐喻和蓄意隐喻。

四是本体层面。在之前的成果（Kövecses 2002/2010 和第 4 章）中，我对概念隐喻可以存在的不同本体论层面进行了区分：次个体层、超个体层和个体层。在次个体层，有意义以意象图式隐喻的形式存在于长时记忆中。域和框架属于超个体层，处于长时记忆中，具有去语境化意义。在个体层，心理空间隐喻在工作记忆中产生语境化意义。

我们可将目前为止讨论过的 ECMT 视角下的这些关键方面，以及它们之间的相互关系，总结如表 7.1 所示。

表 7.1　ECMT 的核心观点总结

意义类型	概念结构类型	记忆类型	本体论层面
有意义	意象图式隐喻	长时记忆（类比结构）	次个体层
去语境化意义	域隐喻 框架隐喻	长时记忆（命题结构）	超个体层
语境化意义	心理空间隐喻	工作记忆（命题结构）	个体层

除了上述概念隐喻的认知特征外，我提出的观点还包括另一个主要方面：语境。我设想的 ECMT 不仅具有丰富的认知部分（如上所述），还具有丰富的语境

成分（见 Kövecses 2015a 和第 5 章）。诚然，我从根本上区分了四种类型的语境：
情景语境、话语语境、身体语境和概念认知语境。每种语境都有建立在经验之上
的语境因素（详细说明请参见 Kövecses 2015a）。表 7.2 是关于我在现实话语中发
现的构成四种语境类型的主要语境因素。

表 7.2　四种语境类型及其语境因素

情境语境	话语语境	身体语境	概念认知语境
物理环境	周围话语（文本间）	经验相关性	隐喻性概念系统
文化语境	先前话语	身体条件	意识形态
社会情境	关于说话者、主题、听话者的知识	身体特征	关注和兴趣
	话语的主要形式	—	历史

关于这些语境类型和语境因素的主要建议为，任何一种语境类型都可以促使
说话者使用与语境因素相匹配的特定语言隐喻，即它们都具有潜在的启动效应。
我在这本书中讨论的一个主要问题是如何将隐喻的认知方面和语境方面放在一个
连贯性框架中。这个问题需要设定一个假设来解释说话者如何提出一个隐喻，以
及听话者如何理解这个隐喻。在本章开头，我举了一些例子说明如何在 ECMT 框
架内完成这些隐喻过程。不管这个框架多么过于简化和不成熟，我现在都试图把
之前对概念隐喻的认知和语境方面的观察转变成一个过程观，即转变成一个隐喻
意义构建过程中心理加工的动态模型。

7.6　一个尝试性的和非正式的加工模型

想象一个话语情境，其中有说话者和听话者。由于他们在进行交流，所以就
会有一个话语情境，其中有一个说话者、一个听话者和一个话题。在这个情境中，
他们可能会共享关于这些成分的大量信息（**话语语境**）。说话者和听话者都有大
量关于话语情境的物理、社会和文化信息，其中很多是他们共享的（**情景语境**）。
他们认为他们的身体是以同样的方式运作，所以把一些身体经验也和其他概念联
系在了一起。但他们同样也了解自己和他人的身体状况及特性（**身体语境**）。最
后，在很大程度上，他们共享一个隐喻系统，他们可能认同文化中的某些意识形
态，可能在生活中有某些兴趣和关注点，并且可能共享一些群体的或个人的历史
（**概念认知语境**）。

在话语的某一刻，说话者的交际意图似乎用隐喻才能最好地表达出来。说话者会（无意识地）形成一个由适当的意象图式隐喻支持的语境化意义。上述提到的语境因素在说话者的工作记忆中都是活跃的。其中一个因素启动说话者在意象图式隐喻的支持下，从心理空间层的概念隐喻所表达的语境化意义出发，构建出一条概念路径。这一路径通过在框架层和域层对意象图式隐喻进行详述而完成。

但到目前为止，只有语境化意义的内容部分得以创建。然而，在很多情况下，内容部分的创建是为了达到某种语用效果。语用效果和概念内容共同出现——它们彼此服务。幽默、情感、叙事功能、修辞效果等都可以作为隐喻的语境化意义的重要组成部分，作为"承载"这种功能或效果的概念内容。换言之，我们对隐喻过程的非正式描述将由图 7.2 粗略展示。

隐喻的浮现内容部分由语用功能或效应补充

↑

基于图式层级浮现的语境化意义的适当隐喻性载体

↑

语境因素影响图式层级的建立

↑

识别支撑语境化意义的意象图式隐喻

↑

需要一种特定的隐喻性语境化意义的表达式浮现

↑

大量的语境化意义在工作记忆中被激活

↑

置于话语语境-情景语境-身体语境-概念认知语境之中

图 7.2　概念隐喻的加工模型

我承认，这种隐喻产出"模型"是我"个人的"民间理论（如果有这种东西的话）。我想指出的是，就概念隐喻而言，隐喻意义构建的主要成分是什么，以及这些成分的组合如何可行且具有逻辑。向上的箭头并不是真正显示时间顺序，而是表示过程中可以假定的一些逻辑顺序。事实上，该模型并不旨在成为实际情况中的在线流程的"复制品"。我不想（也不能）承担心理语言学家和实验认知心理学家（更不用说神经科学家）的工作。但是，我希望我这一不成熟的理论可以为这些研究者在隐喻的产出和理解工作方面提供一些有用的思路。

7.7 总 结

在本章中，我勾勒出了 ECMT 的主要成分及其相互关系。这一新观点主要建立在概念隐喻的多层观和语境嵌入性之上。

就概念隐喻的多层观而言，它包含多种成分，譬如隐喻意义类型（有意义、去语境化意义和语境化意义）、概念结构类型（意象图式、域、框架及心理空间）、记忆类型（长时记忆和工作记忆），以及本体论部分（超个体、个体和次个体）。

就语境观而言，ECMT 包括四种语境类型及其中的语境因素：情景语境（物理、社会和文化）、话语语境（上下文、先前话语、话语主要成分的知识和话语的主导形式）、身体语境（经验相关性、身体条件和特性）和概念认知语境（隐喻性概念系统、意识形态、关注和兴趣、历史）。

在新观点中，我们还区分了三种概念路径：图式层级路径、临时路径及共享意象图式路径。选择不同路径会产生不同类型的概念隐喻：系统隐喻（基于图式层级路径）、非系统（孤立）隐喻（基于临时路径）和系统相似性（类比）隐喻（基于共享意象图式路径）。

最后，我提出了一个尝试性的非正式隐喻加工模型，该模型旨在映射话语中隐喻性表达的产出者头脑中正在发生的事情。

第8章　总结：对五个问题的回应

我根据以下五个主要问题构建了本书的内容，这些问题在前文五个章节的标题中以五个问句的方式呈现。它们是：

（1）比喻性地理解抽象概念，字面性地理解具体概念，是否也能比喻性地理解具体概念？

（2）直接还是间接浮现？

（3）域、图式、框架还是空间？

（4）概念性还是语境性？

（5）离线还是在线？

以上问题都极具争议性，表达了有关 CMT 的极端的和简单化的替代性观点。在最后一章中，我会简要地对以上问题逐一进行讨论。很显然，我并不认同任何此类替代性观点，这一点能在相关章节中得以体现。现实情况比任何替代性观点本身所呈现的内容都要复杂得多。

8.1　比喻性地理解抽象概念，字面性地理解具体概念，是否也能比喻性地理解具体概念？

让我们从最普遍的问题入手——字面意义与隐喻意义。CMT 建立在抽象概念被概念化为具体的、物理性的概念的基础上（反之则不成立）。这是由于后者（具体概念）可以从字面上进行理解，即直接的、具身的体验，而抽象概念却无法这样理解。但在第 2 章中，我们可以看到，从字面上理解具体概念的范围很小；而且由于各种原因，其中的许多具体概念也是通过隐喻和转喻来理解的。然而，这并不妨碍我们使用这些比喻性理解的具体概念作为概念隐喻的始源域，也就是使抽象概念概念化。许多抽象的目标域被概念化成了比喻性理解的具体始源域，无论是在词源的历时性上还是同步性上都是如此。这使得该理论处于两难境地。如果许多始源域在一定程度上是比喻性的，那么抽象并不仅仅是通过字面性地理解始源域概念来实现概念化的。

对于如何解决该理论中这一明显的矛盾之处，我的建议是，许多始源域中都有基于有形经验的本体性内容，但它们也可以部分地进行比喻性理解。许多概念可以说既有本体性内容，也有比喻性识解作为其意义的不同方面。例如，在许多具体概念的字面意义中，本体性内容占据主导地位，超过比喻性识解；而在抽象概念中，比喻性识解占主体地位（图8.1）。

图 8.1　具体概念和抽象概念中的比喻性识解和本体性内容

抽象概念中的本体性内容很少，但有大量的比喻性识解（即大部分抽象概念都是通过比喻性识解进行理解的）。但它们也确实有一些本体性内容。这就是我们所说的身体经验，即抽象概念的具身性（如人在生气时的体温）。

关于这方面，有趣的是，一些研究人员认为，情感概念与其他抽象概念有些不同（参见 Altarriba et al. 2004；Borghi et al. 2017）。他们认为情感概念比其他抽象概念更具有具身性。然而，在我看来，这种说法太绝对了，需要加以限定。我认为，只有典型的情感概念（如愤怒、恐惧、悲伤、喜悦）才更有具身性（也就是说，有更多的身体经验）。如果我们将具身性局限为情感状态的外部信号的话，非典型的情感概念则通常完全不具备该性质（但正如 Anna Borghi 在 2019 年 2 月 26 日的个人电子邮件中所说，我们不仅应该考虑具身性的外在信号，还应该考虑其内在信号。这将进一步完善这一理论。这个问题很复杂，我不在这里进行深入探讨）。在情感具身性的"粗糙"观点中，"希望""友谊""尊重""蔑视"及其他一些概念似乎没有具身性的特征。相反，它们完全是比喻性识解。用于此目的的概念隐喻来自一些描绘典型情感概念的典型隐喻之外（见 Kövecses 2000b）。

因此，一般来说，抽象概念似乎与具体概念有些相像，因为它们都具有具身性。但是，具体概念是否与抽象概念有些像呢？假设具体概念可以比喻性地理解，那么，许多具体概念就与抽象概念相像，因为它们在一定程度上也可以比喻性地理解。在概念隐喻中，我们可以用这些（部分）比喻性理解的具体概念作为始源域，因为其本体性内容占主导地位。这样，它们就可以在隐喻化过程中发挥有用的认知功能。

8.2　直接还是间接浮现？

正如我们在前面章节中所看到的那样，隐喻具有多样化的类别，有几种不同的类型。自 CMT 创立以来，在该领域享有最高声誉及人们研究最多的隐喻类型就是我们今天所说的相关隐喻（在 1980 年时，该隐喻类型不叫相关隐喻）。我认为，这是因为相关隐喻有助于我们解释有多少抽象概念是以完全自然的、自动的方式出现的。

Grady 关于基本隐喻的观点在解释中发挥了关键作用。基本隐喻是 CMT 框架内标准隐喻观点的基石。在其帮助下，我们可以解释像"生活是旅程"这样有条理的和潜在的共性隐喻是如何出现的，以及人们是如何常规地、自动地学习它们的。我们完全不需要任何形式的指导来学习和使用它们。之所以不需要任何指导，是因为构成这种复杂隐喻的基本隐喻，如"目标是目的地"、"困难是阻碍"（DIFFICULTIES ARE OBSTACLES）等等，都是我们在现实生活中自然而然获得的。例如，在我们的许多生活经历中，"目标"与"目的地"密切相关，正是这种相关性产生了相应的基本隐喻。

但我在第 3 章提出的问题是，就基本隐喻而言，这些隐喻是否直接来自经验？换一种说法，就相关隐喻而言，隐喻化过程本身是不是一个基本过程？我的观点是：不是。我认为，必须有一个转喻阶段为隐喻化过程奠定基础。这基本上可以通过两种方式发生：①在成分 1（E1）和成分 2（E2）的初始"框架状"结构中，E1 和 E2 在经验上是相关的，因此，E2 可以转喻性地代表 E1。例如，身体热量转喻性地代表愤怒。然后，E2 被概括化（或图式化），并成为初始概念的始源概念，而初始概念成为目标概念。也就是说，身体热量被概括为情感域之外的热量，从而允许基本隐喻"愤怒即热度"的出现。②在 E1 和 E2 的初始"框架状"结构中，E1 和 E2 在经验上是相关的，因此，E2 可以转喻性地代表 E1。接着，E2 被概括化，并成为初始概念的目标概念，而初始概念成为始源概念。例如，在最初的"去目的地"框架中，"去目的地"涉及到达该地点这一目的（因此两者是相关的），这产生了"到达目的地代表实现目标"的转喻。但并不是所有的目标都与到达目的地有关。与目的地相关的目标被概括为一般目的。这就产生了"目标是目的地"的基本隐喻。

我并非想以此分析来表明基本隐喻在任何方面都不重要。相反，它们在人类认知中确实发挥着极其重要的作用，在具身认知理论赋予的隐喻概念化中尤为如此。我认为，在产生基本隐喻的隐喻化过程之前有一个转喻化过程，即一个转喻阶段。从这种意义上说，基本隐喻并不是直接出现的。产生基本隐喻的隐喻化过程不是基本的，它建立在之前的转喻过程之上。

除了在基本隐喻中发挥作用以外，转喻在抽象概念的形成中也发挥作用。但是，在基本隐喻中，转喻包含两个密切相关的概念，而在抽象概念的形成中，它可以在单个概念中发挥作用。在这一单个概念中，始源概念包含了其图式化的副本。例如，在前一章中分析的动词"掏空"（将死去动物的内脏从中取出）的基本含义包括"从某物中取出某物"这一图式化概念。这种图式化是通过转喻实现的，在这种情况下，特定意义可代表其对应的一般意义。因此，该动词的基本意义是某人类施事者取出动物尸体中的内脏，而抽象意义是某施事者从某物中取出某物。一般意义并没有具体说明取出了什么、如何取出以及从哪里取出。这种"掏空"的基本意义的改良版是该意义的图式化副本。因此，特定意义可以转喻性地代表一般意义。因此，"掏空"的抽象意义由此产生，并可应用于如经济、法律等不同的领域（如韦氏词典所示）。

因此，转喻过程似乎不仅在创造基本隐喻方面至关重要，而且在抽象概念的形成过程中也发挥了极为重要的作用。在之前的书中（Kövecses 2015a：22-24），我写道，"隐喻性图式化"源于概念转喻，这一过程为我们提供了许多基于转喻的抽象概念，包括"天堂""天意""因果/创造"等概念。

8.3 域、图式、框架还是空间？

概念隐喻及其囊括的概念结构具有许多不同的术语名称。Lakoff 和 Johnson 更喜欢使用"域"（即通过一个域来理解另一个域）这个概念，但他们在早期的作品中也谈到了"经验格式塔"（experiential gestalts）。Lakoff（1996）通常将概念隐喻称为两个框架之间的关系。他和 Kövecses（1987）运用了"认知模型"这一术语，而许多文化人类学家用"文化模型"来指代同样的事物（Holland and Quinn 1987）。在 Lakoff 和 Turner（1989）的著作之后，"图式"一词也变得流行起来，当然 Johnson（1987）书中的"意象图式"一词也流行了起来。最近以话语为导向的研究（如 Musolff 2006）认为，"情景"或"场景"更适合描述话语中与隐喻相关的现象。CIT 的研究人员对隐喻中涉及的概念结构如空间、心理空间甚至是输入（空间）都采用了这样的命名方式。毫无疑问，这种命名方式可以继续使用。

这些作者都误用了术语名称吗？并非如此，他们都用对了。将所有可用的术语统一起来的是一个简单但强大的观点：我们通过我们经验中连贯的心智组织来体验世界的各个方面。域、框架、图式、模型、场景、空间等等都捕捉到了我们如何体验世界的格式塔特征。概念隐喻作为一种体验世界的方式，可以包含这些结构中的任何一个。

人们很早就认识到，概念隐喻可依据不同层次的普遍性进行陈述（关于这一点，见 Clausner and Croft 1997）。例如，Lakoff 和 Johnson（1980）观察到，"时间就是金钱"（TIME IS MONEY）的隐喻也可以表述为"时间就是资源"（TIME IS A RESOURCE），这样，更普遍的隐喻表达，如"使用"时间或"给予"时间，就能容纳在同一个隐喻中。"资源"隐喻比"金钱"隐喻更具普遍性，也更具图式化。问题是，"资源"和"金钱"等概念是否构成了域或框架，或者是否一个构成了域，而另一个构成了框架？

与隐喻中使用的类似格式塔的概念结构有关的是，各种概念结构（由"A 是B"这种记忆方式表明，如"爱是旅程"）倾向于在具体性-图式性的尺度上占据不同的层级，人们最初对此并不清楚。Lakoff 在其 1993 年的论文中区分了三个层级的概念隐喻：

事件结构隐喻
The Event Structure metaphor
生活是旅程
LIFE IS A JOURNEY
爱是旅程
LOVE IS A JOURNEY

Lakoff 指出，以上两个隐喻的图式化程度不同：生活事件是一般事件的特例，而恋爱关系中的事件属于生活事件。较低层级的隐喻继承了较高层级的隐喻的结构。

Dancygier 和 Sweetser（2014：43-49）补充道，在事件结构隐喻的层面上，我们所处理的是意象图式框架（因为它们指的是更复杂的意象图式），这些框架可由较低层级的框架来阐述。例如，"旅程"框架是"道路上定向运动"的意象-图式框架的子框架（由运动、路径、位置的基本意象图式构成）。"旅程"框架可以用来构建各种领域，包括生活、关系、职业、项目等等——几乎能构建所有长期活动。这意味着，不仅特定的概念隐喻本身可以形成图式层级关系，而且构成这些概念隐喻的概念结构也可以形成这种层级关系，正如我一直所展示的那样：

意象图式结构（最具图式化）
Image schema structures (most schematic)
域结构（图式化程度较低）
Domain structures (less schematic)
框架结构（图式化程度较低）
Frame structures (less schematic)

我们可以把它们统称为框架或域（因为它们都代表着连贯的经验组织），但如果我们将其视为图式化程度不同的概念结构（以及相应的隐喻），其图式化层级关系是：意象图式 > 域 > 框架。

我在第 4 章中指出，我的图式层次观与标准观在两个方面存在着差异。一方面，我认为层级关系中图式化程度最低的概念结构不是框架，而是心理空间。心理空间对框架进行阐述，使其像特定的话语情境所要求的那样具体。换言之，我认为四级层级关系更合理（除了语言表达层面）：

意象图式结构（最具图式化）
Image schema structures (most schematic)
域结构（图式化程度较低）
Domain structures (less schematic)
框架结构（图式化程度较低）
Frame structures (less schematic)
心理空间结构（最不具图式化）
Mental space structures (least schematic)

（语言表达）

(Linguistic expression)

心理空间通常将两个框架之间单一的隐喻映射前景化，但这种表达话语中某一特定点的语境化意义的映射却唤起了在它之上的整个层级结构。由此可见，图式化层级的作用并不局限于长时记忆中的概念结构，而是与这些结构在工作记忆中如何被调动起来密切相关。

我对图式层级关系的处理不同于标准观点的另一方面是，我认为，每一个层级都在一个丰富的语境中运作。语境（即语境因素）的各个方面都会影响概念隐喻（以及随之而来的层级关系）对情景的概念化。在话语情境中，同样的因素在（无意识）选择最能表达概念隐喻的语言隐喻时也至关重要。

8.4 概念性还是语境性？

CMT 的一个主要发现是隐喻不是简单的单个语言表达式，而是在概念格式塔之间以映射的形式存在的概念系统，如域、框架、图式等。因此，CMT 在语言中的隐喻和思维中的隐喻（隐喻概念系统）之间建立起自然的联系。它认为，语言中的许多隐喻仅仅是因为概念隐喻而存在。

实际上，图式层级概念进一步扩展了隐喻作为一种我们思考的工具，而不是作为一种语言修辞手段的观点。我们所拥有的众多概念隐喻并不是相互独立的，而是形成了更大的层级系统，使得隐喻思维不需要意识的参与就能非常容易地、高效地实现。我们在这本书中所看到的，以及 Lakoff、Sweetser、Dancygier 等在著作中所描述的图式层级关系，彰显了其牢固的基础，以及它对我们如何概念化我们周围的世界所起的巨大作用。

概念隐喻这种大的概念支架是由我们的经验所形成、丰富和塑造的。在我看来，正是我们经验的总体性构成了语境（参见 Kövecses 2015a 和第 5 章）。为了论证我们经验的总体性可以在塑造隐喻的系统中发挥作用这一观点，我认为，语境由四种类型组成：情景语境、话语语境、概念认知语境和身体语境。这四种类型各自包含了多个更为具体的语境因素，这些因素能够影响具有诸多图式层级关系的大隐喻系统的形成和运作。正如认知语言学家和科学家所指出的那样（如 Lakoff and Johnson 1999；Gibbs 2006），人体的共性在这个系统的形成和运作方式中发挥着极为重要的作用。除了基本隐喻所起的作用外，其他意象图式隐喻以及使基本隐喻得以形成的转喻在这方面也至关重要。

但是，身体不仅是普遍的——它通常也是非普遍的；它可以有自己的特殊性，有时也有非常独特的条件。因此，身体也可以产生针对特定人群甚至个体的隐喻。正因如此，我认为，将身体视为一种能够以普遍性的和非普遍性的方式塑造隐喻系统的语境是合理的。

我所说的概念认知语境包含了"兴趣和关切"这一文化因素，适用于群体和个人。例如，如果在一个社会中人们对体育非常感兴趣，那么体育领域将被普遍用于图式层级关系中，在这种关系中，竞争和控制是一回事。

相比身体语境和概念认知语境来说，情景语境和话语语境更为明显地影响着我们隐喻性地概念化世界的方式。在本章和第 5 章中，我们已经看到了许多这样的例子。

总的来说，我们认为，在特定的局部话语情境中，语境的影响在心理空间层是最强的和最直接的。对于框架层和域层的隐喻，语境的影响不是直接的和即时的。这些隐喻在特定的言语社区中似乎是稳定的，但是由于语境的变化，它们在长时间内会发生变化。关于这一点，参见 Trim 对欧洲语言和文化中几个概念隐喻演变的研究（Trim 2007，2011）。在意象图式层，隐喻往往具有普遍性，它们在个体发育和种系发育过程中以不明显的方式出现。

这么看来，语境似乎是隐喻意义生成中不可或缺的一方面。隐喻的概念性和语境性是密不可分的，二者缺一不可。CMT 不仅仅是概念性的，也是语境性的。因此，本节标题中的问题没有太大意义。

8.5 离线还是在线？

CMT 最初是作为一种离线的隐喻理论出现的，并持续了很长一段时间。这意味着在长时记忆中，概念隐喻被视为两个域，如"生活是旅程"之间的静态连接（映射）。隐喻主要被描述为概念系统运作的产物，而不是生成产物的过程。在研究概念隐喻的过程中，成百甚至上千种诸如心理结构等"产品"被识别并被详细描述。随着基本隐喻理论的出现，该情况在其性质上并没有发生太大的变化。尽管基本隐喻理论为我们理解概念隐喻增添了新的深度和维度，但它仍遵循并强化了传统的隐喻思维方式，即概念隐喻（尤其是其中的基本隐喻）是由人类身体经验产生的概念系统的稳定的和固化的产物。从某种意义上说，图式层级理论和级联理论（如 David, Lakoff and Stickles 2016）也是如此：它继续描述长时记忆中意象图式、域和框架层的离线隐喻结构。当然，新的结构更复杂（例如，在几个层面上都能找到它们），它们整合了以前不被认为是共同运作的隐喻的各个方面，并为某些隐喻相关现象的运作方式提供了合理的解释，例如，较低层级的隐喻如何继承较高层级的信息。

批判必然出现，也确实出现了。CIT 的支持者认为，CMT 缺少一个能够捕获隐喻实际使用过程中发生的动态过程的成分。为了解决这个问题，他们提出了网络模型（见第 6 章）。这些过程不仅包括从始源域到目标域的映射，还包括从目标域到始源域、从始源域和目标域到整合空间、从整合空间到始源域和目标域的映射。这些过程不可发生在位于长时记忆中的框架和域之间，它们必须发生在心理空间内。心理空间及其组成的网络是在交际事件发生时在线构建的，包含一个隐喻性整合。同样，以话语为导向的隐喻研究表明，在真实语篇中，"隐喻"并不发生在框架层或域层。这些研究者提出了"情景、场景、心理空间"等概念作为隐喻实际使用的层面（如 Musolff 2006）。还有一些研究者，如那些关注隐喻语用和修辞用途的人（如 Goatly 1997；Semino 2008；Steen 2008, 2011），抱怨 CMT 无法处理自然语篇中隐喻的语用修辞功能。逐渐清楚的一点是，作为隐喻的一般理论，CMT 缺少了一些重要的东西。

问题是：我们如何做才能在维护 CMT 所有成就的同时也容纳这些批评呢？正如我在前面章节（第 6 章）中试图表明的那样，对于这一困境，我个人的解决方案是扩展图式层级关系，将心理空间（或场景）层级也包括在内。与常见的意象图式隐喻、域隐喻和框架隐喻之间的三重区分不同，我建议采用将心理空间层隐喻包括在内的四重区分。新的图式层级关系从最具图式化的层级到最不具图式化（或最具体的）的层级进行排列，所谓最不具图式化的层级也就是心理空间。心理空间层的隐喻假设所有较高层次的隐喻处于一个层级。这样，我们就可以把 CMT 变成一个理论，即可以把离线的图式层级关系的想法和它的在线功能结合起来，把隐喻既看作产品又看作过程。

为了阐释四重区分是如何运作的，我们最后再次以"倾覆"进行举例。如前所述，一名记者正在采访 Domino 在卡特里娜飓风过后的生活。在解读 Domino 的遭遇时，这位记者想表达 Domino 的生活发生了突然的且十分糟糕的变化。在采访时，飓风席卷过后所留下的迹象仍然清晰可见，如被掀翻的船只。于是，他写道："2005 年的飓风'倾覆'了 Domino 的生活……"他当时所看到的和现在所记得的（被掀翻的船只）知觉特性作为一种语境因素，激活了意象图式隐喻"行动是自我推进的运动""目标是目的地""功能/坚持是保持直立"。（船的）功能的缺失阻碍了（船的）继续前进，即进一步的意象图式（主要）隐喻为"困难是阻碍"。由于会话的主题是生活，因此这些意象图式层隐喻激活了域层隐喻"生活是旅程"。这与基本隐喻相匹配并对其进行了详细阐述（图 8.2）。"生活是旅程"隐喻在框架层唤起了更为具体的"过人生是去旅行"隐喻。现在，记者可以采用"旅程"的框架，通过高度具体化的心理空间层隐喻"Domino 的生活突遭恶化是 Domino 的船在航海途中倾覆了"（AN ABRUPT NEGATIVE CHANGE IN DOMINO'S LIFE IS THE CAPSIZING OF DOMINO'S BOAT DURING HIS SEA JOURNEY）来表达"Domino 生命中突然的消极变化"的语境化意义。这可以用图 8.2 表示：

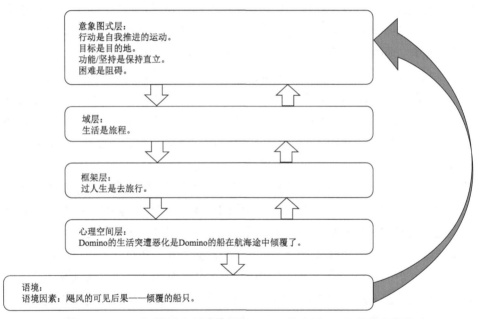

图 8.2　"2005 年的飓风'倾覆'了 Domino 的生活……"的意义构建

　　图 8.2 具有一定的误导性，因为它看起来好像是语境化意义决定或影响了语境因素的选择，从而唤起了意象图式隐喻。但是，语境化意义并不一定先于被选择的语境因素而存在。实际上它可以在一个突显的语境因素之后出现。换言之，似乎在某些情况下，一个突显的语境因素的出现可以决定或影响说话人想要表达的隐喻内容。例如，Matthew Arnold 在他的诗《多佛海滩》（具体分析参见 Kövecses 2015a）中所使用的一个隐喻，在诗中，Arnold 看着大海的潮起潮落，留下的是地上赤裸的卵石。他在同一节诗行中写到了"信仰之海"，因此我们可以确定，他

所传达的思想是基督教信仰在 19 世纪的英国是如何消失的，从而使整个世界变得脆弱不堪。很可能是退潮的海岸这一情景激发了他表达自己所做的事情的想法，在这种情况下，我们可以认为是物理环境（即他所看到的）唤起了隐喻。可能我们都记得是情境给予我们隐喻性的想法，而不是想法把我们带到某种情境中，从而使我们得以隐喻性地表达先前所存在的观点。

8.6 结　　语

如第 1 章所描述的那样，ECMT 呈现了经典 CMT 的许多方面，但问题是 ECMT 如何与其他隐喻理论相联系。在大多数情况下，它们既有相同的部分，也有不相容之处。

就 CIT（CMT 本身的扩展）而言，ECMT 认为，隐喻整合（隐喻合成的构建）过程发生在位于工作记忆中的心理空间层，但同时也是一个长时记忆中所有较高层级的隐喻结构都被利用的过程。换言之，隐喻整合是一个更大系统的功能的一部分，该系统以域和框架之间的兼容性和不兼容性为特征。整合发生在不兼容的地方。

ECMT 与蓄意隐喻理论之间的关系也可以说是类似的。以相关隐喻为基础的蓄意隐喻呈现的是整个图式化层级关系（然而，当蓄意隐喻以相似性为基础时，显然情况并非如此）。前一类蓄意隐喻是具身性的，它们的理解激活了相关层级。大量研究表明，与蓄意隐喻理论家的主张有所不同的是，隐喻意义的规约化并不等于没有被激活。

ECMT 与结构映射理论一致认为，隐喻是两个域或框架之间的系统映射集（Gentner 1983）。但是结构映射理论主要研究不涉及图式层级的相似隐喻（隐喻性类比），而 ECMT 研究涉及图式层级的相似隐喻。

ECMT 甚至与关联理论对隐喻的看法有一些共同之处，即关联理论在隐喻意义的构建中所采用的推理过程建立在相互认知环境的概念之上。这一概念与这里所使用的"语境"概念接近。在这两种观点中，隐喻的产生和理解都极受语境限制。这两种观点的不同之处在于，关联理论并不接受概念隐喻的存在，更不用说图式层级的存在了。

但与 ECMT 最为契合的隐喻观是 Gibbs 在很多作品（如 Gibbs 2013，2017c；Gibbs and Cameron 2007）中提出的隐喻动态系统观。随着适应行为系统的发展，动态系统模型利用了丰富的信息。该系统接收与身体(既有当下的,也有历史的)、参与交际情境的概念化者、话语本身、参与者的目标、情境中存在的对象和事件,以及更广泛的环境有关的信息。动态系统观和ECMT都认为,这些信息及我们所有经验的总和能促进隐喻的产生和理解。为了把握这种总体性,ECMT调用了四类语境:情景语境、话语语境、概念认知语境和身体语境。它还假设,在动态系统模型中,随着话语的发展,所有这些信息和经验也许都可以启动隐喻。考虑到它们所依赖的因素的多样性,这两种观点都能很好地解释隐喻的创造性和语境敏感性。

Gibbs(2013:72-73)将隐喻活动视为"一个动态的、自我组织的过程",认为隐喻是"沿着不同的时间尺度运作的多重约束的产物……"。让我们回到"倾覆"的例子,Gibbs(2017c:331-332)在关于Fats Domino的文章中使用了这一隐喻,以展示导致这一隐喻出现的各种力量或制约因素。他提供了如下信息:

● **进化力量**维持生存和增强合作以增进个体和群体福祉。基本隐喻(如"坚持是保持直立")产生于进化和经验两种力量。

● **关于不同主题的特定文化观念**,例如,如何最好地应对艰难的生活挑战。

● **历史力量**,与作者过去作为一名作家在特定论坛上发表 Fats Domino 简介的经历相关。

● **社会力量**,使说话者能够在特定语境中协商特定意义。

● **语言因素**,与特定词语和语法使用的惯例相关,在该例子中,航海术语被用来指代人的经历。

● **即时突显的语境信息**,如飓风卡特里娜所带来的后果。

● **即时的交际动机**,通过一些生动的、令人难忘的、与语境相关的、简洁的话语陈述生活中与困境相关的相当复杂的抽象概念。

● **之前所说的话**促使作者使用某些与船和水相关的术语,这些术语与先前谈论的卡特里娜飓风对建筑物造成的实际破坏有关。

● **身体经验**,与谈论生活中暂时的挫折有关的持久概念相关,如"无法坚持是无法保持直立"(BEING UNABLE TO PERSIST IS NOT BEING ABLE TO REMAIN ERECT OR UPRIGHT)。

● **大脑和神经活动**,包括大脑系统在说话者和听话者或作者和读者之间的特定交互过程中的耦合。

现在，我们仔细讨论 ECMT 如何对上述"力量"清单进行处理。

在 ECMT 中，进化力量作为基本隐喻的塑造者发挥作用，因此，它是身体语境的一部分。基本隐喻本身，如"坚持是保持直立"，是概念认知语境的一部分。

Gibbs 所说的"关于不同主题的特定文化观念"力量或许能在我所提出的作为文化语境的一部分的系统中被容纳——如果"特定文化观念"是指一个言语社区的成员所拥有的与主题有关的知识和经验。

历史力量（从"作者过去作为一名作家在特定论坛上发表 Fats Domino 简介的经历"的意义上讲）也许可以作为作者在概念认知背景下的个人历史来考虑。

"使说话者能够在特定语境中协商特定意义"的社会力量似乎符合我所说的更具包容性的情境类型中的社会情境。

通常使用航海术语来谈论生活和人类经历的语言因素本质上可以归结为概念隐喻在话语中的语言表达。这里的概念隐喻为"生活是一次海上旅程"（LIFE IS A SEA JOURNEY）。这将再次成为概念认知语境的一部分，这些表达将构成附加到概念系统的心理词典的一部分。

即时凸显的语境信息与 ECMT 框架中的情景语境（更具体地说，是物理环境）相对应。飓风所有可感知的后果都是隐喻使用中潜在的语境因素。

即时的交际动机（交际目标）不是四种语境类型中的任何一种，这四种语境处理的是实际的满足体验（我将在下面详细介绍这个问题）。

之前所说的话中与飓风造成的破坏有关的术语的力量接近于我所说的"先前关于同一主题的话语"——这是话语语境的一个方面。这可能包括之前媒体上使用的所有与船只和水有关的词汇。

与"无法坚持是无法保持直立"相关的身体经验可以在 ECMT 框架中清晰地得以解释——既作为身体语境的一部分（作为经验相关性），也作为概念认知语境的一部分（作为基本隐喻的变体）。

最后，就经验相关性（身体语境）的神经相关性而言，ECMT 可以容纳大脑和神经活动，但就说话者和听话者之间的神经耦合而言则不然。

针对这两种方法的异同，现在我们可以做进一步评论。从上面的比较可以看出，从动态系统的角度来看，某些力量或约束是不匹配的，或者是 ECMT 不能轻易适应的。这使得动态系统观的范围更加广泛。有趣的是，这是导致两种框架之间不平衡的原因。到目前为止，ECMT 的主要目标是捕捉各种类型的语境中的"内容性经验"，看它们如何在特定的话语情境中启动隐喻（见 Kövecses 2015a）。为此，假设了四种不同的"语境类型"，即情景语境、话语语境、身体语境和概念认知语境。这些都是由各种"情境因素"构成的，这些因素与一些内容性经验

188 | 扩展的概念隐喻理论

相对应。内容性经验可以是身体的，也可以是基于情境、话语和（认知）表征的。最后一个就是我所说的"概念认知语境"，它只意味着内容性经验已经被存储起来（就像传统的概念隐喻一样）。

如果我们注意动态系统观中与"倾覆"有关的"力量"，就可以看到，这四种情景类型都出现在 Gibbs 的列表中，但还包括了更多的内容，比如"即时交际动机"，我的内容性经验清单中没有这一类。我认为原因是，在我使用的术语中，"即时交际动机"既可以是行为组织系统，也可以是内容性体验。如果我们以"即时交际动机"为例，可以看到，交际动机是人类（交际）行为的一个组织原则，而不是一段满足的经历，比如船只的倾覆（情境语境）、早些时候关于飓风的说法（话语语境）、在重病时无法起床（身体语境）、在隐喻概念系统中发现基本隐喻"坚持是保持直立"（概念认知语境）。

（与隐喻相关的）行为的其他组织原则包括行为的目的、情感和态度系统等。例如，我们生气时所使用的隐喻与我们高兴或悲伤时所使用的隐喻不同。行为组织系统通常是对内容的约束，但它们本身并不是内容。它们组织内容，与内容相关。这就是我在《隐喻从哪里来？》（Kövecses 2015a）一书中没有将它们列入语境因素列表的原因。然而，我在该书中补充道：

> 在这本书中，我没有对以下重要因素谈论太多，如说话者/听话者的情感状态、说话者/听话者对特定话题的态度、使用隐喻的目的，包括出于好玩、搞笑或严肃等目的。我主要关心的是内容性经验（本章归纳为语境因素）能够启动什么，从而引发具有特定概念内容（关于启动，见后文）的特定隐喻，而不是像情感、态度和目的那样，以某种方式限制其呈现的因素。（Kövecses 2015a：188）

换言之，我对制约因素和具有启动效应的因素进行了区分。当然，在某种程度上，具有启动效应（即一些体验性的内容）的因素也可以被看作一种特殊的力量或约束。Gibbs 所说的力量或者约束，在很大程度上包含了上述两者。在这方面，动态系统观更加全面地展现了隐喻表现，因为除了具有启动效应的因素外，它还根据每次使用隐喻（在这方面，参见 Landau 2017）所产生的社会动态（讨论参与者与其环境之间的关系）来关注隐喻使用的社会嵌入性。

然而，这并不意味着情感、情绪、动机、目的等不能作为经验性内容。当它们是经验性内容时，它们可以成为隐喻（而不是行为组织系统）的启动源。例如以下情况：假设我的计算机意外死机了好几次，只有不断关机重启才能正常使用。

此外，假设我有一个十分喜怒无常的伴侣，他/她的情绪经常瞬息万变。所以，当我的电脑下次再死机时，我可以说："我的电脑和你一样喜怒无常。"在这里，情绪被用作可以启动其作为隐喻使用的经验性内容。正是由于我的电脑和伴侣的行为之间的相似性经验，我才能在这个情境中使用这一特定隐喻。

总的来说，在我看来，隐喻的动态系统观是一个以心理空间层为主的理论。它试图捕获隐喻现象，作为工作记忆中的一种在线过程。这样看来，我们可以说，"心理-空间-重量"理论并没有赋予框架、域等可能存在于长时记忆中的更稳定的概念结构以很大的重要性。相比之下，我提出的ECMT将所有这些概念结构看作是共同发挥作用的，将心理空间层发生的事情与或多或少永久或稳定的概念结构整合在一起。这种整合一方面通过较高级的结构塑造心理空间层，另一方面通过心理空间层结构激活较高级的结构。此外，由于心理空间嵌入在信息丰富的语境中，各种语境因素也会影响进入心理空间中的内容。注意，我并不是说ECMT比动态系统观"更好"。事实上，由于我的论证假设存在长期的概念结构，如果事实证明人类头脑中不存在这样的概念结构，那么动态系统观显然是可取的。

除了ECMT如何与其他隐喻理论相关联的问题之外，还有其他许多悬而未决的问题。第一，如果ECMT和动态系统观是相容的，那么，如何将它们变成一个统一的理论？怎样才能最好地发挥其各自的优势，消除它们各自的劣势？第二，如何将其中之一或它们的统一版本变成隐喻使用的加工模型？第三，如何能够设计出与我们的经验的总和相适应的实验，从而使这两种观点在其框架内能够得以使用？第四，同样的问题，如何将这种令人困惑的信息、经验、时间尺度、加工和互动的复杂性及多样性转化为隐喻的神经理论？任何计算模型都能考虑到这一切，包括来自情境成分的挑战吗？第五，我们怎样才能研究发生在人类身上的这一切？

至少在我看来，这些都是未来需要解决的大问题和大挑战。然而，就目前而言，我们应该把目标放低。首先，除了图式层级的语言学证据之外，我们是否可以从其他模态中找到支持证据？其次，让我们进一步看看在隐喻意义建构的实际案例中，语言隐喻和非语言隐喻以及相应的层级是如何被语境影响的。在此之后，我们可以开始更普遍地思考情境诱导的层级在社会认知中的作用和重要性。鉴于此，当我们通过隐喻互动时，我们可以开始为物质世界和社会世界、话语、身体、概念系统和大脑中发生的事情建立更准确的模型。以极具复杂性的形式呈现在我们面前的是隐喻研究中的"互动转向"。

参 考 文 献

Aitchison, Jean. 1987. *Words in the Mind*. London: Blackwell.

Altarriba, J. and Bauer, L. M. 2004. The distinctiveness of emotion concepts: A comparison between emotion, abstract, and concrete words. *The American Journal of Psychology*, 117, 389-410. http://dx.doi.org/10.2307/4149007

Andor, József. 1985. On the psychological relevance of frames. *Quaderni di Semantica*, VI, 2, 212-21.

Bambini V., Gentili, C., Ricciardi, E., Bertinetto, P., and Pietrini, P. 2011. Decomposing metaphor processing at the cognitive and neural level through functional magnetic resonance imaging. *Brain Research Bulletin*, 86(3-4), 203-16.

Barcelona, Antonio (ed.). 2000. *Metaphor and Metonymy at the Crossroads*. Berlin: Mouton de Gruyter.

---. 2000. On the plausibility of claiming a metonymic motivation for conceptual metaphor. In Barcelona, A. (ed.), *Metaphor and Metonymy at the Crossroads*, pp. 32-58. Berlin: Mouton de Gruyter.

Barsalou, Lawrence. 1999. Perceptual symbol systems. *Behavioral and Brain Sciences*, 22, 577-660.

Benczes, Réka, Barcelona, Antonio, and de Mendoza Ibanez, Francisco José Ruiz (eds.). 2012. *Defining Metonymy in Cognitive Linguistics: Towards a Consensus View*. Amsterdam: John Benjamins.

Benedek, András and Veszelszki, Ágnes (eds.). 2017. *Virtual Reality — Real Visuality. Virtual, Visual, Veridical*. Frankfurt am Main: Peter Lang.

Borghi, A. M., Binkofski, F., Castelfranchi, C., Cimatti, F., Scorolli, C., and Tummolini, L. 2017. The challenge of abstract concepts. *Psychological Bulletin*. Advance online publication. http://dx.doi.org/10.1037/bul0000089

Boroditsky, Lera. 2001. Does language shape thought? Mandarin and English speakers' conception of time. *Cognitive Psychology*, 43, 1-22.

Boroditsky, Lera and Ramscar, Michael. 2002. The roles of body and mind in abstract thought. *Psychological Science*, 13(2), 185-89.

Bowdle, B. F. and Gentner, D. 2005. The career of metaphor. *Psychological Review*, 112(1), 193-216.

Cameron, Lynne. 2003. *Metaphor in Educational Discourse*. London: Continuum.

---. 2008. Metaphor and talk. In Gibbs, R. (ed.), *The Cambridge Handbook of Metaphor and Thought*, pp. 197-211. Cambridge and New York: Cambridge University Press.

Cameron, Lynne and Maslen, Robert (eds.). 2010. *Metaphor Analysis: Research Practice in Applied Linguistics, Social Sciences and the Humanities*. London: Equinox.

---. 2010. The discourse dynamics framework for metaphor. In Cameron, Lynne, and Maslen, Robert (eds.), *Metaphor Analysis: Research Practice in Applied Linguistics, Social Sciences and the Humanities*, pp. 77-96. London: Equinox.

Casasanto, Daniel. 2009. Embodiment of abstract concepts: Good and bad in right and left handers. *Journal of Experimental Psychology: General*, 138(3), 351-67.

Charteris-Black, Jonathan. 2004. *Corpus Approaches to Critical Metaphor Analysis*. Basingstoke and New York: Palgrave-MacMillan.

---. 2017. *Fire Metaphors: Discourses of Awe and Authority*. London-New York: Bloomsbury.

Cienki, Alan. 2007. Frames, idealized cognitive models, and domains. In Geeraerts, D., and Cuyckens, H. (eds.), *The Oxford Handbook of Cognitive Linguistics*, pp. 170-87. Oxford: Oxford University Press.

Cienki, Alan and Müller, Cornelia. 2008. Metaphor, gesture, and thought. In Gibbs, Raymond (ed.), *The Cambridge Handbook of Metaphor and Thought*, pp. 483-501. New York: Cambridge University Press.

Clark, Herbert. 1996. *Using Language*. Cambridge: Cambridge University Press.

Clausner, Tim and Croft, William. 1997. Productivity and schematicity in metaphors. *Cognitive Science*, 21(3), 247-82.

Coulson, Seana. 2008. Metaphor comprehension and the brain. In Gibbs, R. (ed.), *The Cambridge Handbook of Metaphor and Thought*, pp. 177-94. Cambridge: Cambridge University Press.

Coulson, Seana and Oakley, Todd. 2000. Blending basics. *Cognitive Linguistics*, 11(3/4), 175-196.

---. 2003. Metonymy and conceptual blending. In Panther, K.-U. and Thornburg, L. (eds.), *Metonymy and Pragmatic Inferencing*, pp.51-79. Amsterdam: John Benjamins.

Croft, William. 1993. The role of domains in the interpretation of metaphors and metonymies. *Cognitive Linguistics*, 4, 335-70.

Dancygier, Barbara and Sweetser, Eve. 2014. *Figurative Language*. New York: Cambridge University Press.

David, Oana, Lakoff, George, and Stickles, Elise. 2016. Cascades in metaphor and grammar. *Constructions and Frames*, 8(2), 214-55.

Deignan, Alice. 1995. *Collins COBUILD English Guides 7: Metaphor*. London: HarperCollins.

---. 2003. Metaphorical expressions and culture: An indirect link. *Metaphor and Symbol*, 18(4), 255-71.

---. 2005. *Metaphor and Corpus Linguistics*. Amsterdam: John Benjamins.

Dirven, René and Pörings, Ralf (eds.). 2002. *Metaphor and Metonymy in Comparison and Contrast*. Berlin-New York: Mouton de Gruyter.

Edwards, Derek. 1999. Emotion discourse. *Culture and Psychology*, 5(3), 271-91.

El Refaie, Elisabeth. 2019. *Visual Metaphor and Embodiment in Graphic Illness Narratives*. New York: Oxford University Press.

Evans, Vyvyan. 2013. *Language and Time: A Cognitive Linguistics Approach*. Cambridge: Cambridge University Press.

Fauconnier, Gilles. 1994. *Mental Spaces*. New York: Cambridge University Press.

---. 2007. Mental spaces. In Geeraerts, D., and Cuyckens, H. (eds.), *The Oxford Handbook of Cognitive Linguistics*, pp. 371-76. Oxford: Oxford University Press.

Fauconnier, Gilles and Turner, Mark. 2002. *The Way We Think*. New York: Basic Books.

---. 2008. Rethinking metaphor. In Gibbs, Raymond (ed.), *The Cambridge Handbook of Metaphor and Thought*, pp. 53-66. New York: Cambridge University Press.

Feldman, Jerome. 2006. *From Molecule to Metaphor*. Cambridge, MA: MIT Press.

Fillmore, Charles. 1982. Frame semantics. In Linguistic Society of Korea (ed.), *Linguistics in the Morning Calm*, pp. 111-35. Seoul: Hanshin.

Forceville, Charles. 1996. *Pictorial Metaphor in Advertising*. London: Routledge.

---. 2008. Metaphor in pictures and multimodal representations. In Gibbs, Raymond (ed.), *The Cambridge Handbook of Metaphor and Thought*, pp. 462-82. New York: Cambridge University Press.

---. 2016. Pictorial and multimodal metaphor. In N-M. Klug and H. Stöckl, (eds.), *Handbuch Sprache im multimodalen Kontext*, pp.241-260. Berlin: Mouton de Gruyter.

Forceville, Charles and Urios-Aparisi, Eduardo (eds.). 2009. *Multimodal Metaphor*. Berlin: Mouton de Gruyter.

FrameNet. https://framenet.icsi.berkeley.edu/fndrupal/frameIndex.

Fusaroli, Ricardo and Morgagni, Simone. 2009. Conceptual metaphor theory: 30 years after. *Cognitive Semiotics*, 5(1-2).

Gallese, Vittorio and Lakoff, George. 2005. The brain's concepts. *Cognitive Neuropsychology*, 22(3-4), 455-79.

Gelfand, Michele and McCusker, C. 2001. *Culture, Metaphor and Negotiation. Handbook of Cross-Cultural Management*. New York: Blackwell Publishers, 292-314.

Gentner, Dedre. 1983. Structure-mapping: A theoretical framework for analogy. *Cognitive Science*, 7, 155-70.

Gibbs, Raymond W. 1994. *The Poetics of Mind*. Cambridge and New York: Cambridge University Press.

---. 1999. Researching metaphor. In Cameron, Lynne, and Low, Graham (eds.), *Researching and Applying Metaphor*, pp. 29-47. Cambridge: Cambridge University Press.

---. 1999. Taking metaphor out of our heads and putting it in into the cultural world. In Gibbs, R. W. and Steen, G. (eds.), *Metaphor in Cognitive Linguistics*, pp. 145-66. Amsterdam: John Benjamins.

---. 2003. Prototypes in dynamic meaning construal. In Gavins, J., and Steen, G. (eds.), *Cognitive Poetics in Practice*, pp. 27-40. London: Routledge.

---. 2006. *Embodiment and Cognitive Science*. Cambridge and New York: Cambridge University Press.

---. 2008. *The Cambridge Handbook of Metaphor and Thought*. Cambridge and New York: Cambridge University Press.

---. 2009. Why do some people dislike conceptual metaphor theory. *Journal of Cognitive Semiotics*, 1-2, 14-36.

---. 2013. Metaphoric cognition as social activity: Dissolving the divide between metaphor in thought and communication. *Metaphor and the Social World*, 3, 54-76.

---. (ed.) 2016. *Mixing Metaphor*. Amsterdam: John Benjamins.

---. 2017a. *Metaphor Wars: Conceptual Metaphors in Human Life*. New York and Cambridge: Cambridge University Press.

---. 2017b. Seven empirical challenges for cognitive linguistics. *Journal of Cognitive Linguistics: The Journal of the Japanese Cognitive Linguistics Association*, 2(3), 25-38.

---. 2017c. The embodied and discourse views of metaphor: Why these are not so different and how they can be brought closer together. In Hampe, Beate (ed.), *Metaphor: Embodied Cognition and Discourse*, pp. 319-35. Cambridge: Cambridge University Press.

Gibbs, Raymond W. and Cameron, Lynne. 2007. Social-cognitive dynamics of metaphor performance. *Cognitive Systems Research*, 9, 64-75.

Gibbs, Raymond W. and Colston, Herbert. 2012. *Interpreting Figurative Meaning*. Cambridge and New York: Cambridge University Press.

Goatly, Andrew. 1997. *The Language of Metaphors*. London: Routledge.

---. 2007. *Washing the Brain: Metaphor and Hidden Ideology*. Amsterdam: John Benjamins.

Goldberg, Adele. 1995. *Constructions: A Construction Grammar Approach to Argument Structure*. Chicago, IL: University of Chicago Press.

Goossens, Louis. 1990. Metaphtonymy: The interaction of metaphor and metonymy in expressions for linguistic action. *Cognitive Linguistics*, 1(3), 323-40.

Grady, Joseph E. 1997a. *Foundations of Meaning: Primary Metaphors and Primary scenes*. Ph.D. diss., University of California at Berkeley.

---. 1997b. THEORIES ARE BUILDINGS revisited. *Cognitive Linguistics*, 8, 267-90.

---. 1999. A typology of motivation for conceptual metaphor. In Gibbs, R., and Steen, G. (eds.), *Metaphor in Cognitive Linguistics*, pp. 79-100. Amsterdam: John Benjamins.

Grady, Joseph. 2005. Primary metaphors as inputs to conceptual integration. *Journal of Pragmatics*, 37, 1595-614.

Grady, Joseph and Johnson, Christopher. 2002. Converging evidence for the notions of *subscene* and *primary scene*. In Dirven, René, and Pörings, Ralf (eds.), *Metaphor and Metonymy in Comparison and Contrast*, pp. 533-54. Berlin-New York: Mouton de Gruyter.

Grady, Joseph, Oakley, Todd, and Coulson, Seana. 1999. Blending and metaphor. In Gibb, Raymond, and Steen, Gerard (Eds.), *Metaphor in Cognitive Linguistics*, pp. 101-24. Amsterdam: Benjamins.

Hampe, Beate. 2005. Image schemas in cognitive linguistics: Introduction. In B. Hampe, with J. Grady (eds.), *From Perception to Meaning: Image Schemas in Cognitive Linguistics*, pp. 1-12. Berlin: Mouton de Gruyter.

Holland, Dorothy and Quinn, Naomi (eds.). 1987. *Cultural Models in Language and Thought*. New

York: Cambridge University Press.

Johnson, Mark. 1987. *The Body in the Mind*. Chicago: The University of Chicago Press.

Katz, A. N., Cacciari, C., Gibbs, R. W. and Turner, M. 1998. *Figurative Language and Thought*. New York and Oxford: Oxford University Press.

Kimmel, Michael. 2010. Why we mix metaphors (and mix them well): Discourse coherence, conceptual metaphor, and beyond. *Journal of Pragmatics*, 42, 97-115.

Kolodny, Annette. 1975. *The Lay of the Land: Metaphor as Experience and History in American Life and Letters*. Chapel Hill: The University of North Carolina Press.

---. 1984. *The Land Before Her: Fantasy and Experience of the American Frontiers, 1630-1860*. Chapel Hill: The University of North Carolina Press.

Kövecses, Zoltan. 1986. *Metaphors of Anger, Pride, and Love: A Lexical Approach to the Study of Concepts*. Amsterdam: John Benjamins.

---. 1990. *Emotion Concepts*. Berlin and New York: Springer-Verlag.

---. 1995a. American friendship and the scope of metaphor. *Cognitive Linguistics* 6-4, 315-46.

---. 1995b. Anger: Its language, conceptualization, and physiology. In Taylor, J., and MacLaury, R. (eds.), *Language and the Cognitive Construal of the World*, pp. 181-96. Berlin: Walter de Gruyter.

---. 2000a. The scope of metaphor. In Barcelona, Antonio (ed.), *Metaphor and Metonymy at the Crossroads*, pp. 79-92. Berlin: Walter de Gruyter.

---. 2000b. *Metaphor and Emotion*. Cambridge and New York: Cambridge University Press.

---. 2000c. *American English: An Introduction*. Peterborough, Canada: Broadview Press.

---. 2002/2010. *Metaphor: A Practical Introduction*. (1st edition 2002, 2nd edition 2010). New York: Oxford University Press.

---. 2005. *Metaphor in Culture: Universality and Variation*. Cambridge and New York: Cambridge University Press.

---. 2006. *Language, Mind, and Culture: A Practical Introduction*. Oxford and New York: Oxford University Press.

---. 2008. Metaphor and emotion. In Gibbs, R. (ed.), *The Cambridge Handbook of Metaphor and Thought*, pp. 380-96. New York: Cambridge University Press.

---. 2010a. *Metaphor: A Practical Introduction*. 2nd edition. New York: Oxford University Press.

---. 2010b. A new look at metaphorical creativity in cognitive linguistics. *Cognitive Linguistics*, 21(4), 663-97.

---. 2011a. Methodological issues in conceptual metaphor theory. In Handl, S., and Schmid, H.-J. (eds.), *Windows to the Mind: Metaphor, Metonymy and Conceptual blending*, pp. 23-39. Berlin/New York: Mouton de Gruyter.

---. 2011b. Recent developments in metaphor theory: Are the new views rival ones? *Review of Cognitive Linguistics*, 9(1), 11-25.

---. 2011c. The biblical story retold: A cognitive linguistic perspective. In Brdar, M., Gries, S., and Fuchs, M. (eds.), *Cognitive Linguistics: Convergence and Expansion*, pp. 325-54. Amsterdam: Benjamins.

---. 2013. The metaphor-metonymy relationship: Correlation metaphors are based on metonymy.

Metaphor and Symbol, 28(2), 75-88.

---. 2015a. *Where Metaphors Come from, Reconsidering Context in Metaphor.* Oxford and New York: Oxford University Press.

---. 2015b. Surprise as a conceptual category. *Review of Cognitive Linguistics*, 13-2, 270-90.

---. 2015c. Metaphor and emergentism. In MacWhinney , Brian, and O'Grady, William (eds.), *The Handbook of Language Emergence*, 147-162. John Wiley and Sons.

---. 2017a. A radical view of the literal-figurative distinction. In Benedek, A., and Veszelszki, Á. (Eds.), *Virtual Reality — Real Visuality: Virtual, Visual, Veridical*, pp. 17-28. Frankfurt am Main: Peter Lang.

---. 2017b. Levels of metaphor. *Cognitive Linguistics*, 28-2, 321-47.

---. 2018. The power (and problem) of money. *Society and Economy* 40(3), 365-76.

---. 2019. Idioms of money — In a new light. In Duda, B., Kieltyka, R., and Konieczna, E. (eds.), *Culture, Cognition, Discourse and Grammar*, pp. 21-32. Berlin: Peter Lang.

---. In press. Sensing the city: Budapest through its metaphors. In R., Digonnet and S., Beligon (eds.), *Manifestations Sensorielles des Urbanités Contemporaines*, Berlin: Peter Lang.

Kövecses, Zoltán and Radden, Günter. 1998. Metonymy: Developing a cognitive linguistic view. *Cognitive Linguistics*, 9(7), 37-77.

Kövecses, Zoltán, Ambrus, Laura, Hegedűs, Dániel, Imai, Ren, and Sobczak, Anna. 2019. The lexical vs. corpus-based method in the study of metaphors. In Bolognesi, M., Brdar, M., and Despot, K. (eds.), *Metaphor and Metonymy in the Digital Age: Theory and Methods for Building Repositories of Figurative Language*, pp. 149-173. Amsterdam: John Benjamins.

Lakoff, George. 1987. *Women, Fire, and Dangerous Things: What Categories Reveal About the Mind.* Chicago: The University of Chicago Press.

---. 1990. The invariance hypothesis: Is abstract reason based on image schemas? *Cognitive Linguistics*, 1, 39-74.

---. 1993. The contemporary theory of metaphor. In Ortony, A. (ed.), *Metaphor and Thought*. Second edition, pp. 202-51. Cambridge and New York: Cambridge University Press.

---. 1995. Metaphor, morality, and politics, or, why conservatives have left liberals in the dust. www.wwcd.org/issues/Lakoff.html (First published in Social Research 62 (2).)

---. 1996. *Moral Politics: How Liberals and Conservatives Think.* Chicago: The University of Chicago Press.

---. 2008. The neural theory of metaphor. In Gibbs, Raymond (ed.), *The Cambridge Handbook of Metaphor*, pp. 17-38. Cambridge and New York: Cambridge University Press.

Lakoff, George and Johnson, Mark. 1980. *Metaphors We Live By*. Chicago: The University of Chicago Press.

---. 1999. *Philosophy in the Flesh*. New York: Basic Books.

Lakoff, George and Kövecses, Zoltán. 1987. The cognitive model of anger inherent in American English. In Holland, D., and Quinn, N. (eds.), *Cultural Models in Language and Thought*, pp. 195-221. New York and Cambridge: Cambridge University Press.

Lakoff, George and Turner, Mark. 1989. *More Than Cool Reason*. Chicago: The University of

Chicago Press.

Landau, Mark. 2017. *Conceptual Metaphor in Social Psychology: The Poetics of Everyday Life.* New York and London: Routledge.

Langacker, Ronald. 1987. *Foundations of Cognitive Grammar.* Stanford: Stanford University Press.

---. 2008. *Cognitive Grammar: A Basic Introduction.* New York: Oxford University Press.

Low, G., Todd, Z., Deignan, A. and Cameron, L. (eds). 2010. *Researching and Applying Metaphor in the Real World.* Amsterdam: Benjamins.

Müller, Cornelia. 2008. *Metaphors Dead and Alive, Sleeping and Waking: A Dynamic View.* Chicago: The University of Chicago Press.

Musolff, Andreas. 2001. Political imagery of Europe: A house without exit doors? *Journal of Multilingual and Multicultural Development,* 21(3), 216-29.

---. 2004. *Metaphor and Political Discourse. Analogical Reasoning in Discourse About Europe.* London: Palgrave Macmillan.

---. 2006. Metaphor scenarios in public discourse: *Metaphor and Symbol,* 21(1), 23-38.

---. 2016. *Political Metaphor Analysis: Discourse and Scenarios.* Bloomsbury.

Narayanan, Srini. 1999. Moving right along: A computational model of metaphoric reasoning about events. *Proceedings of the National Conference on Artificial Intelligence (AAAI '99),* Orlando, Florida, July 18-22, 1999, pp. 121-28, AAAI Press.

Pragglejaz Group. 2007. MIP: A method for identifying metaphorically used words in discourse. *Metaphor and Symbol,* 22(1), 1-39.

Quinn, Naomi. 1991. The cultural basis of metaphor. In Fernandez, J. (ed.), *Beyond Metaphor: The Theory of Tropes in Anthropology.* pp. 56-93. Stanford: Stanford University Press.

Radden, Günter. 2002. How metonymic are metaphors? In Dirven, René and Pörings, Ralf (eds.), *Metaphor and Metonymy in Comparison and Contrast,* pp. 407-33. Berlin-New York: Mouton de Gruyter.

Radden, Günter and Kövecses, Zoltán, 1999. Towards a theory of metonymy. In Panther, Uwe-Klaus, and Radden, Günter (eds.), *Metonymy in Language and Thought,* 17-59. Amsterdam: John Benjamins.

Rakova, Marina. 2003. *The Extent of the Literal: Metaphor, Polysemy and Theories of Concepts.* Palgrave Macmillan.

Reddy, Michael. 1979. The conduit metaphor — A case frame conflict in our language about language. In Ortony, A. (ed.), *Metaphor and Thought,* pp. 284-324. Cambridge: Cambridge University Press.

Rosch, Eleanor. 1978. Principles of categorization. In Rosch, E., and Lloyd, B. B. (eds.), *Cognition and Categorization,* pp.27-48. Hillsdale, NJ: Lawrence Erlbaum.

Ruiz de Mendoza, Francisco. 1998. On the nature of blending as a cognitive phenomenon. *Journal of Pragmatics,* 30, 259-74.

Ruiz de Mendoza, Francisco and Galera, Alicia. 2014. *Cognitive Modeling: A Linguistic Perspective.* Amsterdam: John Benjamins.

Ruiz de Mendoza, F. J. and Mairal, R. 2007. High-level metaphor and metonymy in meaning construction. In Radden, G., Köpcke, K.-M., Berg, T., and Siemund P. (eds.), *Aspects of Meaning Construction*, pp. 33-51. Amsterdam/Philadelphia: John Benjamins.

Searle, John. 1993. Metaphor. In Ortony, A. (ed.), *Metaphor and Thought*, pp. 92-123. Cambridge and New York: Cambridge University Press.

Semino, Elena. 2008. *Metaphor and Discourse*. Cambridge: Cambridge University Press.

Semino, Elena and Demjén, Zsófia (eds.). 2017. *The Routledge Handbook of Metaphor and Language*. London: Routledge.

Sharifian, Farzad. 2011. *Cultural Conceptualizations and Language. Theoretical Framework and Applications*. Amsterdam: Benjamins.

---. (ed.). 2015. *The Routledge Handbook of Language and Culture*. Milton Park: Routledge.

---. (ed.). 2017a. *Advances in Cultural Linguistics*. Singapore: Springer.

---. 2017b. *Cultural Linguistics*. Amsterdam: John Benjamins.

Shen, Yeshayahu and Balaban, Noga. 1999. Metaphorical (in)coherence in discourse. *Discourse Processes*, 28(2), 139-53.

Sinha, Chris. 2007. Cognitive linguistics, psychology, and cognitive science. In Geeraerts, D., and Cuyckens, H. (eds.), *The Oxford Handbook of Cognitive Linguistics*, pp. 1266-94. New York: Oxford University Press.

Sperber, Dan and Wilson, Deidre. 1986/1995. *Relevance: Communication and Cognition*. Cambridge, MA: Blackwell.

Steen, Gerard. 2008. The paradox of metaphor: Why we need a three-dimensional model of metaphor. *Metaphor and Symbol*, 23(4), 213-41.

---. 2011. The contemporary theory of metaphor — Now new and improved! *Review of Cognitive Linguistics*, 9(1): 26-64.

---. 2013. Deliberate metaphor affords conscious metaphorical thought. www.academia.edu/363751/ Deliberate_metaphor_affords_conscious_metaphorical_thought.

Stefanowitsch, Anatol. 2006. Words and their metaphors. In Stefanowitsch, Anatol, and Gries, Stefan Th. (eds.), *Corpus-Based Approaches to Metaphor and Metonymy*, pp. 64-105. Berlin: Mouton de Gruyter.

Sullivan, Karen. 2006. Frame-based constraints on lexical choice in metaphor. 32nd Annual Meeting of the Berkeley Linguistics Society (BLS), Berkeley, CA, 2006. https://ssrn.com/abstract= 1492026.

---. 2013. *Frames and Constructions in Metaphoric Language*. Amsterdam: John Benjamins.

---. 2016. Integrating constructional semantics and conceptual metaphor. *Constructions and Frames*, 8(2), 141-65.

Sweetser, Eve. 1990. *From Etymology to Pragmatics: Metaphorical and Cultural Aspects of Semantic Structure*. Cambridge: Cambridge University Press.

Taylor, John. 1989. *Linguistic Categorization: Prototypes in Linguistic Theory*. Oxford: Clarendon Press.

Taylor, John R. and MacLaury, Robert (eds.). 1995. *Language and the Cognitive Construal of the World*. Berlin: Mouton de Gruyter.

Taylor, John and Mbense, Thandi. 1998. Red dogs and rotten mealies: How Zulus talk about anger. In Athanasiadou, A., and Tabakowska, E. (eds.), *Speaking of Emotions*, pp. 191-226. Berlin: Mouton de Gruyter.

Traugott, E. C. and Dasher, R. B. 2002. *Regularity in Semantic Change*. Cambridge: Cambridge University Press.

Trim, Richard. 2007. *Metaphor Networks: The Comparative Evolution of Figurative Language*. Houndmills, Basingstoke: Palgrave Macmillan.

---. 2011. *Metaphor and the Historical Evolution of Conceptual Mapping*. Houndmills, Basingstoke: Palgrave Macmillan.

Turner, Mark. 1996. *The Literary Mind*. New York: Oxford University Press.

Turner, Mark and Fauconnier, Gilles. 2000. Metaphor, metonymy, and binding. In Barcelona, Antonio (ed.), *Metaphor and Metonymy at the Crossroads*, pp. 133-45. Berlin: Walter de Gruyter.

Van Dijk, Teun. 2009. *Society and Discourse: How Social Contexts Influence Text and Talk*. Cambridge: Cambridge University Press.

Yu, Ning. 1995. Metaphorical expressions of anger and happiness in English and Chinese. *Metaphor and Symbolic Activity*, 10, 59-92.

---. 1998. *The Contemporary Theory of Metaphor in Chinese: A Perspective from Chinese*. Amsterdam: John Benjamins.

---. 2002. Body and emotion: Body parts in Chinese expression of emotion. *Pragmatics & Cognition*, 10(1), 341-67.

Zinken, Jörg. 2007. Discourse metaphors: The link between figurative language and habitual analogies. *Cognitive Linguistics*, 18(3), 445-66.